Paul Clemen

Kunstschutz im Kriege

Erster Band: Die Westfront

Verlag
der
Wissenschaften

Paul Clemen

Kunstschutz im Kriege

Erster Band: Die Westfront

ISBN/EAN: 9783957005915

Auflage: 1

Erscheinungsjahr: 2014

Erscheinungsort: Norderstedt, Deutschland

Hergestellt in Europa, USA, Kanada, Australien, Japan
Verlag der Wissenschaften in Hansebooks GmbH, Norderstedt

Cover: Sandro Botticelli "die Geburt der Venus"

KUNSTSCHUTZ IM KRIEGE

BERICHTE

ÜBER DEN ZUSTAND DER KUNSTDENKMÄLER
AUF DEN VERSCHIEDENEN KRIEGSSCHAUPLÄTZEN UND ÜBER DIE
DEUTSCHEN UND ÖSTERREICHISCHEN MASSNAHMEN ZU IHRER
ERHALTUNG, RETTUNG, ERFORSCHUNG

IN VERBINDUNG MIT

GERHARD BERSU · HEINZ BRAUNE · PAUL BUBERL
THEODOR DEMMLER · RICHARD DETHLEFSEN
HANS DRAGENDORFF · MAX DVOŘÁK · OTTO VON FALKE
ANTON GNIRS · OTTO GRAUTOFF · HELMUTH GRISEBACH
FRANZ W. JERUSALEM · GEORG KARO · FRIEDRICH KULLRICH
WALTER MANNOWSKI · FORTUNAT VON SCHUBERT=SOLDERN
HANS TIETZE · FRIEDRICH TRENDELENBURG · PAUL WEBER
THEODOR WIEGAND · FRANZ VON WIESER

HERAUSGEGEBEN VON

PAUL CLEMEN

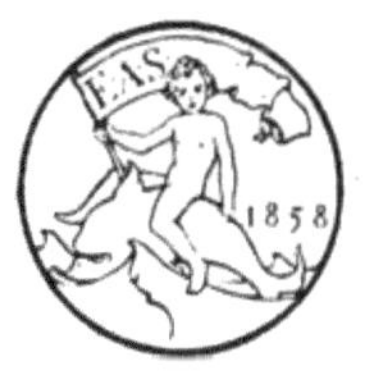

ERSTER BAND: DIE WESTFRONT

MIT 117 ABBILDUNGEN

VERLAG VON E. A. SEEMANN IN LEIPZIG · 1919

VORWORT

Die Vertreter der deutschen und österreichischen Denkmalpflege, die während der letzten vier Jahre im Heeresdienst oder im Auftrag der heimischen Regierungen an den Fronten auf den nahen und den fernen Kriegsschauplätzen mit der schweren, fast unmöglich scheinenden Aufgabe betraut waren, den Schutz der Kunstdenkmäler auch während des Krieges wahrzunehmen, oder die hinter den Fronten und in der Heimat tätig waren, um den durch den Krieg neu geschaffenen Forderungen der Denkmalpflege zu dienen, haben sich in dieser Veröffentlichung noch einmal zu einem gemeinsamen Werk zusammengefunden. Die hier gesammelten Aufsätze bringen eine allgemeine Erörterung über die Möglichkeiten und über die Begrenzungen einer Pflege der Denkmäler und der Kunstwerke im Kriege, pragmatische Rechenschaftsberichte über die Organisation, über die Absichten der Heeresleitungen, über ihre eigene Tätigkeit, eine Darstellung des Zustandes der Kunstdenkmäler auf den verschiedenen Kriegsschauplätzen, eine Übersicht über das kunstgeschichtliche Material auf den uns ferneren, bisher zum Teil verschlossenen Gebieten, eine Schilderung der Maßnahmen der Sicherung, Erhaltung, Rettung und der Bestrebungen zur Erforschung der Denkmäler, wie sie von den verbündeten Regierungen selbständig und doch wieder in dem gleichen Geiste eingeleitet worden sind. Die hier vereinigten unabhängigen zweiundzwanzig Denkmalfreunde aus den Ländern der deutschen Zunge und der deutschen Kultur — Kunstgelehrte, Universitätsprofessoren, Leiter von Museen, Beamte der Kunstverwaltung, Architekten, Konservatoren — haben ein jeder für sich und ein jeder auf seinem besonderen Gebiete mit aller Aufrichtigkeit die objektive Wahrheit in ihren Darlegungen gesucht. Sie reden von dem Gewollten wie von dem Erreichten, sie machen keinen Hehl daraus, daß der Krieg der schlechteste Konservator ist, sie verlangen Gerechtigkeit für das, was die verbündeten Regierungen, die verbündeten Heeresleitungen der Mittelmächte getan und beabsichtigt haben, wie wir dem Gegner völlige Gerechtigkeit widerfahren lassen. Diese Aufsätze und diese Berichte sollen Zeugnis ablegen von dem strengen Ernst und von der Gewissenhaftigkeit, mit der die militärischen Behörden noch zwischen den Schlachten die Aufgaben einer friedlichen Kultur ergriffen haben, von dem hohen Verantwortungsgefühl, das sie gegenüber der künstlerischen Hinterlassenschaft der Nachbarländer geleitet hat. Wo der Text sehr gegen unser Wollen und unseren Wunsch einen apologetischen Charakter trägt, da war dies geboten durch die Notwendigkeit der Verteidigung nicht gegen die Anfeindungen von Einzelnen, die uns nicht treffen, sondern gegen die Angriffe auf unsere gute Sache, auf die Ehre der Armee und ihrer Führer. Hier unsere Stimme zu erheben, die Tatsachen reden zu lassen, haben wir als unsere Pflicht erkannt. Wir suchen eine loyale Auseinandersetzung; auf den Ton des Schmähens einzugehen, müssen wir ablehnen.

Diese Berichte sind von den verschiedenen Autoren zusammengestellt auf Grund des ihnen vollständig zur Verfügung stehenden amtlichen Materials unter einheitlicher Redaktion, aber ein jeder Aufsatz unter der ausdrücklichen Verantwortung seines Verfassers. An die Darlegung der Verhältnisse an der Westfront schließt sich im zweiten Band die Schilderung des Zustandes der Denkmäler und der Verwaltungsmaßnahmen im Osten, im Südosten und im Süden an. Die inhaltsreichen Berichte unserer österreichischen, uns jetzt doppelt nahestehenden Verbündeten bilden den Schluß. Die Darstellung beschränkt sich im Osten auf die Kriegsschauplätze der unmittelbaren Grenzgebiete. Sie sieht von einer Schilderung der Territorien, die die deutschen Truppen in dem letzten Stadium des Weltkrieges weit ausgreifend besetzt hatten, ab. In den baltischen Provinzen sind nach dem Rückzug der deutschen Truppen noch so vielfältige historische und künstlerische Werte vernichtet worden, über die uns im einzelnen die Kunde fehlt, daß von einer Behandlung auch dieses Gebietes abgesehen werden mußte.

Angesichts der Schwierigkeit, die Verbindung mit den Behörden, mit den einzelnen Mitarbeitern und dem Verlag dauernd aufrecht zu erhalten, hat ein wesentlicher Teil der Verhandlungen und der Last der Vermittlung bei der Drucklegung sowie der letzten Korrektur in den Händen des Herrn Dr. Otto Grautoff gelegen, der sich durch diese aufopfernde Tätigkeit ein erhebliches Verdienst um diese Publikation erworben hat. Daß dieses Werk überhaupt in so reicher Ausstattung und in solcher Schnelligkeit unter den größten Erschwerungen, unter äußeren und inneren Widerwärtigkeiten hat gedruckt werden können, ist wesentlich dem selbstlosen Entgegenkommen und der Umsicht des Verlags E. A. Seemann zu danken, dessen Inhaber, Herr Gustav Kirstein, sich ganz persönlich dieser Aufgabe angenommen hat.

Möge dieses Werk noch nach Jahren, wenn die Welt wieder reif ist, Sachliches ohne Erregung zu würdigen, für uns sprechen.

Bonn, im April 1919.

Paul Clemen.

INHALTSVERZEICHNIS ZUM I. BAND

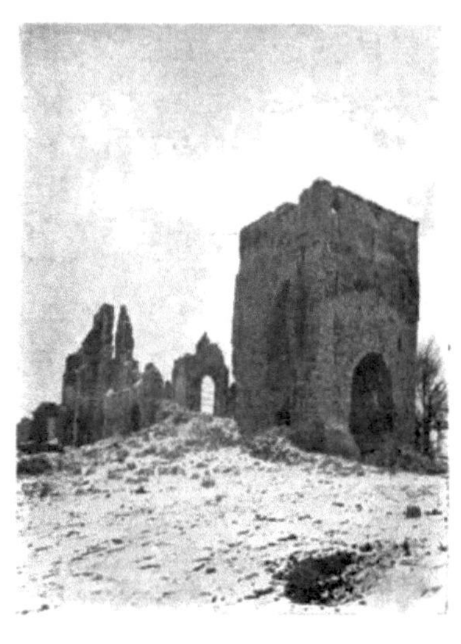

**Versus de destructione
Aquilegiae numquam restaurandae**

Ad flendos tuos, Aquilegia, cineres
non mihi ulle sufficiunt lacrimae,
desunt sermones, dolor sensum abstulit
cordis amari.

(Poëtae Latini aevi Carolini)

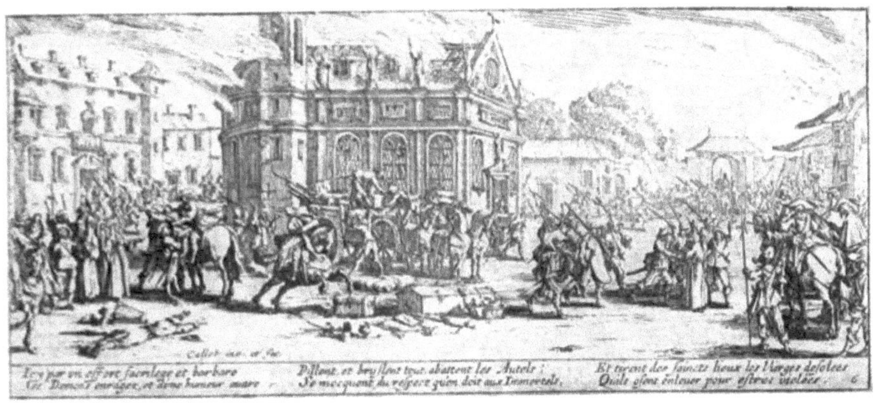

Stich von Callot aus den Grandes misères de la guerre

I.

Der Krieg und die Kunstdenkmäler

Von Paul Clemen

Das Thema: der Krieg und die Kunstdenkmäler erweckt bei allen Kriegführenden zuerst tief schmerzliche Gefühle. Nur mit weher Trauer können wir die erschütternde Verlustliste aufstellen. Wenn hier die Vertreter der Interessen der Denkmalpflege und der Kunstverwaltung von Deutschland und Österreich das Wort zu diesem Kapitel nehmen, so sind sie sich von vornherein darüber klar, daß Denkmalpflege und Krieg zunächst als die äußersten denkbaren Gegensätze erscheinen, als zwei Pole, die sich fliehen wie die Prinzipien von Vernichtung und Erhaltung — und nie vor diesem Weltkrieg, auch in keinem der großen Ringen der fremden, uns jetzt feindlich gegenüberstehenden Völker ist die Frage nach der Möglichkeit einer Denkmalpflege im Kriege trotz des Krieges auch nur erörtert worden. Und doch gibt es eine Kriegsdenkmalpflege auch über die traurige und schmerzende Notwendigkeit hinaus, Totengräber zu sein und die Sterberegister zu führen. Wenn die Verteidiger der immanenten Idee, die in dem Wort Denkmalpflege ihre Verkörperung gefunden hat, nicht die ehrwürdigen Zeichen einer großen Vergangenheit vor den kriegerischen Operationen selbst bewahren, nicht schützend ihre Hand über die Kirchen und Schlösser auf dem Kampfgebiet breiten konnten, so haben sie doch nicht geruht, immer wieder von Fall zu Fall bei den verantwortlichen Stellen ihr Plaidoyer vorzubringen und um Schonung, um eine Ausnahmestellung für die großen steinernen Denkmäler der eigenen oder der fremden Geschichte zu bitten, nach Möglichkeiten zu suchen, um eine rechtliche Bindung für alle Kriegführenden herbeizuführen zum Zwecke der Freihaltung wenigstens der allerwichtigsten nationalen Monumente von militärischen Zwecken, und sie haben ebenso immer wieder auf die ungeheure Bedeutung hinweisen müssen, die im Kampf um die Seelen der Völker, um die Sympathien der Welt diesen ehrwürdigen Palladien zukam. Aber wer von uns, der etwa irgendwo und irgendwie mit der Wahrnehmung der Interessen der Denkmalpflege im Kriege betraut war, hat nicht schließlich oft mit blutendem Herzen und gebundenen Händen zusehen müssen, wie diese Pflege der Baudenkmäler letzten Endes von der schweren Artillerie, der feindlichen und der eigenen, wahrgenommen ward, und oft genug restlos und erschöpfend wahrgenommen ward, wie die reinsten Absichten eines Volkes und der Heeresleitung selbst an der vis major militärischer Notwendigkeiten gescheitert sind?

Die erregten Stimmen, die Haß regiert und Erbitterung geleitet hat, dürfen heute schweigen. Wie lange hat es gedauert, bis die eindringliche und tief ernste Predigt der Abwendung vom Haß, die Romain Rolland schon vor vier Jahren in „Au dessus de la mêlée" der Welt gehalten hat, zu wirken anfängt! Es ist nicht mehr die Zeit für die leidenschaftlichen Ausbrüche und für sinnlose und unbewiesene Übertreibungen. Das Weltgewissen verlangt, daß eine so schwerwiegende Frage auch mit dem sittlichen Ernst und der ruhigen, sachlichen Gerechtigkeit behandelt wird, die ihr gebührt. Wir haben in den ersten Monaten des Krieges versucht, die ungeheuerliche und für uns so gefährliche Psychose zu verstehen, die die ganze Welt zu beherrschen schien und gegen die wir waffenlos standen. Wir haben uns bemüht, den echten Schmerz zu verstehen, der die wahrhaften Freunde großer Kunst bei den übertriebenen Nachrichten von der Gefährdung eines ihrer kostbarsten Heiligtümer überfallen mußte. Wir dürfen uns heute sagen, daß die drei Namen Löwen, Reims, Lusitania fast zu gleichen Teilen die Sympathien für Deutschland in Amerika ausgelöscht haben, und diese drei Fanfaren wurden nach einer falschen Melodie geblasen: ins Uferlose gehende Übertreibungen und eine unberechtigte Generalisierung wirkten zusammen. Es sind allzu viele Stellen bei uns gewesen, die es nicht zu sehen vermochten oder es nicht sehen wollten, welche starke Wirkung diese Imponderabilien hatten, um die es sich hier handelt und wie mächtig die Resonanz eines jeden jener großen Schlagworte war[1].

Wie wertvoll wäre damals sofort die einwandfreie Feststellung des Tatbestandes ohne jede Verzögerung vor dem Areopag der ganzen Welt durch sichere Zeugnisse gewesen, wie wichtig wäre es gewesen, wenn die Möglichkeit hätte gegeben werden können, etwa auch neutrale Sachverständige, die Anspruch erheben konnten, gehört zu werden, hier als Zeugen und auch zur Erörterung des pro und contra zuzulassen, wenn ein Weg zur Klärung sich gezeigt hätte, ehe die Weltvergiftung vollendet war! Unsere Heeresleitung hat hier den guten Willen deutlich bezeugt: wie in den ersten beiden Kriegsjahren amerikanische Kriegskorrespondenten, also unparteiische oder mit unseren Feinden sympathisierende Zeugen, an den Fronten mehrfach auf das liberalste zugelassen worden sind, so hat das deutsche Generalgouvernement in Belgien die Feststellungen bereitwilligst unterstützt, die dort aus eigener Initiative ein bekannter Schweizer Architekt, Eugen Probst, in voller Freiheit unternommen hat. Niemand wird heute aequa mente einem der Kriegführenden den Vorwurf machen, was ab irato auf beiden Seiten geschehen ist, daß der Gegner ohne Grund und ohne militärische Notwendigkeit aus reinem Zerstörungstrieb ein nationales Kunstdenkmal zerstört habe. Eine solche Annahme ist so widersinnig und wider die Würde des Beschuldigenden wie des Angeschuldigten, daß alle diese Angriffe eben nur im Augenblick und der Erhitzung des Hasses zu verstehen sind. Es ist auch nicht mehr die Zeit, wie es zu der Taktik der Kämpfe des Tages gehörte, die Widersacher herabzusetzen und nach schlechter advokatischer Erziehung sie von vornherein als testes suspecti beiseite zu schieben. Wir bekennen auch heute ruhig, daß wir Maeterlinck und mehr noch Verhaeren, die die bittersten und haßerfülltesten Worte über uns gesagt haben, die je über ein Volk ausgegossen worden sind, als Künstler bewundert und verehrt haben und sie noch bewundern, und wir haben mit Kopfschütteln, Entrüstung oder Lächeln unter den leidenschaftlichen Anklägern auch Männer gesehen, die wir bisher als Vertreter der großen Internationale der geistigen Weltarbeiter begrüßt hatten, den greisen Anatole France und Henri Bergson. Wenn die ersten Proteste aus der deutschen Heimat nicht immer glücklich waren, auch die volltönende Erklärung der deutschen Intellektuellen nicht, so haben auf der anderen Seite die ersten Vertreter des französischen Geistes ihre Namen unter ein Dokument gesetzt, das voll von Übertreibungen und Irrtümern ist[2].

---

1) Man darf ein poetisches Zeugnis aus jenen Tagen in die Erinnerung rufen, wenn auch ein sehr unkünstlerisches. Der Akademiker Aicard, von vielen seiner Landsleute dem großen Mistral gleichgestellt, hat einen Haßgesang gedichtet, frei nach Freiligrath, der diese Fanfare nach einer alten Melodie variiert: La honteuse Allemagne tombe plus bas que tout. Des soldats pris au bagne inspirent le dégoût. Parmi les pleurs, les râles ils ont, ivres de vin, brûlé nos cathédrales, Reims et Louvain. Nous crions: vengeance! Vive la France! Am Schluß dann mit noch grimmigerer Variation: Schlagt, Franken — Britten — Russen, den deutschen Wolf, drauf! drauf! Schmach, Tod euch, ihr Borussen, Reims, Löwen, wacht auf, der Rache Ruf zu heben. Frankreich soll leben!

2) Es ist jene Anklageschrift: Les Allemands destructeurs de cathédrales et de trésors du passé, Paris 1915, unter der die ersten Namen Frankreichs, Gelehrte, Dichter, Philosophen, Künstler, Musiker stehen — ohne daß e i n e r der Träger dieser Namen Gelegenheit gehabt hätte, diese Behauptungen nachzuprüfen.

Was jetzt nottut, ist ausgleichende Gerechtigkeit. Wir wollen bei dem Rückzug der Russen im Jahre 1915 und bei der systematischen Zerstörung des ganzen Landes ostwärts von der Weichsel die militärische Notwendigkeit bei den Handlungen unserer Gegner anerkennen, wollen uns das Verantwortungsgefühl ihrer Heerführer vergegenwärtigen, die bei jedem Abschnitt aufs neue die Notwendigkeit vor sich sahen, sich vom Feinde zu lösen, und die das nur zu ermöglichen glaubten, indem sie ihnen das Nachdrängen unmöglich machten; wir erkennen an, daß die Orte, die im südlichen Elsaß die französische Artillerie zerstört hat, eben auch unter solchem eisernen militärischen Muß zerstört worden sind; — aber wir verlangen und fordern diese gleiche Anerkennung und Gerechtigkeit für uns und für die seitens der deutschen Heeresleitung nach sorgfältiger und gewissenhaftester Prüfung der militärischen Notwendigkeit angeordneten und verursachten Zerstörungen. Wir haben als die Ersten die in vielem vorbildliche systematische Bergungsarbeit an den italienischen Kunstwerken, die klug ausgedachten fast raffinierten Schutzmaßregeln anerkannt, die die italienische Regierung den gefährdet geglaubten italienischen Kunstschätzen gegenüber in solchem Umfang hat eintreten lassen. Wir haben die umsichtige und gewissenhafte Bergungsarbeit hinter der Front verfolgt, die bei den Franzosen freilich erst spät, aber dann höchst umfassend eingesetzt hat. Wir müssen voller Anerkennung konstatieren, was an sachlichen Maßregeln die Engländer zum Schutz und zur Erforschung der Denkmäler und Altertümer in Jerusalem und in Bagdad angeordnet, wie selbst die Rumänen bei ihrem Vorgehen nach Siebenbürgen sich sofort der Kunstschätze fürsorglich angenommen haben. Aber wir verlangen gleiche Anerkennung für uns und unsere Verbündeten, die gleiche gerechte Wertung unserer sachlichen pflichtgemäßen Arbeit, unserer Bemühungen um die Denkmäler wie um die Sicherung der Kunstschätze auf fremdem Boden, unserer Maßnahmen zum Schutz, zur Erforschung, zur Veröffentlichung. Und alle die gegnerischen Maßnahmen galten den Denkmälern der eigenen Kultur im eigenen Lande. Es ist in der Kriegsgeschichte das erste Mal, daß in solchem Umfang systematisch eine Regierung sich für die Erhaltung und Rettung der Kunstschätze auf dem feindlichen Boden einsetzt.

Der Krieg ist auf dem feindlichen Boden geführt und beendet worden; so liegen auch im Westen die Schlachtfelder, auf denen beide Teile gerungen, so liegen die Stätten der Zerstörung, an der beide Kriegführende gleichmäßigen Anteil haben, auf gegnerischem Boden, und der Gegner ist es, den dieser Verlust schwer hat treffen müssen, der darüber zu klagen hat. Hätte es die Vorsehung anders gefügt, so lägen diese Kampfplätze auf deutschem Boden, zöge sich diese selbe Zone von durch den Krieg verursachten Zerstörungen durch deutsches Land, und Deutschland würde in genau derselben Weise das leidende, das klagende sein, wie es tatsächlich in Ostpreußen gelitten hat. Und sind nicht in Galizien, in der Bukowina weite Gebiete der österreichisch-ungarischen Monarchie durch die Russen verwüstet, ist nicht durch die Italiener Görz in Trümmer geschossen, das Isonzogebiet in eine Einöde verwandelt, sind nicht selbst auf neutralem Boden, in Persien durch die Russen, in Mazedonien durch die Franzosen ehrwürdige Denkmäler der Kunst oder des Kultus zerstört oder ausgeraubt worden? Freilich, in diesen Fällen, wo „nur" Deutschland und seine Verbündeten oder Neutrale die Betroffenen waren, hat sich das Gewissen der Welt nicht weiter beunruhigt.

Das ist eben der große weltgeschichtliche Irrtum in all diesen Anklagen: die Kriegführung oder einer der Kriegführenden wird angeklagt und es dürfte doch nur der Krieg selbst angeklagt werden. Nun ist dieser Krieg in seinen Kampfmitteln und in seinen Folgen ein so fürchterlicher geworden durch die rücksichtslose Einführung der vernichtenden Luftangriffe, durch die tausendfache Erhöhung und Steigerung des Artilleriefeuers, durch die unerhörte Zusammenziehung ungeheurer Truppenmassen auf unmöglich engem Raum, die schon durch ihr bloßes Expansionsbestreben alles um sich zerdrücken mußten, daß, wie die Verluste an kostbaren Menschenleben ins Ungeheuerliche gesteigert sind gegenüber allen früheren Kriegen zusammen, auch die Zerstörung des Landes eine ungleich fürchterlichere werden mußte. Dieser blutige Herbst des Jahres 1918 muß eben die eine große Lehre für das Gewissen der Völker gebracht haben, daß heute der Krieg an sich schon für das ganze Kampfgebiet Vernichtung heißt und daß, wie dies Lloyd George feierlich verkündet hat, dies eine uns klar sein muß, daß ein solcher Krieg nie wiederkehren darf. Und Prinz Max von Baden hat in bewegten Worten von der großen Läuterung gesprochen, die diese Empfindung für uns gebracht hat.

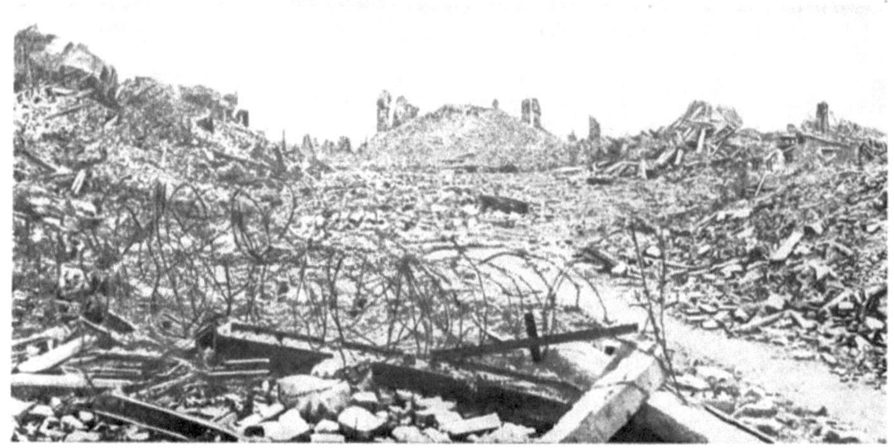

Lens. Die Reste der Kirche in der von den Engländern geschaffenen Ruinenstätte

Man möchte an das Wort des englischen Schriftstellers H. N. Brailsford erinnern: „Man mag einwenden, daß die Niederbrennung von Löwen und Aerschot unzweifelhafte Tatsachen sind. Ich bitte aber den Leser, sich zu erinnern, daß wir Engländer selbst unter dem Zwang einer scheinbaren militärischen Notwendigkeit jedes Bauerngehöft und viele Städte in Transvaal und im Freistaat niedergebrannt haben. Nach meiner Ansicht beweisen solche Maßnahmen nicht so viel für die besondere und ungewöhnliche Wildheit der Deutschen als für die Grausamkeit des Krieges überhaupt." Und immer wieder ist es der Krieg an sich in der Furchtbarkeit seiner Mittel und mit der Gefahr der Verrohung und Demoralisierung, gegen den man die schreckliche Anklage der Weltverwüstung erheben muß.

Haben denn lang andauernde Kriege nicht immer in der Geschichte die Vernichtung von Werken von Menschenhand ganz automatisch nach sich gezogen? Und wenn man den Krieg auch nur als eine historische Möglichkeit zugibt: ist je ein Krieg, der nicht nur wie eine Flamme über ein Land hinzuckte, gewesen, der nicht mit den Menschenleben auch Menschenwerk zerstörte? Perioden geflissentlicher, gewissermaßen programmatischer Zerstörungen von Kunstwerken kennt die europäische Geschichte der neueren Zeit nur zwei — und diese gehen nicht von Deutschland aus. Die eine ist die des Bildersturms in den Niederlanden in den Jahren 1566—1568, der eine ganze unerhört reiche Kunstperiode fast ausgelöscht hat, die andere die der großen französischen Revolution, für die damals das Wort von dem vandalisme, aber dem vandalisme Jacobin geprägt worden ist[1]. Der 30 jährige Krieg hat in Deutschland nirgendwo auf einem geschlossenen Gebiete so radikale Zerstörungen gebracht, wie die Pfalz sie 1678 im dritten Eroberungskriege Ludwigs XIV. zu erleiden hatte, in dem Mélac, der schon in Holland furchtbar gehaust, das blühende Land systematisch verheerte. Und schlimmer noch als das Schicksal der belgischen Städte im 16. Jahrhundert war das Unglück, das 1695 Brüssel traf: die Franzosen verhängten damals unter Villeroy jenes Bombardement über die

---

1) Das Konventsmitglied Grégoire schrieb am 11. Januar 1794 in seinem Rapport sur les inscriptions des monuments publics: On ne peut inspirer aux citoyens trop d'horreur pour ce vandalisme qui ne connaît que la destruction. „Le Vandalisme Jacobin" ist der Titel des Buches von Gustave Gautherot, in dem dieser im Jahre 1914, unmittelbar vor dem Kriege, die destructions administratives d'archives, d'objets d'art, de monuments religieux à l'époque révolutionnaire zusammenstellt (Paris, Beauchesne 1914). Der Name ,vandalisme' in dem heute geläufigen Sinne ist 1794 im Konvent von ebendiesem Bischof Grégoire von Blois eingeführt zur Kennzeichnung der sinnlosen Zerstörung französischer Kirchen durch die französischen Legionäre.

unschuldige Stadt, das bis auf die Ste. Gudule und das Rathaus die ganze mittelalterliche Cité zerstörte; die Stichfolgen von Richard van Orley nach den Zeichnungen von A. Coppens haben diese Ruinen der Nachwelt aufbewahrt[1].

Der Historiker der Kriegsgeschichtsschreibung hätte heute festzustellen, daß mehr als für andere Themen bei der Schilderung der Kriegshandlungen seit dem Beginn des 19. Jahrhunderts sich mit stereotyper Treue die Berichte von den namenlosen Greueln wiederholen, seit den Desastros de la guerra, in denen Goyas aufgepeitschte Phantasie sich erschöpft hatte, über die Schilderungen der französisch-algerischen Expedition von Ault-Dumesnil, der indisch-englischen Kämpfe durch Kaye und Malleson, des Krimkrieges durch Bogdanowitsch, des russisch-türkischen Krieges durch Kuropatkin, bis zu den letzten Orient- und Balkankriegen, dem Burenkrieg, den französischen und italienischen Kämpfen in Nordafrika. Was zuerst als Anklage gegen die Franzosen erhoben und erfunden worden ist, wird dann gegen die Engländer, die Russen, die Türken, die Italiener vorgebracht. Es gibt eine Reihe von Legenden, die immer wieder auftauchen als Fälle von Kriegshysterie, wie es psychische und physische Krankheitsformen gibt, die nur in Verbindung mit dem Kriege auftreten und möglich erscheinen — Legenden, die in den ersten aufgeregten Berichten erschienen, für die in einer dem Kriminalisten nur allzu wohlbekannten Psychose Zeugen und Zeugnisse beigebracht werden, die schon der Chronist, noch mehr der nachdenkliche Geschichtsforscher zurückweist, eben weil er die Klischees kennt. Und auf die von der einen Partei vorgebrachten Anschuldigungen wegen Verübung von Greueln und völkerrechtswidrigen Handlungen antwortet die andere Partei mit den gleichen Klagen, dem gleichen Material, den gleichen Details. Es ist nicht gesagt, daß das Recht auf der Seite des am lautesten Protestierenden ist. Nach dem Balkankriege 1912—13 hat die Carnegiekommission festgestellt, daß gerade die am heftigsten angefeindeten bulgarischen Truppen sich als die relativ einwandfreiesten erwiesen hatten.

Es bleibt, auch wenn der Schaum abgeschüttet wird, ein Bodensatz zurück. Und das ist das Bittere und Schmerzliche. Der Krieg hat nicht nur die wilden Urinstinkte der Menschheit wieder aufgeweckt, die vier Jahre unablässiger Kriegführung haben sie entwickelt und gepflegt bei allen Parteien. Fünfundzwanzig Millionen Menschen standen auf den Schlachtfeldern einander in Waffen und Haß gegenüber — und wieviel Individuen mit Neigung zu Roheitsakten, zu Eigentumsverbrechen muß man nach der Wahrscheinlichkeitsrechnung auf jede Million ansetzen — bei allen Kriegführenden? Bei allen Kriegführenden hatte sich die Kriminalität in der Heimat verringert, weil von den Männern zwischen 18 und 45 die Kräftigsten, die Kühnsten, die Waghalsigsten draußen waren. Und es ist nicht schwer, nach der Kriminalstatistik aller der beteiligten Länder — aller — sich vorzustellen, wieviel zweifelhafte Elemente dabei rechnerisch auf die Front und Etappentruppen kommen mußten. Es geht nicht an, hier Vogel-Strauß-Politik zu treiben und dem Zwang dieser Verhältnisrechnung sich entziehen zu wollen, es ist aber auch nicht zulässig, hier den Pharisäer zu spielen und alle Schuld ausschließlich der gegnerischen Seite zuzuschieben.

Nur mit schmerzerfülltem Herzen und bewegt von der tiefsten Trauer haben wir ganze Strecken von diesem Frankreich und diesem Belgien, das wir liebten und dessen monumentale Kunstschöpfungen wir bewunderten als eine der höchsten Äußerungen des nordischen Kunstwollens, auch weil daraus ein dem unseren so verwandter Gestaltungswille zu uns sprach, in Trümmer sinken sehen. Hier mit gebundenen Händen Zuschauer sein zu müssen, das wachsende Unheil nicht hemmen, nicht mildern zu können, war für den leidenschaftlichen Kunstfreund und Denkmalpfleger vielleicht die bitterste Aufgabe, die dieser Krieg mit sich brachte. Vieles, was durch Jahre geschont geblieben ist, ist zuletzt bei der ungeheuerlichen Konzentration der Truppen, dem raschen Stellungswechsel und dem dadurch bedingten fortgesetzten Quartierwechsel, bei der am Schluß einsetzenden Verwirrung langsam zugrunde gegangen. Manche der Schlösser haben dreißig-, andere mehr als fünfzigmal die Belegung gewechselt. Wenn in einem Raum, der leidlich dreißig Menschen faßt, plötzlich dreihundert zusammengedrängt werden, wenn todmüde Truppen nach langen Märschen oder Kampf-

---

1) Perspectives des ruines de la ville de Bruxelles désignées au naturel par Augustin Coppens 1695, neu herausgegeben mit Vorwort von Julius Baum, Brüssel 1915.

truppen, die aus der Front kommen, hier zusammengepreßt werden, wird die Ausstattung der Räume scheinbar automatisch in den Boden und in die Wände hineingedrückt. Zweimal rückten unsere Truppen durch ein verwüstetes und ausgeleertes Land vor, wo sie für jedes Quartier, jede Baracke, jedes Lazarett das Mobiliar mitbringen mußten, für tausend Feld- und Kriegslazarette und Erholungsheime und für die Unterkunft und die Unterstände von vier Millionen mußte durch vier Kriegsjahre die Ausstattung beschafft, erneuert werden. Es gibt ein altes Sprichwort: dreimal umgezogen ist so gut wie einmal abgebrannt. Ist hier die Grenze des Nötigen eingehalten worden? Liegen hier schwere Verfehlungen vor, wie die Presse der Entente behauptet, die in den letzten drei Kriegsmonaten von diesem Thema förmlich gelebt hat?

Nein, niemand würde irgendwelche Vergehen hier in Schutz nehmen können, niemand ist da, dem nicht das Herz schwer würde bei dem Gedanken an die Möglichkeit gröberer Verfehlungen, niemand, der diese verteidigen, beschönigen möchte und könnte. Die gegnerischen Berichte und Darstellungen enthalten Mitteilungen und Dokumente, die wir nicht in allem entkräften können. Nicht vor unserem Forum sind diese Einzelheiten zu verhandeln. Aber die deutsche Nation als Gesamtheit weist sie von sich. Es sind uns von den Gegnern schwere Verletzungen des Völkerrechtes, unmenschliche Grausamkeiten der Kriegsführung vorgeworfen worden. Um hier Klarheit zu schaffen, hat jüngst bei uns Hans Delbrück mit seinen Freunden die Einsetzung von unparteiischen Kommissionen gefordert, die hier ihres Amtes walten sollen — Kommissionen von Männern, die den Krieg kennen: aber werden sie unparteiisch urteilen können? Und wenn es Elemente gibt, die mit ernsten Vergehen den Ehrenschild der Armee befleckt haben: mögen sie ihre Strafe finden und die Verachtung der Heimat ernten, sie haben der Heimat zehnmal mehr Schmerz zugefügt als dem fremden Lande.

Die französische Regierung hat unter dem 5. Oktober 1918 die folgende Erklärung abgegeben:

,,Die deutsche Regierung hat fortgesetzt erklärt, daß, wenn es sich jemals ereignen sollte, daß sie gezwungen wäre, die okkupierten französischen Gebiete zu räumen, sie nur ein Land zurücklassen würde, das absolut nackt und ausgeraubt wäre. Diese wilde Drohung ist jetzt zur Ausführung gekommen mit einer methodischen Wut. Die deutschen Armeen wenden sich, um sich zu rächen für ihre fortgesetzten Niederlagen, noch viel grausamer als vorher gegen die Bevölkerung, jetzt gegen die Städte und gegen das Land selbst. Nichts bleibt den unglückseligen Einwohnern unserer Provinzen erspart. Sie sehen, in Massen fortgetrieben, hinter sich, wie ihre Häuser und ihre Fabriken, wie ihre Schulen und Hospitäler angezündet, ihre Kirchen gesprengt, ihre Pflanzungen und Anlagen verwüstet werden.

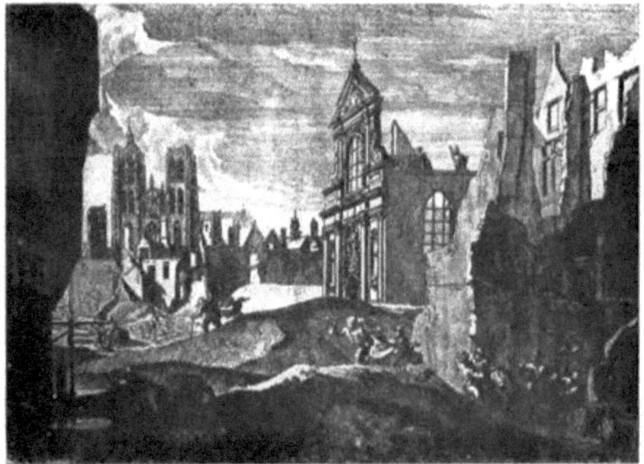

Die Zerstörung von Brüssel durch den Marschall Villeroy im Jahre 1695
Stich von R. v. Orley nach A. Coppens

Gegenüber diesen systematischen Verletzungen des Rechts und der Menschlichkeit hat die französische Regierung die gebieterische Pflicht, eine feierliche Mahnung an Deutschland und an die Staaten zu richten, die ihm zur Seite stehen in diesem monstruösen Werk von Raub und Zerstörung. Handlungen, die so entgegen allen internationalen Gesetzen und selbst den Grundsätzen aller menschlichen Zivilisation sind, werden nicht ungestraft bleiben.

Das deutsche Volk, das an diesem Verbrechen teilnimmt, wird die Folgen zu tragen haben. Die Urheber und die Auftraggeber dieser Verbrechen werden dafür verantwortlich gemacht werden moralisch, strafrechtlich und durch Bezahlung (moralement, pénalement et pécuniairement). Sie werden vergeblich suchen, der unerbittlichen Sühne zu entrinnen, die sie erwartet. Die Rechnung, die mit ihnen zu regeln ist, ist aufgelegt, sie wird bezahlt werden."

Ganz kaltblütig führt in der „Illustration" vom 12. Oktober 1918 Henri Lavedan, Mitglied der französischen Akademie aus, man könne, um den Sinn jener Bezahlung Zahn für Zahn dem Gegner einzuschärfen, einige exemplarische Zerstörungen verlangen, die nun, durch die Entente ausgeführt, sans aucune gêne et avec une parfaite légèreté de conscience vorzunehmen wären. Und im „Matin" vom 16. September 1918 fordert der Senator Lucien Cornet, daß jede Zerstörung ohne militärische Notwendigkeit früher oder später, durch einen gleichen Akt der Gewalt auf deutschem Boden beantwortet würde. Er fordert für Douai Freiburg, für St. Quentin Köln, für Lille Frankfurt. Nicht eine Stimme und eine Zeitung nur, sondern ein ganzes Heer von Stimmen hat allen Ernstes vorgeschlagen, man solle beim Friedensschluß mit dem Recht des Siegers verlangen, daß alle deutschen Gefangenen zurückbehalten und verwendet werden zum Wiederaufbau der Ruinen und daß nicht einer von ihnen zurückgegeben werde, bevor nicht Stein für Stein die französischen Städte wieder hergestellt wären.

Vergeblich hat die deutsche Regierung in den Oktoberwochen 1918 gegen diese Flut erneuter Anklagen protestiert. Wir sahen uns einem neuen, klug, umsichtig und einheitlich geleiteten Greuelfeldzug gegenüber, als dessen Tendenz die öffentliche Meinung, und nicht nur in Deutschland, allzu deutlich den Wunsch herauslas, eine möglichst breite Basis für materielle Friedensforderungen zu erhalten. Unsere sachlichen Proteste sind damals gar nicht oder nur entstellt in die Presse der Entente übergegangen, sie sind kaum zu den Neutralen gedrungen. Ausdrücklich spricht diese Erklärung von der Rechtsfrage und von internationalen Gesetzen wie von Grundsätzen der menschlichen Zivilisation, gegen die die deutschen Armeen sich vergangen haben sollten. Gerade hier aber würde die juristische Frage nach den Grenzen der Zulässigkeit solcher Handlungen a priori aufzuwerfen sein.

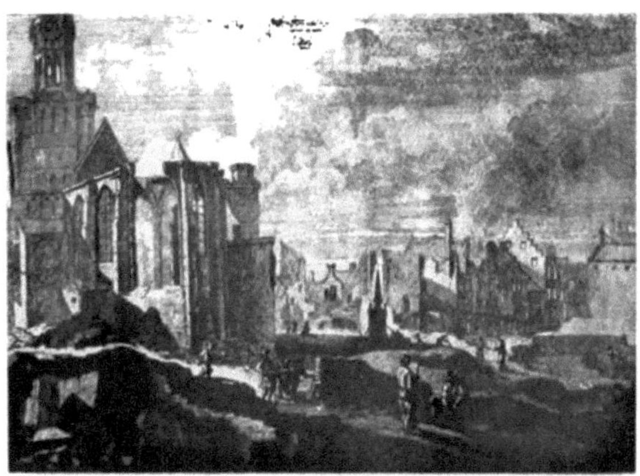

Die Zerstörung von Brüssel durch den Marschall Villeroy im Jahre 1695
Stich von R. v. Orley nach A. Coppens

Alle Zerstörungen, die auf den Kriegsschauplätzen vorgekommen sind, ohne Ausnahme und Differenzierung unter einen Nenner unterzubringen ist unsinnig und unlogisch, und noch ungleich unsinniger und ungerechter ist es, sie sämtlich auf das Schuldkonto Deutschlands setzen zu wollen und, wie Max Weber das jüngst einmal knapp formuliert hat, über die Entschädigung hinaus unter dem Vorwand von Schäden, welche aus der Tatsache des Krieges als solchem und aus beiderseitigen Handlungen herrühren, uns Fron- und Schuldpflichten aufzuerlegen.

Zunächst ist noch einmal mit allem Ernst, allem Nachdruck und aller Feierlichkeit zu konstatieren, daß bei den Zerstörungen der Ortschaften und der Verwüstung der Landschaft innerhalb der eigentlichen Kampfzone zumal auf den großen Schlachtfeldern der flandrischen Kämpfe, der Sommeschlacht, der Kämpfe in der Champagne und um Verdun durch die schwere und leichte Artillerie sich für jeden logisch denkenden Menschen die Urheberschaft zunächst gleichmäßig auf die beiden Gegner verteilt. Wenn die Franzosen im eigenen Lande eine ihrer großen denkmälerreichen Städte, wie Reims, das 1871 noch eine offene Stadt war, seitdem erst — und ohne einen Widerspruch in Frankreich oder in der internationalen Kunstwelt — zur Festung umgewandelt worden ist, nun zum Stützpunkt der Front und darüber hinaus zum Ausfallstor für die große Champagne-Frühjahrsschlacht von 1917 gemacht hatten, so hatten sie uns damit gezwungen, diese Stadt zu beschießen und den Gegner aus ihr zu verdrängen, genau so wie dies in dem nördlichen Teil der Front dem von den Engländern gehaltene Ypern galt; aber umgekehrt hat die englische und französische Artillerie ihrerseits keine Bedenken getragen, unter der gleichen militärischen Notwendigkeit mit voller Kaltblütigkeit und wohl wissend, was sie damit tat, die Stadt St. Quentin, auf die von unserer Seite nicht eine Granate gefallen war, zu beschießen und sie völlig zu zermürben und zu vernichten. Und auf Noyon war bis zum letzten August 1918 auch nicht eine Granate von unserer Seite gefallen: die Stadt ist einem konzentrierten, zumal auf dem Zentrum der Stadt liegenden französischen Feuer aus allen Kalibern zum Opfer gefallen. Wir erkennen ruhig den Heroismus an, der in solchem kühlen Rechnen, in solchem bewußten Aufopfern ganzer Städte zum Zwecke des militärischen Endsieges liegt. Es wird in den Berichten über den Zustand der Baudenkmäler auf dem französischen und belgischen Boden noch auszuführen sein, was hundertmal gesagt ist und doch für die Ohren und das Gewissen unserer Gegner wie der Neutralen nicht oft genug gesagt ist, daß die Masse der durch unsere Feinde dem Boden gleichgemachten Ortschaften, der zerschossenen Kirchen und Schlösser so gewaltig ist, daß sie längst schon der Zahl der durch unsere Kriegshandlungen vernichteten Orte die Wage hält. In zwei deutschen Veröffentlichungen[1] ist die erschütternde Liste der Bauten und der Ortschaften gegeben, die dem Feuer der Franzosen, der Engländer, der Belgier zum Opfer gefallen sind, von den Dörfern und Städtchen in der Ebene der Woëvre, über die Champagne und die Somme-Niederungen bis zu der langen Front der letzten blutigen Flandernschlachten, der Kämpfe an der Aisne, wo in der Tiefe von vielen Kilometern die feindliche Artillerie alles Menschenwerk niedergepflügt hat. Unsere Gegner haben auch nicht einen Augenblick gezögert, wenn es die militärische Notwendigkeit verlangte, ganze Städte und Dörfer zu zerstören, und sie haben in erster Linie ihr Feuer immer auf die Kirchen, die Schlösser und die sonstigen großen Bauwerke als auf die gegebenen Beobachtungspunkte und Sammelplätze gerichtet. Die Kölnische Zeitung hat unter dem 20. Oktober in einem Aufsatz über die Verwüstungen in Frankreich und Belgien hervorgehoben, daß hier überall militärisch wichtige, planmäßig überlegte und durchgeführte Kampfhandlungen vorlägen. Ich wiederhole hier nur ein paar Sätze: „Es gehört zweifellos eine erschütternde Größe des Geistes und der Seele zu dem heroischen Entschluß, zur Erreichung dieses Kampfzweckes die Vernichtung staatlicher und privater Werte in diesem großartigen, geradezu grauenhaften Maße durchzuführen und von der Artillerie der Verbündeten zuzulassen. Es gehört ein gewaltiges Maß an Vaterlandsliebe und die Überwindung alles Persönlichen im Interesse des ganzen Volkes dazu, demütig und innerlich vielleicht völlig verzweifelnd diese ungeheuren Opfer für das Volk und das Vaterland zu bringen. Es wird niemand geben — und

---

1) Joseph Sauer, Die Zerstörung von Kirchen und Kunstdenkmälern an der Westfront, Freiburg 1917. Zugleich in französischer Übersetzung. — [Paul Clemen] Zerstörte Kunstdenkmäler an der Westfront. Im amtlichen Auftrage zusammengestellt, Berlin. 1. u. 2. Aufl. 1917. Zugleich in französischer, holländischer, dänischer, schwedischer und polnischer Übersetzung.

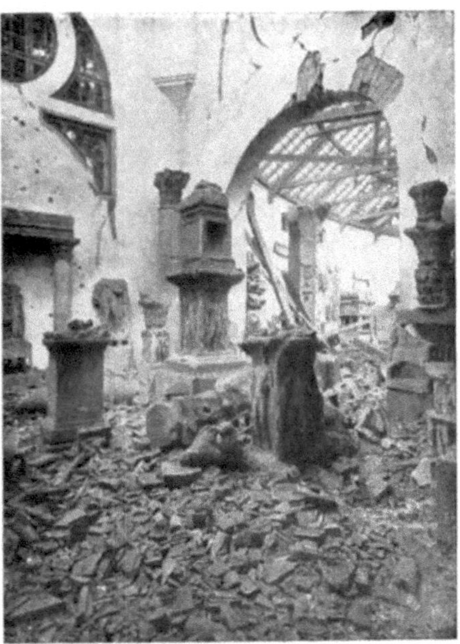

Trier, Das Provinzialmuseum
nach dem Fliegerangriff der Franzosen

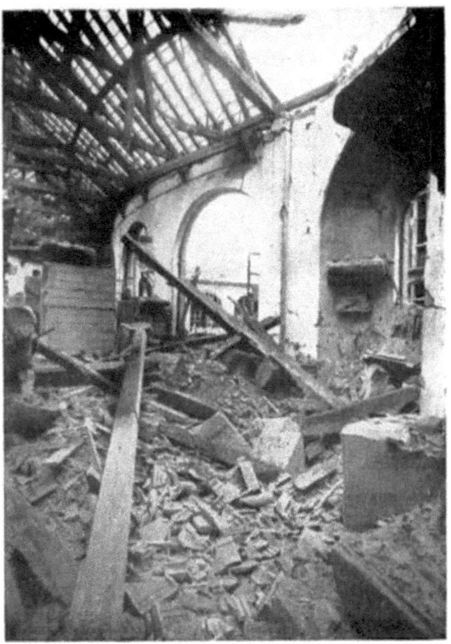

Trier, Das Provinzialmuseum
nach dem Fliegerangriff der Franzosen

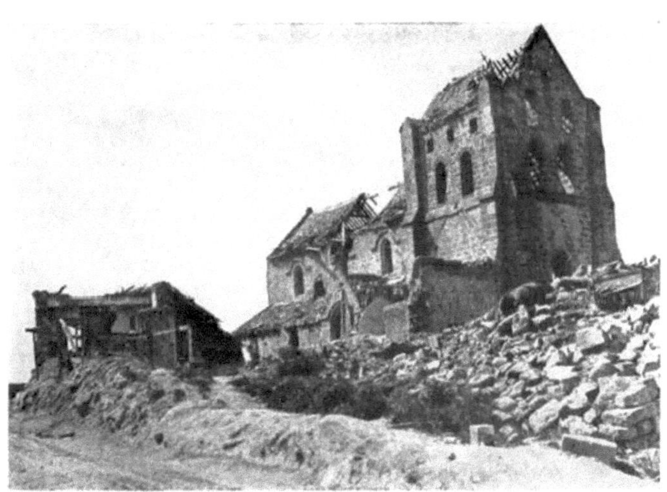

Kirche von Ployart, südlich Laon

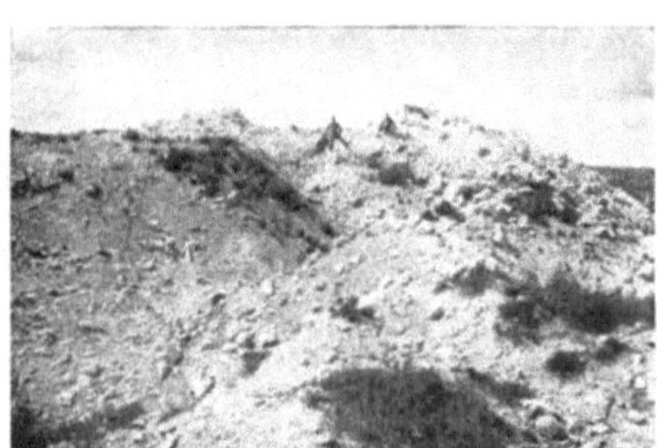

Cerny-en-Laonnais. Reste der Kirche

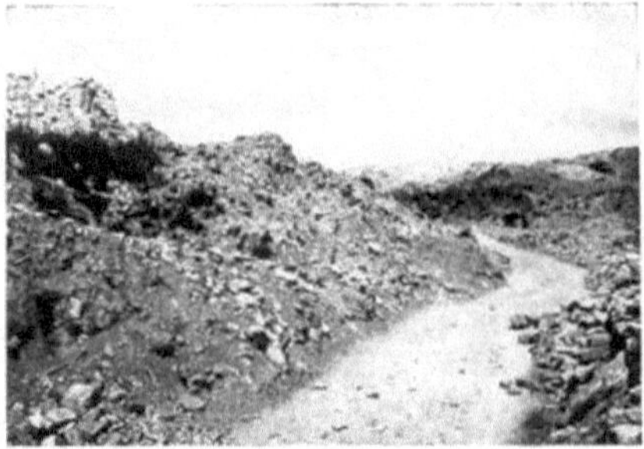

Craonne im Juni 1918. Links Reste der Kirche

am wenigsten einen Deutschen —, der ein so furchtbares Opfer nicht zu schätzen wüßte. Je größer, je tragischer aber das Opfer ist, um so infamer ist es, die Folgen des gewaltigen Entschlusses hinterher dem durch sie aufs schwerste getroffenen Feinde zuzuschieben."

Der Behauptung, daß auf Cambrai und Douai keine feindliche Granate gefallen sei, hat die deutsche Heeresleitung einfach die aktenmäßige Feststellung über die an den einzelnen Tagen auf die beiden Städte gefallenen Granaten verschiedener Kaliber entgegengestellt: bei Douai für die Zeit vom 17. September bis zum 3. Oktober, bei Cambrai für die Zeit vom 17. September bis zum 8. Oktober Es ist genau festgestellt, an welchen Tagen die Stadt in Flammen geschossen ist. Churchill hat sich Ende Oktober in Glasgow gerühmt, daß in den letzten Wochen fünfzehn Tage lang alltäglich mehr als 10 000 Tonnen Granaten auf die feindliche Front geschleudert worden waren, und die feindliche Presse hat immer wieder selbstbewußt betont, wie die Entente ihre artilleristische Überlegenheit mit der größten Munitionsverschwendung in der rücksichtslosesten Weise ausgenutzt hat: dieser vielfachen Übermacht haben unsere Truppen zuletzt weichen müssen. Nur der einfachen logischen Konsequenz, daß von den Zerstörungen durch die vielfach überlegene feindliche Artillerie notwendig auch ein Vielfaches auf den Gegner kommen müsse, der auf dieses Resultat ja doch stolz sein kann, suchen sich unsere Feinde konsequent zu entziehen. Die Periode der aufgeregten Vorwürfe sollte vorüber sein — es ist an der Zeit, ganz sachlich und kühl das pro und contra zu erörtern. Man möchte noch an die weisen Worte des edlen Schweizer Kunstfreundes Ferdinand Vetter erinnern: „Es liegt in dieser beiderseitigen Beteiligung an den Kunstfreveln dieses Krieges für den, der auf eine Wiederkehr freundlicher Beziehungen zwischen den heute so schmerzlich getrennten Völkern hofft, bei aller Traurigkeit des Geschehenen noch etwas Versöhnendes und Tröstendes. Es waren also wohl gebieterische Notwendigkeiten — wirkliche oder auch bloß vermeintliche Notwendigkeiten des Krieges so wie er nun einmal ist, die sowohl die Eigner dieser Kunstdenkmäler als ihre Feinde bestimmten, die edelsten Schöpfungen menschlicher Andacht und Schönheitsfreude dem in ihren Augen höheren Zweck, den der Krieg verfolgte, zu opfern. Wie weit diese Höherschätzung der bürgerlichen, staatlichen gegenüber den menschlichen, künstlerischen Gütern berechtigt war; ob den daherigen Pflichten im einzelnen Falle nicht auch bei einiger Schonung des nun Zerstörten hätte genügt werden können: darüber kann erst die Zukunft richten."

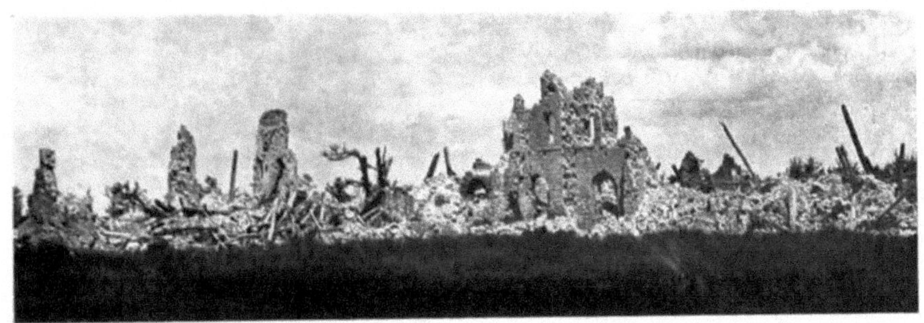

Kloster Vauclère an der Aillette, südlich Laon, 1918

II.

Die Einrichtung des Kunstschutzes
auf den deutschen Kriegsschauplätzen

Von Otto von Falke

Wenn in den Feldzügen der Vergangenheit Kunstsachverständige offiziell in Tätigkeit getreten sind, so waren ihre Aufträge weniger auf den Schutz, als vielmehr auf die Erbeutung des fremden Kunstbesitzes gerichtet. Die entgegengesetzte Aufgabe eines amtlichen Fürsorgedienstes zur Erhaltung der in Feindesland infolge der eigenen Kriegführung gefährdeten Kunstschätze war am Beginn des Weltkrieges noch neu und unerprobt und daher problematisch; es fehlte vorerst an jeder Erfahrung, ob und mit welchen Mitteln unter den Stürmen eines rasch fortschreitenden Feldzuges etwas Nützliches für die Sicherung bedrohter Kunstwerke und Baudenkmäler ausgerichtet werden könnte.

Es ist eine offenkundige, für alle kriegführenden Völker gleich beklagenswerte, aber unabänderliche Tatsache, daß Krieg und Kunstschutz zwei Dinge sind, die sich schlecht miteinander vertragen und daß der Krieg unvermeidlich Situationen schafft, bei denen die Denkmalpflege vor den Kriegsnotwendigkeiten machtlos zurücktreten muß. Trotz der Unsicherheit des Erfolges wurde diese Aufgabe in Deutschland als eine dringende Pflicht empfunden, als unsere Heere unter harten Kämpfen in Belgien einrückten und die unausbleiblichen Kriegsgefahren in ein Land trugen, das wie wenige mit unersetzlichen, allen kunstliebenden Nationen gleich teuren Schöpfungen einer ruhmvollen künstlerischen Vergangenheit aufs reichste gesegnet ist. Man war sich in Deutschland vollkommen bewußt, welche unschätzbaren Werte auf dem Spiel standen; an ihrer Erhaltung war der deutschen Verwaltung ebenso gelegen, wie dem Lande, zu dessen altererbten Besitz sie zählen.

Die Sorge der in Deutschland mit der Kunstpflege betrauten Behörden richtete sich vorerst auf die beweglichen Kunstwerke, die in Kirchen und Sammlungen über das ganze Land verteilt sind und durch den Kriegszustand in erster Linie bedroht erschienen. Man durfte zwar erwarten, daß die belgischen Konservatoren und Kirchenverwaltungen als die berufenen Hüter selbst rechtzeitig für die Bergung ihrer Schätze geeignete Vorsichtsmaßregeln ergreifen würden, wie es in der Tat fast überall geschehen ist, wo nicht die unerwartet hereinbrechende Kriegsnot eine pflichtgemäße Fürsorge verhindert hat. Aber es war doch auch mit der Gefahr zu rechnen, daß unlautere Elemente die Zeit mangelnder Aufsicht benützen könnten, um bewegliche Kunstwerke an sich zu ziehen, deren

Verschwinden nachträglich den Kriegführenden zur Last gelegt werden konnte. Auch gegenüber den Erfindungen der feindlichen Presse, die von deutschem Kunstraub in Kirchen und Sammlungen, sogar von der Entführung der Brüsseler Museen zu berichten wußten, mußte Klarheit geschaffen werden.

Das preußische Kultusministerium hatte auf Veranlassung des Generaldirektors der preußischen Museen Wilhelm von Bode sich bereits im ersten Kriegsmonat mit Vorschlägen zur Einrichtung des Kunstschutzes an den Generalgouverneur in Belgien und an das für die Verwaltung der besetzten Gebiete zuständige Reichsamt des Innern gewendet. Anfänglich war beabsichtigt, daß die sachkundigsten belgischen Kunstbeamten durch das Generalgouvernement die Ermächtigung und die nötigen Verkehrsmittel erhalten sollten, um sich selbst über den Zustand und Verbleib der Kunstschätze ihres Landes und über eventuelle Sicherungen zu unterrichten. Als dieser Weg sich als ungangbar erwies, wurde am 12. September 1914 der unterzeichnete Direktor des Kunstgewerbemuseums in Berlin der Zivilverwaltung in Brüssel zugewiesen mit dem Auftrag, sich über den wirklichen Zustand aller Kunstdenkmäler durch Augenschein zu vergewissern, für ihre Sicherung nach Möglichkeit zu sorgen, festzustellen, was noch in situ vorhanden sei und wer für das bereits Verborgene verantwortlich blieb. Im Bedarfsfalle sollten aus bedrohten Orten in der Nähe des Kampfbereichs bewegliche Kunstwerke in die sichere Obhut der Brüsseler Museen übertragen werden.

Diese Vorsichtsmaßregel kam im Herbst 1914 nur in wenigen Fällen zur Anwendung, weil nach der Einnahme von Antwerpen und der kampflosen Besetzung der flandrischen Kunststädte der Kunstbesitz, abgesehen vom Bereich der Schlachtfront, kaum mehr Gefahren ausgesetzt war. Sie gewann aber später als die Hauptaufgabe des Kunstschutzes erheblich an praktischer Bedeutung, als im Jahr 1917 im Zusammenhang mit dem englischen Angriff der Luftkrieg seine zerstörende Wirkung auf das Hinterland der flandrischen Front und die Küste ausdehnte. Durch einen beim Generalkommando des Marinekorps tätigen Denkmalpfleger (Oberleutnant Flesche) wurden zuerst in Brügge selbst zweckmäßige Schutzvorrichtungen gegen die Fliegergefahr angebracht, dann die Bergung und der Abtransport von Kunstwerken und Archivalien aus ganz Westflandern ins Werk gesetzt. Die deutsche Denkmalpflege arbeitete hierbei im Einvernehmen mit der belgischen Commission Royale des Monuments et des Sites, wobei in der Regel die örtlichen Provinzialvertreter der Commission Royale die Auswahl der in die Schutzdepots zu Brüssel, Brügge, Courtrai und Tournai abzubringenden Werke der Kunst und Wissenschaft vornahmen, während die dem Marinekorps und den Oberkommandos der 4. und 6. Armee zugeteilten Kunstsachverständigen (Frh. Schenk v. Schweinsberg und Dr. Feulner) mit tatkräftiger Unterstützung der deutschen Militär-Eisenbahn- und Zivilbehörden den Transport vermittelten. Als ständiger Kunstreferent beim Verwaltungschef Flandern war nach 1916 der Museumsassistent Bersu (Stuttgart) insbesondere für die Bedürfnisse der belgischen Museen tätig.

Für die erste Revision und Ordnung von Bibliotheken und Archiven war im Herbst 1914 der Bibliotheksdirektor Prof. Milkau aus Breslau vom Kultusministerium nach Belgien entsandt worden.

Eine wirksame Fürsorge für die Denkmäler der Baukunst im Kriegsbereich hatte von vornherein mit viel größeren Schwierigkeiten zu rechnen, denn vor der militärischen Notwendigkeit, die Beobachtungsposten, Stützpunkte und Deckungen des Feindes zu zerstören, haben die Wünsche des Denkmalschutzes bei allen Kriegführenden schweigen müssen. Zur deutschen Kriegführung hegte zwar die Heimat das feste Vertrauen, daß sie jeder vermeidlichen Schädigung von Kunstdenkmälern sich enthalten würde; ein Vertrauen, das auf die Tatsache sich stützen konnte, daß die vielen Städte Belgiens und Frankreichs, die kampflos von unseren Truppen besetzt wurden, keinerlei Schaden genommen hatten und daß auch in belagerten Plätzen wie Lüttich und Antwerpen die historischen Bauwerke nicht gelitten haben. Aber schon das Unglück von Löwen, bei dem die Bibliothek unbeachtet und daher ungeschützt in Flammen aufging, gab die Lehre, daß der Kunstschutz sich auch auf die Baudenkmäler erstrecken müsse, um rechtzeitig zu warnen, auf die künstlerische Bedeutung bedrohter Bauwerke aufmerksam zu machen, nach Möglichkeit Schonung zu erwirken oder entstandene Schäden zu heilen. Für diese verantwortungsvolle Seite des Kunstschutzes wurde am 20. Oktober 1914 auf Vorschlag des Kultusministeriums der seit vielen Jahren mit der Denkmalpflege der Rheinprovinz betraute Professor der Kunstgeschichte Paul Clemen (Bonn) nach Belgien berufen. Im nächsten Monat erhielt er den gleichen Auftrag für Frankreich. Auf Grund eines Kabinettschreibens des Kaisers vom 1. Januar 1915, das ihn ermächtigte, in jedem dringlichen Fall zur Front zu eilen, wurde er von der Obersten Heeresleitung beauftragt, „das Operations- und Etappengebiet zu bereisen, um den Zustand der Baudenkmäler festzustellen und das Interesse der Denkmalpflege an ihnen wahrzunehmen." Der Auftrag wurde im Herbst 1915 auch auf den Osten und unter dem 3. Januar 1917 auch auf die gesamten deutschen Kriegsschauplätze ausgedehnt. Daraus ergaben sich von Ende 1914 beginnend zahlreiche Besichtigungsreisen im Operations- und Etappengebiet, am häufigsten in Frankreich, und eine lange Reihe von eingehenden Berichten und Anträgen an den Generalquartiermeister, die Oberkommandos der an der Westfront stehenden Armeen und an das Kultusministerium in Berlin. Sie hatten nicht bloß den Zweck, den Umfang der sowohl der deutschen wie der feindlichen Kriegführung zur Last fallenden Bauschäden, die Ergebnisse der Revision von Kunstsammlungen und Schlössern festzustellen und geeignete Sicherungen anzuregen, sondern sie sollten auch durch wiederholte und eindringliche Mahnung das Bewußtsein der Verantwortlichkeit für die Erhaltung der Kunstwerke bei den Kommandostellen schärfen und dadurch die Einrichtung einer ständigen Instanz für eine regelmäßige Denkmalpflege im besetzten Gebiet herbeiführen. Der Generalquartiermeister hatte am 2. März 1915 zweckmäßige Vorschriften für den Kunstschutz erlassen (vgl. den nachfolgenden Bericht Demmlers); ihre praktische Wirksamkeit war aber von der Mitwirkung von Fachleuten abhängig. Im Dezember 1914 sind durch die deutsche Heeresleitung schon die ersten Sicherungsarbeiten an gefährdeten Kunstwerken in dem besetzten Gebiet angeordnet worden, an der lothringischen Front bemühte sich mit Erfolg Museumsdirektor Keune (Metz) um den Schutz der wertvollsten Denkmäler.

Auf eine Denkschrift Clemens vom 2. Oktober 1914, die die Einsetzung einer geordneten Denkmalpflege in dem besetzten Gebiet von Frankreich anregte, hatte der Kaiser schon unter dem 8. Oktober 1914 sich grundsätzlich zustimmend ausgesprochen. Im Lauf des Jahres 1915 ist noch mehrfach in Eingaben an die Oberste Heeresleitung und an den preußischen Kultusminister die Berufung von Sachverständigen an die Westfront erbeten worden, um Kunstwerke des öffentlichen und privaten Besitzes aus der Gefahrzone zu entfernen und sie in den Gewahrsam der französischen Museen im Etappenbereich zu überantworten. Die Angelegenheit wurde damals, als viel Kunstgut noch intakt war, das später Schaden nahm, leider noch aufgeschoben, weil die Einrichtung einer deutschen Verwaltungsbehörde in Frankreich abgewartet werden sollte. Erst am 7. Oktober 1916 wurde auf erneute Vorstellungen des Kultusministers der Museumsdirektor Theodor Demmler (Berlin) in das Hauptquartier West berufen und zum ständigen Referenten für die Denkmalpflege bestellt.

Es handelte sich in diesem Stadium des Fürsorgedienstes neben der Ermittlung der dringend schutzbedürftigen Kunstwerke um die praktischen Fragen ihrer Entfernung aus dem Feuerbereich, um die Vorschläge an die einzelnen Armeen zur Durchführung der Sicherungstransporte und um die Bereitstellung ausreichender und zweckentsprechender Bergungsräume innerhalb der französischen Grenzen. Im Museum von Valenciennes und in Maubeuge wurden schließlich geeignete Sammelstellen gefunden, wo ein ansehnlicher Teil des geborgenen Kunstgutes zur öffentlichen, leicht kontrollierbaren Aufstellung und Katalogisierung gelangte. Diese beiden Refugien haben trotz der zunehmenden Fliegergefahr ihren Dienst erfüllt, bis das letzte Kriegsstadium noch einen weiteren Abtransport aus Valenciennes nach Brüssel notwendig machte. Die vom Generalquartiermeister im Jahre 1917 erlassenen allgemeinen Richtlinien für den Kunstschutz bestimmten im wesentlichen, daß die in frontnahen Orten bedrohten Kunstgegenstände aus staatlichem und städtischem Besitz durch den verantwortlichen französischen Beamten unter Aufsicht eines dem zuständigen Armeeoberkommando zugeteilten Kunstsachverständigen in Sicherheit gebracht werden sollten. Bei der Beschaffung von Packmaterial, Arbeitskräften und den Verhandlungen mit den Eisenbahnbehörden waren die französischen Beamten in jeder Weise zu unterstützen, für die Auswahl des Verbringungsortes ihre Ansicht zu hören. Über alle wichtigen Bergungen waren Protokolle aufzunehmen. Kunstschätze in kirchlichem und privatem Besitz sollten nur auf schriftlichen Antrag der Eigentümer oder ihrer Vertreter in Sicherheit gebracht werden; für abwesende Besitzer von Kunstsachen war im Bedarfsfalle ein Pfleger (Bürgermeister, Pfarrer) zu bestellen, der die Rückführung beantragen konnte.

Um in dem ausgedehnten Bereich der Westfront die vielen und durch die Unzulänglichkeit der Verkehrsmittel oft sehr erschwerten Bergungsarbeiten bewältigen zu können, wurden außer den Genannten noch weitere Kunstsachverständige bei den einzelnen Armeen mit der Denkmalpflege beauftragt; als Kunstoffiziere sind bei den einzelnen Armeen in Frankreich Dr. v. Hadeln, Dr. Feulner, Dr. Burg, Prof. Pinder, Dr. Reiners, Oberlt. Dr. Weise, und neben ihnen Prof. Keune und Prof. Foy, Dr. Burchard, Hauptmann Prof. Rolfs tätig gewesen. Auf Antrag des archäologischen Instituts bereiste Museumsdirektor Lehner (Bonn) im Januar 1918 den westlichen Kriegsschauplatz, um für den Schutz archäologischer Kunstwerke und Sammlungen Vorschläge zu machen.

Auf dem östlichen Kriegsschauplatz bietet die von den Russen auf ihrem Rückzug systematisch durchgeführte Zerstörung von Ortschaften, Schlössern und Gütern, lediglich zu dem Zweck, die deutsche Verfolgung zu hemmen, eine schlagende Bestätigung für die Tatsache, daß auch unsere Gegner unter dem Druck der militärischen Notwendigkeiten den Bauwerken und privatem Besitz keinerlei Schonung gewährt haben. Die Kriegstagung für Denkmalpflege in Brüssel hatte am 29. August 1915 an den Reichskanzler und an den preußischen Kriegsminister die Anregung gerichtet, die Einsetzung einer geordneten Denkmal- und Kunstpflege auch für die okkupierten Gebiete des Ostens tunlich bald in Angriff zu nehmen. Die Denkmalpflege im Osten hat im Herbst 1915 Paul Clemen übernommen. Am 30. September 1915 wurde er dem Verwaltungschef beim deutschen Generalgouvernement beigegeben zu Untersuchungen über den gegenwärtigen Zustand der Kunstdenkmäler aller Art. Auf seinen Reisen im Bereich des Generalgouvernements Warschau, in Litauen und Kurland wurden die kunstgeschichtlich bemerkenswerten Bauwerke, sowohl Kirchen wie Schlösser, aufgesucht, ihr künstlerischer Inhalt, soweit er noch vorhanden war, revidiert und über den Befund in Denkschriften an den Generalgouverneur und den Oberbefehlshaber Ost Bericht erstattet. Dem polnischen Landeskomitee zur Erhaltung der Altertümer in Warschau wurde als einer für die Ausübung der Denkmalpflege geeigneten und bereits bewährten Stelle die Unterstützung der deutschen Verwaltung zugewendet. Verschiedene Vorschläge an die militärischen und Zivilbehörden in Litauen, Wilna, Kurland bezweckten ferner den vorläufigen Schutz aufsichtslos gewordener Bibliotheken und Archive, eine Aufgabe, deren sich im Generalgouvernement bereits der Geh. Archivrat Warschauer angenommen hatte. Eine Eingabe an das Oberkommando der 10. Armee führte im April 1917 zur Berufung des Professors der Kunstgeschichte Paul Weber (Jena) nach Wilna als ständigen Denkmalspflegers für Litauen. Ein Bericht Clemens vom 5. September 1917 über die Denkmäler Rigas mußte die gründliche Ausräumung aller beweglichen Kunstschätze und Archive durch die Russen feststellen.

In Rumänien ist Anfang 1917 durch den Generalquartiermeister eine Aufsicht der Kunstsammlungen im besetzten Gebiet angeordnet worden, wofür Professor Braune von der Pinakothek in München der Militärverwaltung in Bukarest beigegeben wurde. Die historischen Bauten in Mazedonien hat Paul Clemen, der in den Jahren 1917 und 1918 im Auftrage der Obersten Heeresleitung den Balkan bereiste, in den Kreis seiner Untersuchungen einbezogen; im Zusammenhang mit den Arbeiten der vom preußischen Kultusminister ernannten landeskundlichen Kommission für Mazedonien sind Aufnahmen der bemerkenswerten mittelalterlichen Baudenkmäler veranlaßt worden, während gleichzeitig Prof. Dragendorff (Berlin) den antiken Bauwerken sich widmete.

Der italienische Kriegsschauplatz kam für die deutsche Kunstverwaltung erst im Herbst 1917 nach der Besetzung friaulischen Gebiets durch die 14. Armee in Betracht. Obwohl die beweglichen Kunstwerke hohen Ranges aus Kirchen und Museen und die wichtigsten Archivalien von den Italienern in mehrjähriger Arbeit entfernt und in das Hinterland geborgen waren, wies das Oberkommando der 14. Armee im November und Dezember durch wiederholten Tagesbefehl die Ortskommandanturen auf die Pflicht des Kunstschutzes hin. Durch Sachverständige waren der Kunstbestand und die notleidend gewordenen Baudenkmäler im besetzten Gebiet zu verzeichnen, Zerstörung und Verschleppung von Kunstgut zu verhindern, gefährdete Sammlungen und Gebäude mit künstlerischer Ausstattung zu schließen oder durch Posten zu sichern. Das Belegen von Kirchen und anderen historisch bemerkenswerten Gebäuden sollte nach Möglichkeit vermieden werden. Wo eine örtliche Sicherung untunlich war, sollte eine Bergung in rückwärts gelegene sichere und dauernd beaufsichtigte Räume vorgenommen werden. Diese Tätigkeit, die hier wie auf den anderen Kriegsschauplätzen durch den Mangel an Transportmitteln sehr erschwert und beschränkt wurde, kam zuerst bei dem von den Italienern schonungslos zusammengeschossenen Schloß San Salvatore an der Piave zur Geltung, von dessen Kunstbesitz und Ausstattung über vierzig Wagenladungen in das Stadthaus von Conegliano geborgen wurden. Die Durchführung des deutschen Kunstschutzes lag in den Händen von Kunstsachverständigen, die unter den Dolmetscheroffizieren ausgewählt und zuerst der Etappeninspektion 14, später der deutschen Verbindungsstelle in Udine zugeteilt wurden. Für die Sicherung und Ordnung von Bibliotheken und Archiven waren tätig Lt. Dr. Ebert und U.-Off. Dr. Hessel, für die Kunstdenkmäler Lt. Dr. Graeff von der Pinakothek in München, der Architekt Lt. Prof. Kurz und Hauptmann Dr. Mannowsky, der den abschließenden Tätigkeitsbericht abgestattet hat. Die Leitung der Schutzmaßnahmen für die Werke der Kunst und Wissenschaft war auf Vorschlag des Kultusministers vom Generalquartiermeister dem Unterzeichneten übertragen worden.

Auf dem orientalischen Kriegsschauplatz sind die Denkmäler der Vergangenheit weniger durch Kampfhandlungen als durch die Ansprüche einer dem Krieg dienenden gesteigerten Bautätigkeit in Mitleidenschaft gezogen worden. Um den Mißbrauch der schutzbedürftigen Reste alter Kunst als Baumaterial einzuschränken, bedurfte es der Aufsicht von Sachverständigen mit militärischer Vollmacht. Die von General Djemal Pascha befohlene und dem zum Generalinspektor der Altertümer für Syrien, Palästina und Westarabien ernannten Museumsdirektor Prof. Theodor Wiegand (Berlin) unterstellte Denkmalpflege war von deutscher Seite angeregt und von landeskundigen deutschen Archäologen im Heeresdienst übernommen worden. Was auf diesem weit ausgedehnten Gebiet und in Kleinasien für den Kunstschutz und die Forschung während des Krieges erstrebt und erreicht wurde, ist den Berichten Th. Wiegands und G. Karos zu entnehmen.

III.

Kunstdenkmäler und Kunstpflege in Belgien

Von Paul Clemen und Gerhard Bersu

Über die Leiden, die das Königreich Belgien in den ersten Kriegsmonaten erfahren hat, sind im Herbst 1914 Stimmen der Klage und Anklage um die ganze Erde gelaufen. Wir teilen die Trauer über die Verluste, die einzelne Strecken des schönen Landes in diesen Herbstmonaten 1914 erfahren haben; aber wie gering erscheint dies alles heute gegenüber den Zerstörungen, die die folgenden Kriegsjahre auf französischem Boden, oder gegenüber denen, die der Kampf in den nächsten Jahren an der westflandrischen Front hervorgerufen hat. Und wenn man die Verlustliste aufstellt, so muß man immer wieder aufzählen, daß zum Glück die Denkmäler der Hauptstädte Brüssel und Antwerpen, der drei großen flandrischen Kunstzentren Gent, Brügge und Tournai, die sämtlichen Monumente von Lüttich, dazu Courtrai, Hal, Nivelles, Oudenarde, Mons, Tirlemont, St. Trond, Tongern, Léau völlig unberührt aus jenen ersten Kämpfen herausgegangen sind. Nicht vergessen, aber übertönt sind jene ersten Schäden vom Jahre 1914 durch die der folgenden Jahre.

Die Fürsorge der deutschen Verwaltung für die durch die Kriegshandlungen gefährdeten Kunstschätze hat schon unmittelbar nach der Besetzung des Landes begonnen. Über die ersten Maßnahmen ist in dem vorangehenden Bericht über die Einrichtung des Kunstschutzes im Kriege eingehend gehandelt worden. Unmittelbar nach der Einsetzung des Generalgouvernements ist durch das Reichsamt des Innern auf Anregung des preußischen Kultusministeriums Otto von Falke (Berlin) der neuen Verwaltung für den Kunstschutz beigegeben worden. Mitte Oktober ist dann durch dasselbe Reichsamt Paul Clemen delegiert worden mit dem speziellen Auftrag, für die Baudenkmäler zu sorgen. In einer Reihe von Berichten hat Falke noch im Laufe des Oktober über den Zustand der belgischen Kunstdenkmäler, insbesondere auch über die beweglichen Kunstwerke und Museen gehandelt, dazu treten die Berichte von Clemen, die sich ausschließlich auf die Bauwerke beziehen. Diese Berichte bildeten die Unterlagen für die sofort ergriffenen Maßnahmen und die Verfügungen der Verwaltung. Auf der Kriegstagung für Denkmalpflege in Brüssel hat dann Falke am 29. August über die Fürsorge für die Kunstdenkmäler in Belgien im Zusammenhang berichtet und Clemen hat in dem einleitenden Vortrag dieser Tagung am 28. August über den Zustand der großen Baudenkmäler eingehend referiert[1].

Nachdem die ersten Sicherungsmaßnahmen zum Schutz der belgischen Kunstdenkmäler und Museen durchgeführt waren, erschien es zunächst nicht notwendig, für diese Arbeiten eine dauernde Dienststelle bei der deutschen Verwaltung zu schaffen. Erst als der Krieg sich unabsehbar in die Länge zog, wurde im Sommer 1916 beim Verwaltungschef des General-Gouverneurs in Belgien ein von dem Kunsthistoriker Bersu, Assistent der Altertumssammlung Stuttgart, besetztes Kunstreferat eingerichtet. Die Aufgabe dieser Dienststelle bestand hauptsächlich darin, die Museen dauernd zu überwachen, sie vor Übergriffen nicht zuständiger Ressorts zu schützen und für ihre Bedürfnisse, wie der Kohlenbeschaffung, Wiederherstellung schadhafter Gebäude usw., bei den deutschen Dienststellen zu vermitteln. Es wurde erreicht, daß den belgischen Museen im weiteren Kriegsverlauf keinerlei Schaden entstand. Durch Kriegseinwirkung hat im Laufe dieser Epoche lediglich die im

---

1) Die Berichte Falkes vom 18. Sept., 25. Sept., 5. Okt., 2. Nov. 1914, erstmalig veröffentlicht in der Norddeutschen Allgemeinen Zeitung, sind abgedruckt bei O. Grautoff, Kunstverwaltung in Frankreich und Deutschland, Bern, M. Drechsel 1915, S. 64. Ebenda S. 62 W. v. Bode, Aufgaben und Richtlinien der deutschen Regierung für die Erhaltung der Kunstdenkmäler in den besetzten Gebieten. Die Berichte von Clemen vom 2. Nov. 1914 und 16. Juni 1915 in der Norddeutschen Allgemeinen Zeitung, dann bei Grautoff, S. 75, 95, bei Clemen, Der Schutz der Kunstdenkmäler im Kriege (Flugschrift 132 des Dürerbundes München 1915), S. 8, und bei Clemen, Erhaltung und Zerstörung der Kunstdenkmäler auf dem westlichen Kriegsschauplatz (Flugschrift 146 des Dürerbundes 1915) S. 6. Die Referate von Brüssel sind gedruckt in dem Stenographischen Bericht der Kriegstagung für Denkmalpflege Brüssel 28. und 29. August 1915, Berlin, Wilhelm Ernst 1915. Der Clemensche Bericht auch in Sonderabdruck und erweitert mit Illustrationen unter dem Titel: Der Zustand der Kunstdenkmäler auf dem westlichen Kriegsschauplatz, Zeitschrift für bildende Kunst LI, 1916, S. 49, und als Buchausgabe Leipzig, E. A. Seemann, 1916.

Rathaus zu Arlon untergebrachte Gemäldegalerie der Stadt Arlon gelitten. Das Gebäude wurde im Sommer 1918 von einer englischen Fliegerbombe getroffen, die einen sehr großen Teil der im übrigen unbedeutenden Sammlung zerstörte. Schon ein Jahr vor diesem Unglück war der Stadt Arlon und dem Archäologischen Institut der Provinz Luxemburg, den Eigentümern der Arloner Sammlungen, angeboten worden, die Gemäldegalerie und die im Gymnasium untergebrachte archäologische Sammlung in einer leerstehenden alten Kirche in Sicherheit zu bringen. Das nötige Baumaterial für die Instandsetzung der Kirche war von deutscher Seite bereitgestellt, die bis dahin als militärisches Magazin benutzte Kirche bereits von den militärischen Behörden freigegeben, als von der Stadtverwaltung Arlon die Einrichtung der Kirche als Museum abgelehnt wurde. So hat die Stadt Arlon diesen Kriegsverlust durch ihre Weigerung selbst verschuldet.

Die Übertreibungen der ersten erregten Berichte wird man heute, wo diese Kriegspsychose hinter uns liegt, mit Ruhe einschätzen und auf das richtige Maß zurückführen[1]. Der Historiker und der Jurist werden die von beiden Seiten vorgebrachten Aussagen und Zeugnisse einander gegenüberstellen und die Wahrheit zu erkennen suchen, sie werden die Angaben auch wägen nach der Möglichkeit, die die Zeugen hatten, wirklich zu sehen und zu beobachten. Beide Seiten haben manche Dinge in anderer Beleuchtung ansehen gelernt, haben Irrtümer erkannt, von der Zeit gelernt. Es ist heute nicht mehr nötig, über den historischen Anlaß zu dem Unglück von Löwen zu sprechen. Alle vorgebrachten Einzelmitteilungen haben die Tatsache nicht aus der Welt geschafft, daß in der Nacht vom 24. zum 25. August 1914 unsere Truppen einem von langer Hand vorbereiteten nächtlichen Überfall in Löwen zum Opfer fallen sollten. Bei den sich daran anschließenden Kämpfen und dem von den deutschen Truppen verhängten Strafgericht ist nach Ausweis des amtlichen Planes ein Zehntel des Stadtbereichs, ein Achtel der Wohnstätten der Stadt zerstört und nur in der Umgegend des Bahnhofs und in den beiden Parallelstraßen nach dem Zentrum der Stadt zu, d. h. überwiegend in dem moderneren Teil der Stadt, der weniger durch architektonische Denkmäler ausgezeichnet war. Die Verantwortung für alles, was hier geschehen ist, muß ausschließlich den militärischen Stellen überlassen bleiben. Das Rathaus, dieses vielbewunderte Werk des Matthaeus de Layens, dessen baulicher Organismus durch den plastischen Schmuck völlig überwuchert wird, ist unversehrt erhalten geblieben, dank der Umsicht des Kommandanten der deutschen Truppen, der die brennenden Nachbarhäuser sprengen ließ[2]. Und noch während des Brandes sind, dank der Energie und Auf-

---

1) Von belgischer und französischer Seite liegt eine umfangreiche Berichterstattung vor. Das offizielle belgische Material ist vereinigt in den Publikationen: La violation du droit des gens en Belgique. Rapports de la commission d'enquête, 2 Bde. Paris, Berger-Levrault 1915. — Les violations des lois de la guerre par l'Allemagne (publication faite par les soins du ministère des affaires étrangères), Paris, Berger-Levrault 1915. — Réponse au livre blanc Allemand du 10 mai 1915, publication du ministère de la justice et du ministère des affaires étrangères belges, Paris 1917 (ein Band von 535 Seiten). — Jean Massart, Comment les Belges resistent à la domination Allemande, Paris, Payot & Co. 1916. — A. Masson, L'invasion des Barbares, Lausanne, Payot & Co. 1915. — La Belgique héroïque et martyre, Spezialnummer von l'art et les artistes 1915. — Marius Vachon, Les villes martyres de France et de Belgique, Paris, Payot & Co. 1915. — A. de Gerlache de Gomery, La Belgique et les Belges pendant la guerre, Paris 1917. — Überwiegend historischen Inhalts die vier Bändchen der Villes meurtries en Belgique: 1. E. Verhaeren, Anvers, Malines et Lierre. 2. Dumont-Wilden, Bruxelles et Louvain. 3. J. Destrée, Les villes Wallonnes. 4. Pierre Nothomb, Villes de Flandre. — Zusammenfassend die eingehende Publikation des Baron H. Kervyn de Lettenhove, La guerre et les œuvres d'art en Belgique, Brüssel und Paris, van Oest & Co. 1917.

2) Über Löwen vgl.: Jean Massart a. a. O., p. 66. — Kervyn de Lettenhove, p. 75. — Hervé de Gruben, Les Allemands à Louvain, p. 127. — Paul van Houtte, Le crime de Guillaume II et la Belgique, Paris, Picard 1915, p. 83. — In den Publications du comité catholique de propagande française à l'étranger die Zusammenstellung von Raoul Naroy, Le supplice de Louvain. Faits et documents. Paris, Bloud et Gay, 1915. — Die deutsche Darstellung in den oben genannten Berichten von Falke und Clemen. Die Dokumente in dem vom Kriegsministerium, Militär-Untersuchungsstelle für Verletzungen des Kriegsrechts veröffentlichten Weißbuch: Die völkerrechtswidrige Führung des Belgischen Volkskriegs. Abschnitt D. Löwen. Berlin, Reichsdruckerei, 1915. — Auf der anderen Seite stehen die Erklärungen in dem Livre gris du Gouvernement Belge, p. 299ff. und die von der Commission d'enquête vereinigten Dokumente. — Der kommandierende General des IX. Res.-A.-K. von Boehn bekundet in seiner Aussage (Weißbuch S. 12), daß bei dem nächtlichen Angriff der Gesamtverlust des Stabes 5 Offiziere, 2 Beamte, 23 Mann und 95 Pferde betrug! Die beschworenen Berichte von 50 Offizieren und Militärpersonen sagen dasselbe aus. An diesen Tatsachen ist doch nicht zu rütteln. In der Daily News vom 9. Dez. 1918 tritt William Archer noch

opferung deutscher Offiziere, die kostbarsten beweglichen Schätze aus der Peterskirche in das Rathaus gerettet worden, darunter die beiden bekannten Stücke von Dierk Bouts, vor allem sein Abendmahl. Die oft dem Einsturz drohenden Ruinen sind dort, wo die Eigentümer erklärten, den Wiederaufbau nicht vornehmen zu wollen, im Herbst 1916 aus baupolizeilichen Gründen mit Ausnahme architektonisch bemerkenswerter Fassaden niedergelegt worden. Die Kathedrale St. Peter, deren Dach in jener Schreckensnacht vom Feuer ergriffen ward, hat noch vor Beginn des Winters ein sorgsam ausgeführtes Notdach erhalten[1].

Tief schmerzlich und in Deutschland so ernstlich beklagt und betrauert wie im Ausland bleibt der Verlust der Bibliothek in Löwen, die mit dem ganzen Häuserblock, in den sie ohne schützende Brandmauern eingefügt war, in jener Nacht zugrunde ging. Es waren keine Diener, Hausleute oder Beamte anwesend, niemand, der die deutschen Kommandobehörden auf die hier bestehende Gefahr aufmerksam machen konnte. Nach dem Bericht des Leiters, des gelehrten Bibliothekdirektors Delannoy, war die Bibliothek übrigens selbst nicht eine der bedeutenderen. Die Bibliothek umfaßte über eine Viertelmillion Bände, 500 Manuskripte und gegen 800 Inkunabeln[2]. Es bleibt das bittere und bedrückende Gefühl zurück: Konnte dies Unheil wenigstens nicht vermieden werden?

Daß die vier Einschüsse, die im Herbst 1914 die Kathedrale St. Romuald in Mecheln erhalten hatte, nicht längst wie überall sonst in Belgien geschlossen und ausgemauert worden sind, erscheint als eine schwer begreifliche Tatsache. Durch eine hölzerne Auszimmerung im Innern ist das südliche Seitenschiff völlig abgeschlossen, seine Breschen selbst aber sind sichtbar geblieben. Fast ist man zu der Annahme gedrängt, es habe dem Hausherrn mehr daran gelegen, noch nach dem Kriege die Dokumente dieser deutschen Beschießung hier vorweisen zu können, als die ordnungsmäßige Wiederherstellung seiner Kathedrale einzuleiten. In Dinant hat das Baumaterial der schönen frühgotischen Liebfrauenkirche dem Brand widerstanden, der wohl das Dach der Kirche zerstört hat und damit auch den Helm des hohen kürbisartigen Hauptturms, während die Gewölbe selbst überall standgehalten haben. Schon im Monat nach dem Brande ist in der Kirche wieder Gottesdienst gehalten worden und die Kirche hat noch im Laufe des Winters ihr Notdach erhalten[3]. Die Schäden an der großen spätgotischen Gommariuskirche zu Lier und an der Wallfahrtskirche zu Walcourt sind sehr bald ausgeheilt worden, zuerst provisorisch und dann definitiv, und auch in Aerschot, in Dendermonde sind die bei den kriegerischen Operationen der ersten Monate beschädigten historischen Baudenkmäler sehr bald wieder gesichert worden.

einmal der Ansicht entgegen, als ob der deutsche General für den Brand von Löwen verantwortlich zu machen sei. Es erscheint doch als eine unmögliche Folgerung, die Vorgänge in Löwen als Folge einer unter den deutschen Truppen ausgebrochenen Panik hinzustellen, wie dies die belgische Legende will.

1) Wenn der verehrte Bibliothekar Delannoy (aus der Ferne) schreibt (La Belgique héroïque et martyre, p. 42): De la superbe Collégiale de Louvain il ne reste qu'une carcasse vide et décharnée, so ist das eine ebenso unverantwortliche Übertreibung wie der monceau de ruines der Kathedrale von Reims in der Erklärung Delcassés. Das Verzeichnis der alten Ausstattung vor dem Brande ist niedergelegt in dem Inventaire des objets d'art existant dans les édifices publics des communes de l'arrondissement de Louvain, Brüssel 1906, p. 14; die Verlustliste bei Kervyn de Lettenhove, p. 77. Das von den deutschen Offizieren gerettete Abendmahl von Dierk Bouts wird in der Sondernummer von L'art et les artistes: La Belgique héroïque et martyre abgebildet mit der Unterschrift: L'incendie, par miracle, n'a fait qu'effleurer ce chef-d'œuvre que des mains pieuses, semble-t-il, ont réussi à sauver. In der Wirklichkeit ist dem Bild durchaus nichts geschehen — aber effleurer — das klingt schöner und voller. Die Namen der beiden deutschen Offiziere, die die Rettung dieser Gemälde bewirkten, seien hier genannt: es sind der Leutnant d. R. Paeschke und der Hauptmann d. R. Thelemann.

2) Da immer wieder Gerüchte auftauchen, daß unter den Trümmer des Gebäudes noch brauchbare Reste der Bibliothek sich fänden, wurden in den Schuttmassen im Innern des Gebäudes unter Leitung eines Archäologen im Auftrage der Verwaltungschefs für Flandern Nachgrabungen im Sommer 1917 veranstaltet. Sie ergaben, daß das zur Zeit des Brandes im Gebäude befindliche Büchermaterial in der Tat völlig untergegangen ist.

3) Über die Vorgänge in Dinant berichtet das Weißbuch des Auswärtigen Amtes: Abt. C. Belgischer Volkskampf in Dinant vom 21. bis 24. August 1914. Auch hier ist nach der Fülle der Zeugnisse und Berichte doch kein Zweifel möglich, daß die deutschen Truppen am 21., 23. und 24. August aus den Häusern und Kellern planmäßig durch Freischärler beschossen worden sind. Man verfolge gewissenhaft den zusammenfassenden Bericht von Major Bauer und Kammergerichtsrat Dr. Wagner. In der Denkschrift ,Dinant', bearbeitet im Auftrage des Generalgouverneurs in Belgien, München, Roland-Verlag 1918, ist das Schicksal der Stadt noch einmal geschildert.

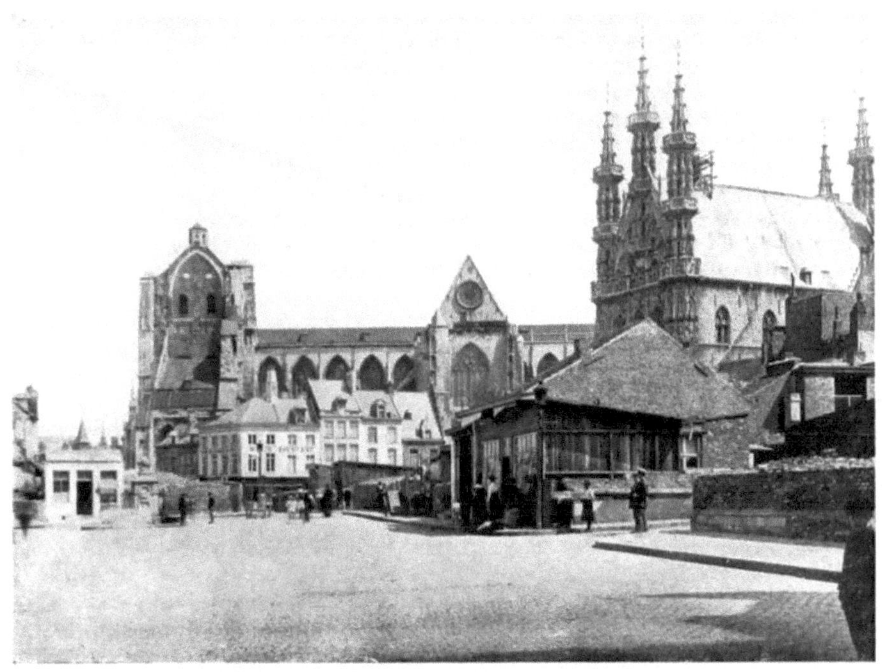

Löwen. Blick auf Rathaus und St. Peter, vom alten Markte aus

Aber was haben alle diese Zerstörungen zu sagen gegenüber den Verwüstungen an der flandrischen Kampffront? **Ypern**, das langumkämpfte, ist gewesen. Es war die Absicht der deutschen Heeresleitung gewesen, die Stadt zu schonen, und der Kaiser hat persönlich sich dafür eingesetzt, daß der Stadt ein Bombardement erspart bliebe — die Tatsache, daß die Stadt zum Stützpunkt der englischen Front, zum Drehpunkt der Yserlinie geworden war, hat hier wieder eine militärische Notwendigkeit geschaffen, die stärker war als alle Denkmalsinteressen[1]. Der Wunderbau der Hallen, von allen jenen flandrischen Hallenbauten, in denen munzipaler Stolz eine so monumentale Verkörperung gefunden, die großartigste und geschlossenste Anlage, war schon im November 1914 schwer beschädigt. Das Feuer hatte das Dach ergriffen. Wie in Reims war das vor dem Belfried errichtete Restaurationsgerüst zum Unglück des ganzen Bauwerks geworden und hatte dem Brand Nahrung gegeben. Die oberen Säle waren schon damals ganz ausgebrannt. Der 70 m hohe Turm, dessen Beobachtungsposten selbst durch dauerndes Schrapnellfeuer nicht zu verscheuchen war, ist Ende Juli niedergelegt worden und seitdem sind die Mauern der mächtigen Anlage immer mehr zerrissen worden. Die letzten Fliegerphotographien zeigen ein ganz trostloses Bild. Das Herz setzt aus, wenn

---

[1] Die lang bekundete Absicht der Schonung geben die französischen Berichte aus dem Herbst 1914 überall zu. Pierre Mille konstruiert im Temps eine romantische Lösung: „L'artillerie allemande a respecté Ypres, tant le César allemand a espéré y pouvoir faire une entrée triomphale . . . C'est le jour où cet espoir (die Stadt einzunehmen) lui échappa qu'Ypres fut bombardée. Pas avant." Ähnlich der Figaro. Vgl. M. Vachon, Les villes martyres de France et de Belgique, p. 156.

Über den fortschreitenden Zustand der Zerstörung der Kathedrale von St. Martin vgl. Kervyn de Lettenhove, p. 140, und P. Nothomb, Les Barbares en Belgique, p. 147, dazu die Abbildungen vom Jahre 1915 bei dem ersteren und bei Clemen, Zustand der Kunstdenkmäler, S. 16, wo die Schicksale der Bauten während des ersten Kriegsjahres eingehend dargestellt sind.

man den Blick auf diese zermürbten Mauerreste richtet, das Einzige, was übrig geblieben ist von
der stolzen Schöpfung Balduins von Flandern, die Maeterlinck noch mit einem Wort von Keats ‚a joy
for ever‘ genannt hatte. Und wenn man hoffen konnte, daß die Kathedrale St. Martin wenigstens
in ihren Außenmauern noch erhalten bleiben werde, so sind auch diese Hoffnungen zerstört. Die
Engländer haben die Stadt zum Ausfallstor in den Flandernschlachten gemacht und dadurch die
deutsche Artillerie gezwungen, die von ihnen so leidenschaftlich verteidigte Stadt nun auch mit immer
gesteigerter Gewalt zu beschießen. Das städtische Museum ist, wie wir aus belgischen Berichten
entnehmen, verbrannt, das Museum Merghelynck, das ein so geschlossenes und reizvolles Bild des
ganzen 18. Jahrhunderts bot, existiert nicht mehr, die kleine Bibliothek ist zerstört. Den unauf-
haltsamen und unabwendbaren Untergang dieser stolzen Stadt mit aus der Nähe ansehen zu müssen,
gehörte zu den bittersten Schmerzen, die dieser Krieg für uns mit sich brachte.

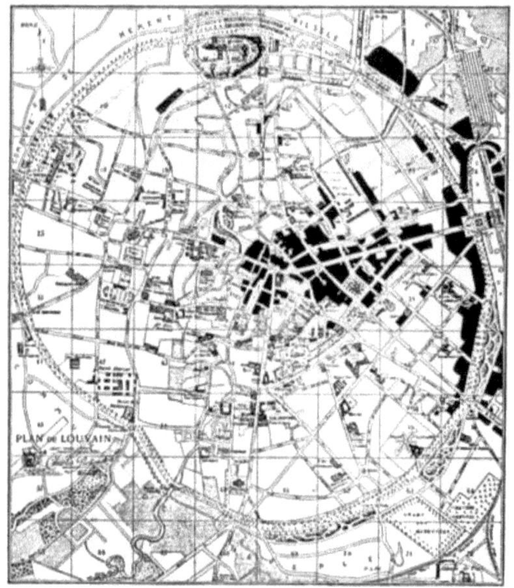

Löwen. Plan der Stadt 1914
Die tiefschwarz angelegten Gebäude sind durch den Brand zerstört, alles übrige erhalten

In der alten flandrischen Front ist es vor allem das unglückliche Dixmuiden, einst an male-
rischer Schönheit mit Ypern wetteifernd, das schon in jenen Tagen des Oktober 1914, als unsere
Artillerie hier den Übergang über die Yser erzwingen wollte, schwer gelitten hatte, das nun seitdem
durch die englischen Geschütze immer mehr und systematisch zerschossen worden ist, so daß die
Nikolauskirche und das Rathaus, der Beguinenhof und die alten Straßenbilder völlig vernichtet sind.
Die riesige Kirche St. Nikolaus, als Erweiterung eines einst romanischen Baues im 13. und wieder
im 15. Jahrhundert in den großartigsten Formen angelegt, die neben den Kirchen von Gent, Brügge,
Ypern und Tournai die mächtigste Schöpfung des gotischen Stiles in den flandrischen Landen darstellte, hatte schon bei den ersten Kämpfen ihre Gewölbe einstürzen gesehen und ist im Lauf der an-
dauernden feindlichen Beschießungen ganz in sich zusammengesunken. Der schmerzlichste Verlust
ist der spätgotische Lettner dieser Kirche, unter all den Lettneranlagen Belgiens der bedeutendste
und großartigste, reicher und üppiger als die übrigen verwandten Schöpfungen. Und dieses erlesene

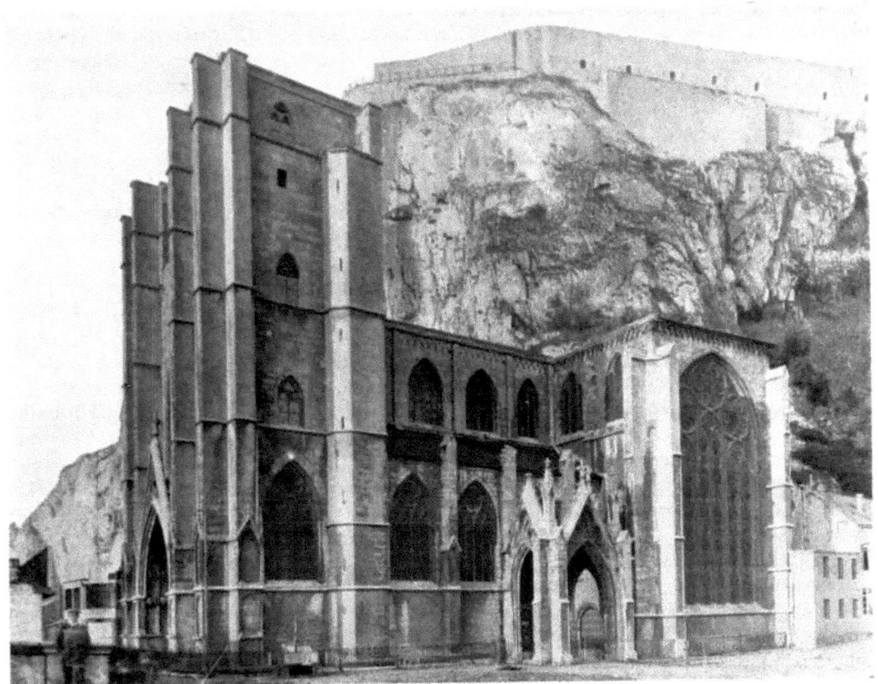

Die Kathedrale von Dinant nach dem Brand des Daches 1914

Werk, das schon bei den ersten Kämpfen um die Stadt zusammengebrochen war, das aber noch hätte
rekonstruiert werden können, haben die englischen und belgischen Granaten — man darf sagen:
bis auf einen wüsten Haufen kleiner Brocken — zerstört. Aus dem Trümmerhaufen haben im feindlichen Feuer deutsche im Felde stehende Gelehrte dann die Reste der im Schutt vergrabenen Skulpturen und Bronzegitter hervorgesucht, um sie für die Geschichte der belgischen Kunst zu retten.
Die Trümmer sind, nachdem an ihnen festgestellt war, daß das überhaupt zu Rettende geborgen
sei, zu ihrer Sicherung nach Stuttgart abtransportiert worden, um dort zusammengesetzt und bei
erster sich bietender Gelegenheit zurückgegeben zu werden. Was die feindliche Artillerie von der
einst so entzückenden Stadt übrig gelassen hat, die ihren Namen flos et lumen Flandriae mit soviel
Recht und Würde trug, das zeigen die erschütternden letzten Fliegeraufnahmen[1].

---

1) Es ist heute natürlich hier ebensowenig wie gegenüber anderen lange Jahre in der Front liegenden Städten
möglich, angesichts der Ruinen den Anteil der beiderseitigen Artillerie festzustellen. Wichtig ist deshalb der Hinweis auf die Aufnahmen n a c h jener ersten Beschießung und der Vergleich mit dem Nichts, das heute übrig geblieben ist. Den Bericht über jene erste Periode der Zerstörung beginnt M. Vachon, Les villes martyres, p. 139,
mit den Worten: „Bombardée pendant plusieurs semaines, prise et reprise sans cesse par les combattants des quatre
armées adverses." Über das erste Bombardement vgl. eingehend Charles Le Goffic, Dixmude. Un chapitre de
l'histoire des fusiliers marins, Paris, Plon 1915. Das Verdienst der ersten erfolgreichen Nachforschung und Feststellung gebührt dem Oberstabsarzt Dr. Rohdewald. Die Ausgrabungen sind dann durch Dr. Creutz zu Ende geführt worden. Vgl. Max Creutz, Ausgrabungen in Dixmuiden: Zeitschrift f. Christliche Kunst XXIX, 1916, S. 65.
— Ders. in den Losen Blättern, Beilage zur Kriegszeitung d. 4. Armee Nr. 70 v. 24. Sept. 1916: „Nach den bisherigen Ergebnissen liegt ein Wiederaufbau des Lettners im Bereich der Möglichkeit, und es ist damit geschehen,
was geschehen konnte, um diesen Kunstbesitz zu schützen und zu erhalten."

Soweit wir das übersehen können, scheint auch von belgischer Seite nicht alles geschehen zu sein, um die Kunstwerke in dem kleinen Teil des Landes, der nicht in unsere Hände gefallen ist, rechtzeitig zu schützen. Nach belgischen Quellen hat im Durcheinander der ersten Kämpfe an der Yser niemand daran gedacht, den in der Kriegszone dem Verderben preisgegebenen mobilen Kunstbesitz zu retten. Erst im Dezember 1914 hat man in Dixmuiden versucht, diese Dinge zu retten. Das Musée Merghelynck in Ypern, das in den ersten Kriegsmonaten in ziemliche Unordnung geraten war, wurde soweit wie möglich geborgen, und allmählich gelang es auch, aus den benachbarten Dörfern, wie Wulweringen, Oostkerke, Nieuwekapelle, Lampernisse die wichtigsten Kunstwerke in Sicherheit zu bringen. Leider wurde das städtische Museum von Ypern über dieser Arbeit zunächst vergessen; ebenso das Archiv und die Bibliothek der Stadt. So gingen wertvolle Sammlungen zugrunde, die vielleicht bei größerem Eifer ihrer Leiter noch hätten bewahrt werden können. Auch in St. Martin zu Ypern setzte zu spät die Rettungsaktion ein. Erst zu Anfang 1915 wurden noch einige übrig gebliebene Objekte gerettet, im Rathaus in Furnes wurde unter Leitung eines Brüsseler Architekten ein organisierter Kunstschutz geschaffen. Im Sommegebiet, in der verlassenen Abtei Valloires wurde darnach ein erstes Bergungsdepot errichtet. Wenn in Dixmuiden in den ersten Tagen des Krieges nicht alles den Kopf verloren hätte, wäre wohl auch dort noch manches zu retten gewesen, was unbehütet zugrunde ging. Unter dem 11. Januar 1917 brachte der „Messager de Bruxelles" die Mitteilung, daß ein Hauptwerk von Jordaens, Die Anbetung der Magier, beim Beginn der Feindseligkeiten 1914 durch den Ortsgeistlichen aus der Nikolauskirche in Dixmuiden entfernt und in eine benachbarte Schule geschickt worden sei. Der Direktor dieser Schule, der keine Ahnung vom Werte des Bildes hatte, hing es in der Aula gegenüber einem Fenster auf. Als dann das Fenster während der Kämpfe Schaden nahm, benutzten die belgischen Verteidiger das kostbare Bild dazu, die im Fenster entstandene Öffnung zuzustopfen. Auf die Weise wurde das Gemälde zerstört, und als Herr De Groote, ein ehemaliger Deputierter aus Dixmuiden, es retten wollte, war es zu spät.

Am nördlichsten Ende dieser Front lag das stille Nieuport, einst noch schweigsamer als seine Schwestern, wie es Pierre Nothomb schildert, heute nur ein Trümmerhaufen. Die große Kirche zusammengestürzt, der mächtige Backsteinbau der gotischen Hallen nur noch eine geschwärzte Ruine, das Stadthaus mit dem kleinen Museum ausgebrannt: war auch hier keine Möglichkeit, die besten Stücke rechtzeitig in Sicherheit zu bringen? Und diese friedliche Idylle der verschlafenen Städtchen, der blühenden breit hingelagerten Dörfer in der fruchtbaren Ebene zwischen diesen beiden Eckpfeilern der durch vier Jahre hart umkämpften und heldenhaft verteidigten Ypernfront ist in eine Wüste verwandelt. Je mehr die Kämpfe hin und her wogten, um so tiefer ist die Zone der Zerstörung geworden. Es ist ja offensichtlich, daß, solange die Front hier im wesentlichen fest war, die Zerstörungen westlich von ihr auf unser Konto, östlich aber auf das der Gegner kommen — und daß je mehr die Front in den Flandernschlachten und zuletzt bei dem Nachlassen des großen Endkampfes nach Osten verschoben ward, nun mit der sich ins Vielfache steigernden artilleristischen Überlegenheit des Gegners auch sein Anteil mit mathematischer Notwendigkeit wachsen mußte. Wir erkennen aufrichtig an, welcher Heroismus die Belgier beseelen mußte, wenn sie hier ihre eigenen Städte opferten, und die Kriegsgeschichte muß den Engländern die am Schlusse erreichte Übermacht an Truppen wie an Material zugestehen — nur muß man dann auch die Folgerungen daraus ziehen und sich nicht stellen, als ob es sich bei der eigenen Artillerie um ein Schneeballwerfen gehandelt habe[1]).

Wir entnehmen den belgischen Berichten, welche Ortschaften auf der anderen Seite zerstört sind — der Gegner konnte schon während der Dauer der Kriegsjahre aus unseren Mitteilungen die Zahl der von ihm zerstörten Städtchen und Dörfer erfahren. Und die ausgleichende Gerechtigkeit verlangt, daß auch hier diese Liste aufgestellt wird.

---

[1]) Ich darf aus einem offenen Brief, den ich am 17. Mai 1915 an Albert Bartholomé richtete (als Antwort auf einen im Temps vom 28. April an mich gerichteten offenen Brief), einen Satz aus dem Anfang des Krieges zitieren: Liegt nicht eine erschütternde Tragik darin, daß der König der Belgier, der sein unglückliches Land liebt wie nur einer, selbst helfen mußte, die ganze Stadt Dixmuiden in ein Trümmermeer zu verwandeln? (Abgedruckt in der Flugschrift 146 des Dürerbundes.)

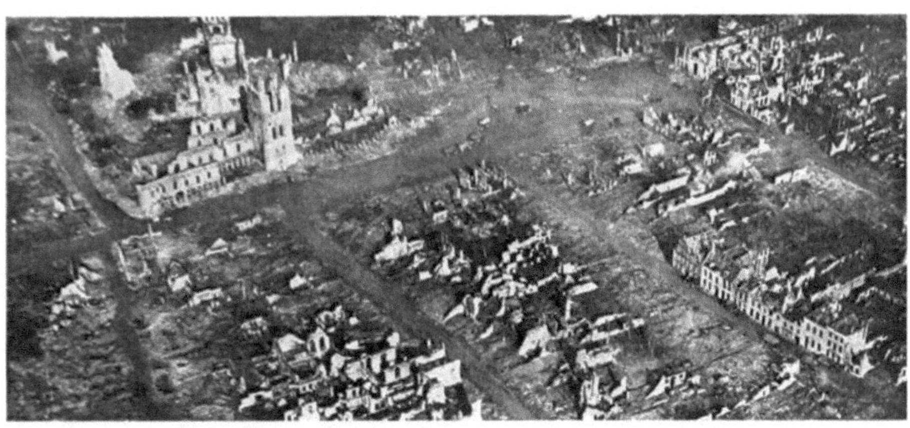

Ypern. Fliegeraufnahme des australischen Fliegerdienstes mit Blick auf die Ruinen der Hallen und der Kathedrale im April 1918

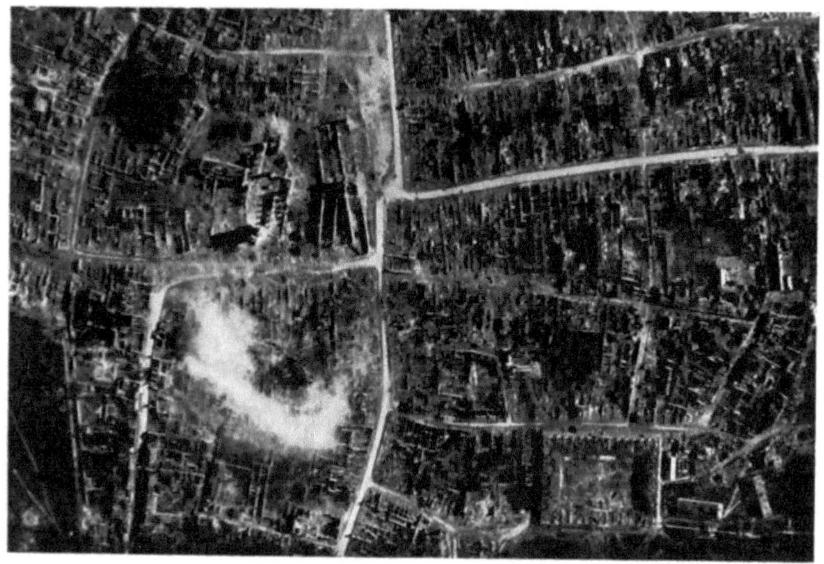

Ypern. Die Stadt mit den Hallen und der Kathedrale
Fliegeraufnahme aus dem Sommer 1918

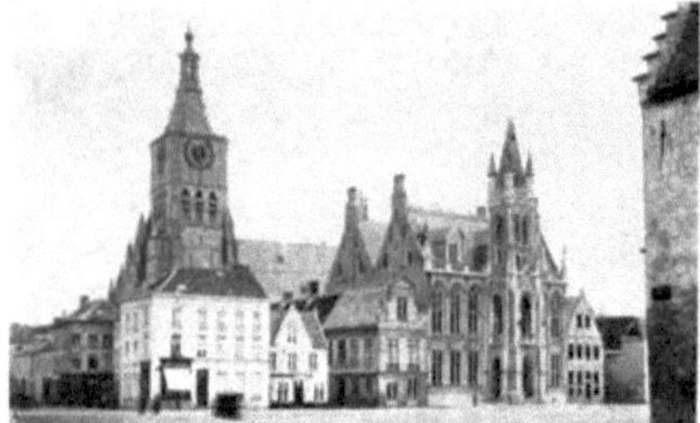

Dixmuiden. Das Stadthaus und die Nikolauskirche vor 1914

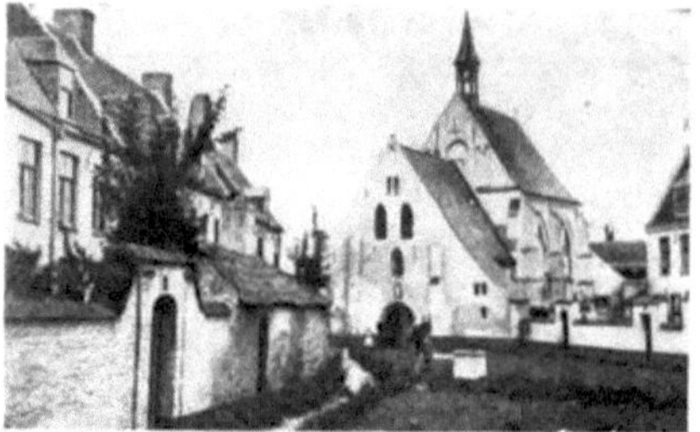

Dixmuiden. Der Beguinenhof vor 1914

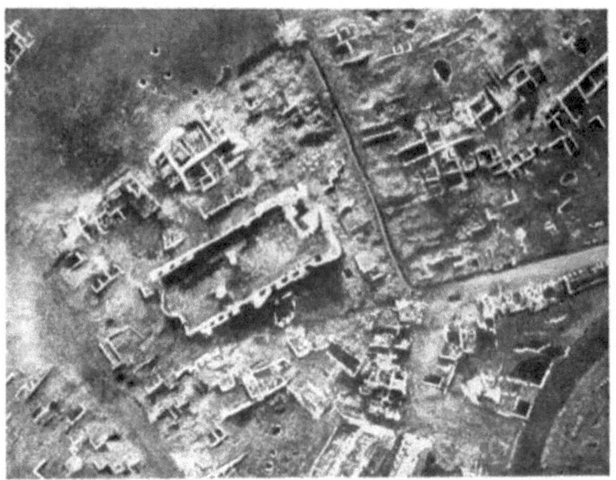

Dixmuiden. Fliegeraufnahme der durch die englische Artillerie völlig zerstörten Stadt
mit der Nikolauskirche, Mai 1918

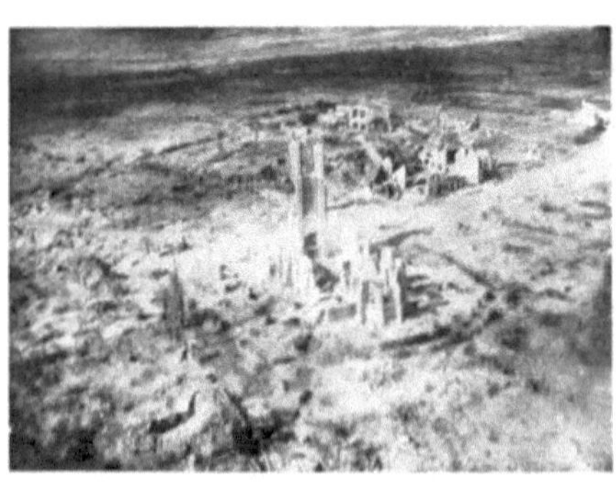

Die Ruinen von Becelaere mit der Kirche im Frühjahr 1918

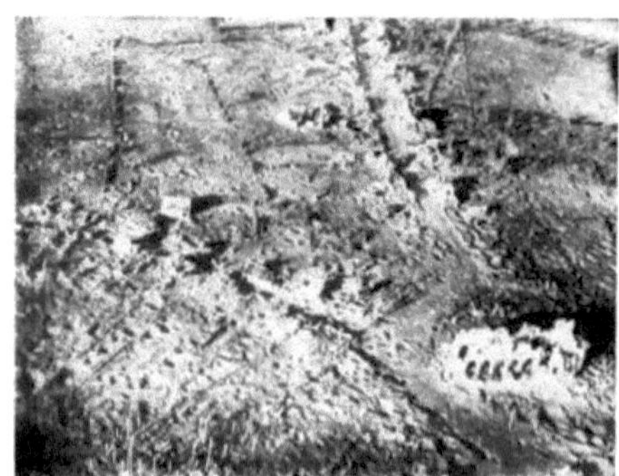

Passchendaele. Fliegeraufnahme Frühjahr 1918

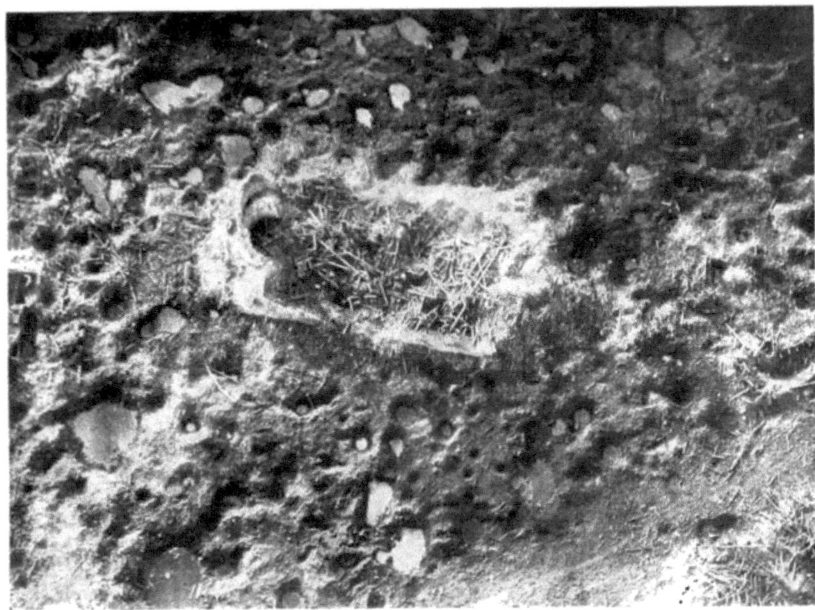

Poelcapelle. Fliegeraufnahme Frühjahr 1918

In jenem Teil von Flandern, der zuletzt so schwer unter den Beschießungen gelitten hat, waren
schon vor dem Frühjahr 1917 durch die feindlichen Geschütze völlig zerstört die Kirchen zu Messines,
Wytschaete, Hollebeke, zu Langemark, Poelcapelle u. a. m. Schwer beschädigt waren ·die Kirchen
zu Vladesloo, Zillebeke, Zonnebeke, Eessen, Westroosebeke, Zandvoorde. In Messines ist auch das
große Königliche Institut für die Erziehung von Töchtern alter Militärs, eine Stiftung der Kaiserin
Maria Theresia, in den Gebäuden der einst von der Tochter des Königs Robert von Frankreich er-
richteten Benediktinerabtei, gänzlich und systematisch zerschossen. Vollständig zerschossen war
das alte Schloß in Hollebeke und das neue Schloß in Voormezeele. In Warneton, südlich von Ypern,
war damals schon das Langhaus der großen gotischen Kirche durch das englische Bombardement
ganz und gar zerstört, der Chor mit dem wirkungsvollen barocken Gestühl schwer beschädigt, heute
ist die Kirche völlig vernichtet. Was hier an Ruinen noch aufrecht stand, das ist dann in den letzten
mit ungeheurer Erbitterung geführten Kämpfen der großen flandrischen Schlachten ausgelöscht
worden. Was ist von Passchendaele geblieben, was von dem lang umworbenen Gheluveld, von Becelaere, dessen riesiger zerschossener Kirchturm die ersten Kriegsjahre überdauert hatte? Die Stümpfe
der Kirchtürme, die Außenmauern der Schlösser sind durch den unaufhörlichen Eisenhagel nieder-
gerissen oder stehen wie schauerliche Riesenzähne noch aufrecht, ein viele Kilometer tiefes, versumpftes Trichtergelände breitet sich ostwärts von der Linie Ypern—Dixmuiden—Nieuport aus, die
blühenden Dörfer und die malerischen Fermen sind verschwunden und die englischen und belgischen
Granaten haben bei dem Weiterrücken bis nach Roulers, Iseghem, Thielt und Courtrai, und endlich
bis nach Audenarde und Tournai Tod und Verderben getragen.

Die erste Aufgabe der deutschen Verwaltung den durch den kriegerischen Operationen hervor-
gerufenen Zerstörungen und Verlusten gegenüber mußte die tunlichst genaue Feststellung des Tat-
bestands sein, um eine Grundlage für künftige Maßnahmen zu finden, der besorgten und in gerechte
Aufregung versetzten Heimat sachliche Berichte über die Ausdehnung der Schäden zu bringen, um

auch im Ausland Übertreibungen und völligen Fälschungen des Tatbestandes entgegentreten zu können. Die deutschen Behörden haben sich bemüht, schon im Herbst 1914 die Ausführung der ersten notwendigen Sicherungsarbeiten, die Aufbringung der Schutzdächer, zu fördern, und sie haben ebenso während der folgenden Jahre des Schutzes der Baudenkmäler sich tunlichst angenommen. Eine besondere Sorge bereiteten die ausgedehnten Ruinen der mächtigen Zisterzienserabtei Orval. Hier hatten gerade vor dem Krieg die Bemühungen der Commission Royale des Monuments zu einer Einigung mit den Eigentümern um die Erhaltung des kostbaren Baudenkmals geführt. Der deutsche Kaiser, der die Ruinen wiederholt besucht und bewundert hatte, befahl, von Sorge um die dem Einsturz drohenden Mauern erfüllt, die sofortige Inangriffnahme der Sicherungsarbeiten. Unter dem Schutze und der Förderung der deutschen Verwaltung konnte der Professor Cloquet die komplizierten Arbeiten einleiten. Für die ganze Restauration trägt die Commission Royale die Verantwortung.

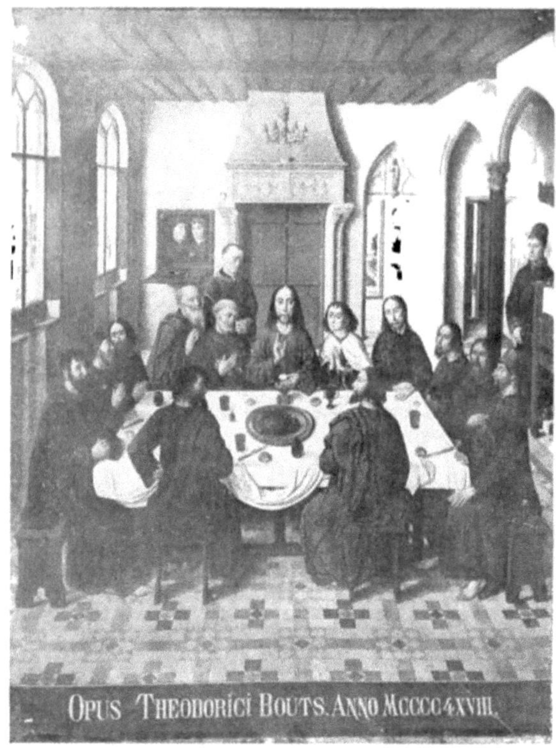

Das von den Deutschen im August 1914 gerettete Abendmahl von Dierick Bouts aus St. Peter in Löwen

Zum Schutz der Kunstschätze in Belgien sind dann im weiteren Verlauf des Krieges noch folgende Maßnahmen getroffen worden: Die heftigen englischen Fliegerangriffe auf Brügge hatten bereits im Frühjahr 1917 dazu geführt, daß der vom Generalkommando des Marinekorps mit der Kunstpflege beauftragte Oberleutnant Flesche im Einvernehmen mit dem Präsidenten der Zivilverwaltung Küster den überaus wertvollen Kunstbesitz Brügges durch geeignete Sicherungsmaßregeln, wie durch Wollverhänge, metallbeschlagene Fensterläden, Bohlenrüstungen und Sandsackpackungen vor Splitterwirkungen hatte schützen lassen. Die im Juli 1917 in Flandern einsetzende englische Offensive, die immer stärkere Fliegerangriffe auf das Hinterland mit sich brachte, und in der der Gegner Fernfeuer auf weit zurückliegende, bisher vom Kriege unversehrte Ortschaften Flanderns legte, ließ den Gedanken eines intensiveren Kunstschutzes durch Abtransport der gefährdeten Objekte vor allem aus der direkten Feuerzone immer dringender werden. Auf gleichzeitige Anregung des Präsidenten der Zivilverwaltung der Provinz Westflandern in Brügge, wie der belgischen Commission Royale des Monuments et des Sites in Brüssel wurden vom Verwaltungschef in Brüssel die nötigen Mittel zum Schutz von Kunstdenkmälern in Flandern bereitgestellt. Es wurde im September 1917 ein Betrag von 50000 Franken aus Mitteln des Budgets des belgischen Finanzministeriums für die Zwecke des Kunstschutzes in Flandern nach Brügge überwiesen. Als dieser Betrag nicht ausreichte, wurden später nochmals 50000 Franken angewiesen. Dem Kunstmaler Camille Tulpinck, dem in Brügge ansässigen Mitglied des Provinzialkomitees der Brüsseler Denkmalpflegekommission, wurde vom Generalkommando des Marinekorps die Erlaubnis gegeben, „die Kunst- und historischen

Gegenstände der kirchlichen, bürgerlichen öffentlichen und privaten Gebäude", die sich in der Gefahrzone im Gebiet des Marinekorps befanden, nach Brügge in Sicherheit zu bringen. Die Auswahl der zu bergenden Kunstwerke wurde seinem Ermessen anheim gestellt. Zu seiner Unterstützung und zur Erleichterung des Verkehrs mit den militärischen Behörden wurde Herrn Tulpinck ein militärischer Begleiter, der Kunsthistoriker Catzenstein, beigegeben. So konnte Herr Tulpinck, ohne Verletzung militärischer Interessen, im Gebiet des Marinekorps umherreisen, die Verhandlungen mit den örtlichen belgischen Behörden und Privaten führen und auch die oft ablehnenden Kirchenbehörden dazu bringen, daß sie die Erlaubnis zur Verbringung der ihrer Obhut anvertrauten Kunstgegenstände in die Bergungsdepots nach Brügge gaben. In Brügge wurden zwei Räume, die genügend Schutz gegen Splitterwirkung boten, vom Marinekorps zur Bergung bereit gestellt.

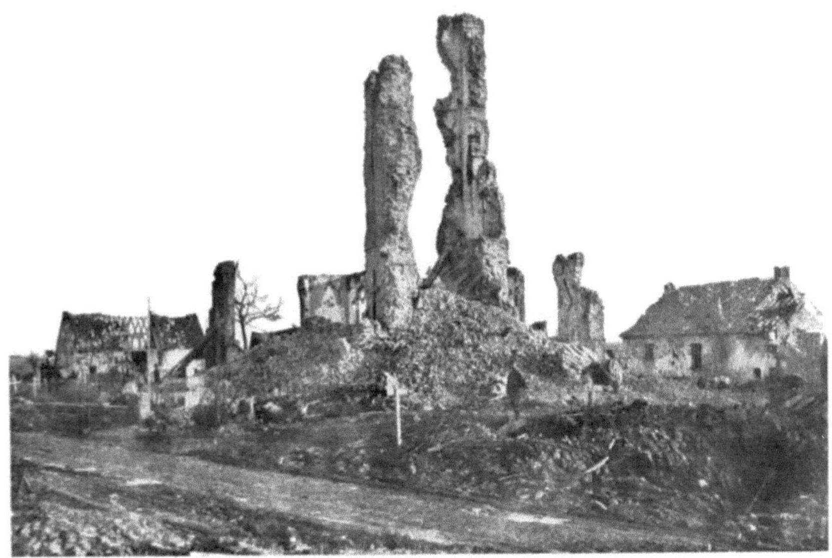

Die zerschossene Kirche von Mannekensvere im Herbst 1917

Die bekanntesten Kunstwerke der Stadt, die Gemälde aus dem Johannishospital und die kostbarsten Bilder des Museums, die im Anfang des Krieges von den belgischen Behörden in Sicherheit gebracht, dann auf Veranlassung der deutschen Behörden wieder ausgestellt waren, sind gleichzeitig in Brügge selbst in sicheren Verließen mit Unterstützung der deutschen Organe geborgen worden. Für alle diese unersetzlichen Schätze bestand natürlich eine dauernde Gefahr auch noch weiter und die deutsche Verwaltung hatte deshalb den dringenden Wunsch, diese Kunstwerke unter den Schutz der Commission Royale nach Brüssel zu bringen. Aus Gründen lokalpatriotischer Natur mußte jedoch davon abgesehen werden.

Nachdem sich gezeigt hatte, daß dieser Kunstschutz im Gebiet des Marinekorps glatt und ohne Reibung mit den einheimischen wie mit den Militärbehörden sich hatte durchführen lassen, war es möglich, gemäß dem von deutscher wie belgischer Seite gehegten Wunsch, den Kunstschutz auf das ganze Operationsgebiet der belgischen Front der 4. Armee auszudehnen. Der Zivilverwaltung in Brügge wurde der Kunsthistoriker Frh. Schenck v. Schweinsberg als Sachverständiger beigegeben, um die gefährdeten Ortschaften zu bereisen und im Benehmen mit den belgischen Besitzern und deutschen Militärbehörden für die nötigen Schutzmaßnahmen zu sorgen. Er stützte sich bei seiner

Arbeit auf die schon bestehende belgische Kunstschutzorganisation und diente lediglich als Vermittler für die unter Verantwortung der belgischen Stelle auszuführenden Kunstschutzmaßnahmen. Die abzutransportierenden Kunstwerke wurden nach Brüssel geschafft und dort sofort nach Ankunft der Commission Royale des Monuments et des Sites übergeben, die mit deutscher Unterstützung für die Unterbringung der geretteten Kunstwerke im Justizpalast in Brüssel sorgte. Nur an den Orten, die von den belgischen Einwohnern bereits verlassen waren, führte der Kunstsachverständige den Abtransport auf eigenen Entschluß durch. Technisch wurde der Abtransport so gehandhabt, daß Begleitpapiere in dreifacher Ausfertigung mit der Erklärung der Besitzer, daß der Abtransport mit seinem Einverständnis und auf seine Gefahr geschehe, ausgefüllt wurden. Ein Exemplar blieb beim Besitzer als dessen Unterlage, das zweite und dritte Exemplar ging mit dem Transport der Kunstwerke nach Brüssel. Dort wurden sowohl von der deutschen Behörde wie von der Commission Royale der richtige Eingang der Kunstwerke bestätigt. Ein Exemplar blieb dann bei den Akten der Commission Royale in Brüssel, das zweite Exemplar ging an den Zivilpräsidenten in Brügge, während ein an den Besitzer zurückgehender Abschnitt des ersten Exemplars Ankunft und Verbleib der Kisten in Brüssel bestätigte. Durch diese Geschäftsführung hat sich das umfangreiche Werk ohne die geringsten Schwierigkeiten trotz der vielen beteiligten Dienststellen durchführen lassen. Mit der Ausführung der Arbeiten wurde in Kortrijk begonnen. Dort waren von belgischer Seite durch eine neugebildete Gesellschaft „Gewestelijk Genootschap tot het Bewaren van Archieven en Kunstwerken“, vertreten durch die Herren Baron J. de Béthune und Advokat J. Muselly, bereits mit Unterstützung der Kommandantur Kortrijk eine große Anzahl von Kunstwerken aus dem der Front näherliegenden, geräumten und gefährdeten Gebiete gesammelt worden. Die Keller, in denen diese aus Belleghem, Bisseghem, Dadizele, Gheluwe, Gulleghem, Heule, Ledeghem, Menin, Moorseele, Roeselaere, Winkel St. Eloi stammenden Objekte untergebracht waren, bildeten jedoch einen noch immer sehr gefährdeten Aufenthaltsort. Trotz Überlastung der Eisenbahnen stellte die Militäreisenbahnbehörde dankenswerterweise Waggons zum Abtransport dieser Objekte nach Brüssel. Gleichzeitig wurde damit begonnen, die Bilder aus der Martins- und Liebfrauenkirche und aus dem Museum in Kortrijk für den Abtransport nach Brüssel vorzubereiten. Auch das bei Kriegsbeginn vermauerte Gemälde der „Kreuzaufrichtung“ von Van Dyck aus der Liebfrauenkirche wurde aus seinem Verließ befreit. Das war in hohem Grade notwendig geworden; das Gemälde war mit einer dicken Schimmelschicht bedeckt und hätte bei längerem Verbleiben in seinem Versteck zweifellos gelitten. Unter Aufsicht eines aus Brüssel herbeigeholten Restaurators wurde das Bild nach Brüssel transportiert, wo es unbeschädigt ankam und im alten Museum aufgestellt wurde. Später wurden dann noch die Kirchenschätze aus Kortrijk, Kunstwerke aus Ledeghem, Thourout, Kortemark, Schloß Demare, Bovekerke, Hanzame, Schloß Wijnendaele in weiteren Waggons nach Brüssel transportiert. Aus Harlebeeke bei Gent wurde ein voller Waggon mit Kunstwerken und das bis ins 12. Jahrhundert hinabreichende Kirchenarchiv verladen und nach Brüssel gesandt. Ebenso wurden aus Wewelghem unter sehr schwierigen Verhältnissen Kunstwerke nach Brüssel abtransportiert. Durch Entgegenkommen der militärischen Dienststellen konnten zu allen diesen Transporten militärische Begleiter gestellt werden, und um die Transporte nicht auf langen Bahnfahrten der Gefahr durch Fliegerangriffe auszusetzen, wurden die Waggons mit Personenzügen befördert. Im ganzen wurden durch die opferwillige und oft gefahrvolle Tätigkeit des Freiherrn Schenck zu Schweinsberg und durch verständnisvolles Zusammenarbeiten der belgischen mit den deutschen Dienststellen 15 Waggons mit Kunstwerken der Provinz Westflandern nach Brüssel in Sicherheit gebracht.

Die Kunstschutzarbeiten kamen durch Zurücknahme der Front im Herbst 1918 in ein neues Stadium. Weite Teile des Landes, die bis dahin vom Krieg verschont waren, rückten dadurch teils direkt in die Front, teils in das gefährdete Gebiet hinein. Bei der Fülle der damit entstehenden Arbeit konnten zunächst nur die wichtigsten Kunstwerke gesichert bzw. ihre Sicherung angeregt werden. Vor allem galt es, Tournai zu schützen. Vom Verwaltungschef für Wallonien wurde ein Betrag von 25000 Franken für Kunstschutzarbeiten im Hennegau bewilligt, der in derselben Weise, wie dies in Flandern geschehen war, im Zusammenarbeiten mit deutschen Kunstsachverständigen von der Brüsseler Denkmalpflegekommission und ihrem Provinzialkomitee in Tournai verwendet werden

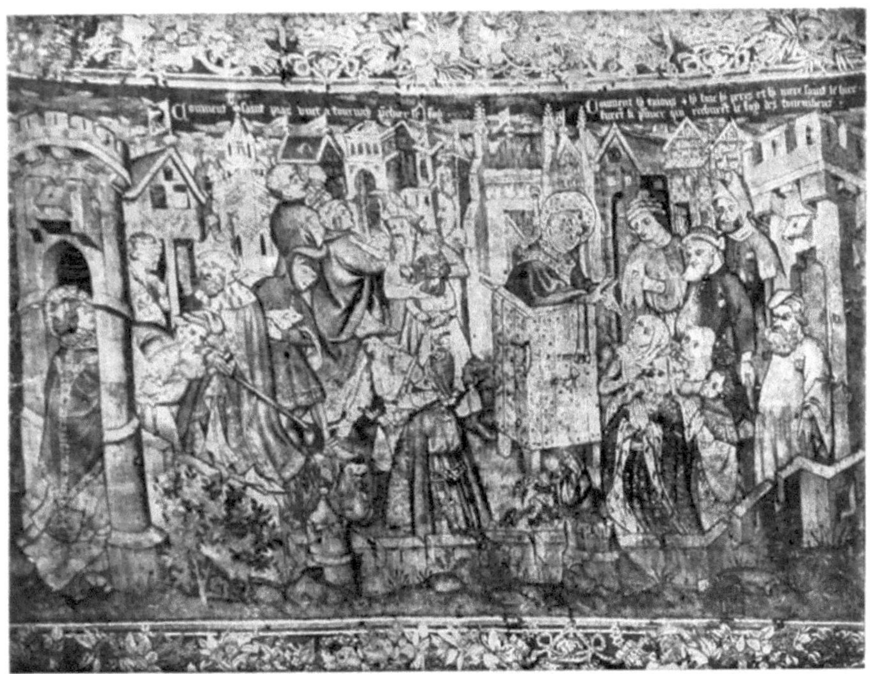

Tournai, Kathedrale. Eine der in Sicherheit gebrachten Tapisserien vom J. 1402
Aus der Geschichte des hl. Piat

sollte. Die Ereignisse brachten es mit sich, daß in Tournai umfangreiche Maßnahmen nicht mehr durchgeführt werden konnten. Die 6. Armee, die ihren Kunstsachverständigen, Leutnant Dr. Feulner, zur Verfügung stellte, zeigte für den Schutz der Kunstwerke weitgehendes Verständnis. Es wurden in der Stadt vom Vorsitzenden des provinzialen Denkmalpflegekomitees, Herrn Soil de Moriamé, drei Bergungsdepots angelegt, in denen Kunstdenkmäler aus öffentlichem und privatem Besitz zusammengetragen wurden. Ferner wurden die Schätze des Museums in den Keller des Museums verbracht und die Archive der Stadt im bischöflichen Seminar konzentriert. Vor Häuser mit Privatsammlungen, die nicht geborgen werden konnten, und vor die Depots wurden Posten gestellt, ebenso wurden Plakate an solchen Gebäuden angebracht, die das Betreten für alle Personen bei strengster Strafe verboten. Der Versuch, den Kirchenschatz, die wertvollsten Handschriften und die großen Bildteppiche der Kathedrale nach Brüssel in Sicherheit zu bringen, scheiterte am Widerstand des Domkapitels, das diese Dinge nur im Falle einer völligen Evakuation der Stadt nach Brüssel in Sicherheit gebracht wissen wollte. Transportmittel und Pässe für belgisches Begleitpersonal wurden von seiten der Armeeoberkommandos zur Verfügung gestellt. Immerhin gelang zu erreichen, daß der Kirchenschatz durch den Kunstsachverständigen sachgemäß verpackt und in den Keller des bischöflichen Palais verbracht wurde. Als mit der Loslösung der Tapisserien der Kathedrale begonnen wurde, stellte es sich heraus, daß die Wand, an die diese gespannt waren, vollkommen feucht war. Die Tapisserien waren am unteren Ende und an den Seiten bereits in Fäulnis übergegangen. Schleunigste Konservierung erwies sich als notwendig.

   In Flandern wurden die Kunstschutzarbeiten nach der Räumung der Provinz Westflandern auf Ostflandern ausgedehnt. Die Arbeiten wurden hier auch wieder von Freiherrn Schenk von Schweinsberg ausgeführt. Die örtlichen belgischen Behörden hatten trotz drohender Gefahr von sich aus noch nichts zum Schutz der Kunstdenkmäler getan. Bis zum 19. Oktober 1918 waren in Gent keinerlei Vorsorgemaßnahmen getroffen worden. Der van Eycksche Altar aus St. Bavo war schon im August 1914 durch das Kapitel von St. Bavo in Sicherheit gebracht, angeblich nach England gerettet, klugerweise aber doch in der eigenen Stadt versteckt. Durch den deutschen Kunstsachverständigen wurde jetzt dem Domkapitel und den Genter Museumsbehörden Ratschläge für den Schutz der Kunstdenkmäler gegeben und durch ihn von seiten der militärischen Behörden Gespanne und Arbeitskräfte und Material freigemacht. Es wurden die Bilder des Museums in die Krypta von St. Bavo verbracht, und die kostbaren Grabdenkmäler der Genter Kirchen durch Sandsackpackungen gegen Splitterwirkungen geschützt. Außer Gent kamen derartige Schutzmaßnahmen noch für Audenarde, Termonde, Geraardsbergen, Aalst in Betracht. Auch der schöne Schnitzaltar in Hemelverdeghem wurde verpackt. Die in Antwerpen eingeleiteten Schutzmaßnahmen kamen nicht mehr zur vollen Durchführung, da der Krieg durch den Waffenstillstand sein Ende fand, ehe es zum völligen Beziehen der Antwerpen direkt gefährdenden „Antwerpen—Maas"-Stellung gekommen war.

Nur ganz kurz sei hier über die Bemühungen der deutschen Verwaltung zur Sicherung der Bibliotheken und Archive berichtet. Der Direktor der Universitätsbibliothek zu Breslau, Prof. Milkau, hat im Auftrage des Reichsamtes des Innern im Frühjahr 1915 die zum Teil in erheblicher Unordnung befindlichen belgischen Bibliotheken, sowohl die Staats- und Ministerialbibliotheken in Brüssel wie die Universitäts-, Kommunal-, Klosterbibliotheken und zum Teil auch die Privatbüchersammlungen besichtigt und sich für die sofortige Beaufsichtigung eingesetzt. Leider ist zumal in Brüssel in den ersten Monaten der Okkupation in dem gerade auf Veranlassung der Stadtverwaltung dicht belegten bisherigen belgischen Ministerien manches angesichts der Notwendigkeit einer anderweitigen Besetzung der Räume verwahrlost worden. Nach der Abreise von Milkau wurde der dem Verwaltungschef zugeteilte Dr. Oehler mit der Leitung des Bibliothekswesens in Belgien betraut. Die deutsche Verwaltung hat sich unter seiner Leitung bemüht, in gewissenhafter Einzelarbeit unter einer umfänglichen Organisation diese Schäden auszuheilen und die Bibliotheken wieder benutzbar zu machen[1]. Außer 25 Büchersammlungen in Brüssel, darunter den sechs Ministerialbibliotheken, unterstanden dieser Bibliotheksverwaltung die von dort aus ins Leben gerufenen Organisationen in den Provinzen, in Lüttich, Namur, Tournai, Antwerpen. Nach Möglichkeit ist in den Brüsseler Sammlungen der frühere Zustand wieder hergestellt worden. Die durcheinander geworfenen Bibliotheksbestände sind gesondert, sorgfältig katalogisiert worden und schon sehr bald konnte die Bibliotheksverwaltung nicht nur die Anforderungen der deutschen Militär- und Zivilbehörden, sondern auch die der belgischen Behörden und der wissenschaftlichen Arbeiter wieder befriedigen[2]. In dem durch ein Lazarett belegten Akademiegebäude gelang es erst sehr spät und leider fast zu spät, etwas Ordnung in die auf dem Boden aufgehäufte Bibliothek hinein zu bringen. Die in der Nähe von Brüssel stattfindenden Kämpfe hatten bei der Einrichtung des Lazaretts 1914 zur Eile angetrieben, so daß mit Rücksicht auf die Verwundeten keine umfangreichen Sicherungsmaßnahmen für den wissenschaftlichen Bestand des Gebäudes getroffen werden konnten.

Über den Zustand der sehr zahlreichen und inhaltsreichen belgischen Archive hat im Auftrag des Generalgouvernements der Statasarchivar Richter, der als Hauptmann im Felde stand, Feststellungen gemacht. Es sind im Anschluß an seine Vorschläge durch die deutsche Verwaltung Sicherungsmaßnahmen sofort eingeleitet worden. Die Staatsarchive in Brüssel und in den Provinzhauptstädten waren im allgemeinen in gutem Zustand, nur in Lüttich wurden die Arbeitszimmer für militärische Zwecke ausgeräumt; ebenso war in dem Staatsarchiv von Arlon durch die Truppen Unordnung hervorgerufen. Die gegen äußere Gefahren wenig geschützten Archive in Namur und Ant-

---

1) Vgl. eingehend: Milkau, Das Kriegsschicksal der belgischen Bibliotheken: Zentralblatt für Bibliothekswesen XXXIII, 1916, S. 1.

2) Vgl. ausführlich: R. Oehler, Drei Jahre bibliothekarische Kriegsarbeit in Belgien: Zentralblatt für Bibliothekswesen XXXV, 1918, S. 155.

werpen sind nur durch Zufall von Geschossen verschont geblieben. In Antwerpen waren die Archivalien zusammen mit den wertvollsten von Mecheln dorthin gebrachten Akten und Urkunden in den Kellerräumen sicher untergebracht. Reste des Mechelner Archivs waren im Keller des dortigen Archivgebäudes aufgestellt. Größere Verluste an ganzen Archiven sind in Dinant und Termonde zu verzeichnen. Kleinere Verluste sind an verschiedenen Stellen eingetreten. Mit der Durchsicht vor allem der Archivbestände war durch die deutsche Verwaltung an vorderster Stelle der Stadtarchivar von Augsburg, Archivrat Hauptmann Dirr, betraut, später der Oberst Schwerdtfeger. Eine ganze Reihe von deutschen Historikern hat hier arbeiten können, darunter die Historiker Professor Spannagel (Münster) und Cartellieri (Heidelberg).

Mit der Aufgabe der Wiederherstellung des öffentlichen Lebens und der öffentlichen Wohlfahrt, die nach der Haager Konvention der okkupierenden Macht zufiel, war auch das Thema des Städtebaues in den Bereich der Aufgaben der deutschen Verwaltung gerückt worden, die Sorge um die verwüsteten Wohnstätten und technischen Anlagen, die Leitung und Organisation des Bauwesens. Die Kaiserliche Zivilverwaltung hat sich unter der persönlichen Förderung des Generalgouverneurs, Freiherrn von Bissing, dieser Arbeit mit dem besten Willen angenommen. Als Referent für Städtebau war seit dem Jahre 1915 beim Generalgouverneur der Landesbaurat a. D. Rehorst, Beigeordneter der Stadt Köln, bestellt. Nach der deutschen Katasteraufnahme waren in Belgien mit Ausnahme des Kriegsgebietes in der Provinz Westflandern insgesamt 21 184 Gebäude zerstört oder beschädigt, knapp 2 % der vor dem Kriege in Belgien vorhandenen Gebäude. Und wenn auch einzelne Städte, vor allem wieder Löwen, Dinant, Lier, Termonde, Visé, schwer gelitten hatten, so war doch der Umfang dieser Zerstörungen auch nicht entfernt so groß, wie er nach den ersten Nachrichten und den ersten Anklagen zu befürchten war. Das Streben der deutschen Verwaltung ging darauf hin, die Baulust der Gemeinden und der Bevölkerung wieder zu erwecken. Belgien besaß ein hochentwickeltes Bauwesen, eine vortrefflich funktionierende Organisation der Baubehörden und eine weitverzweigte Architektenschaft von zum Teil sehr hoher künstlerischer Befähigung und starkem Korpsgeist. Die alte, mit dem Königreich Belgien zusammen begründete Commission Royale des Monuments et des Sites stellte auch für das gesamte Bauwesen eine Art höchste Instanz in rein künstlerischen städtebaulichen Fragen dar. Die Belgier haben natürlich ihre eigenen Ansichten, nicht nur über Lebenshaltung und Komfort, die mit ihren Bedürfnissen den Bauplan bestimmen, sondern auch in bezug auf die Grundsätze des Städtebaues, aber hier scheint freilich die Entwicklung in manchem stillzustehen, und wenn die ehrwürdige Commission in ihrer ersten programmatischen Äußerung über die Réconstruction des villes et villages détruits par la guerre vom Jahre 1914 nichts Besseres zu tun weiß, als die esthétique des villes des auch in Deutschland so hochverehrten Charles Buls als eine Art kanonisches Gesetz aufzustellen, so möchte man an jenes Wort Ibsens erinnern, daß eine normal gebaute Wahrheit nur zwölf, fünfzehn, höchstens zwanzig Jahre alt werde, — und diese Ästhetik hatte sich längst überlebt.

Die Ausdehnung der Zerstörungen auf den Kriegsschauplätzen und das Daniederliegen der Bautätigkeit durch so viele Jahre mußte es als sicher erscheinen lassen, daß nach dem Kriege eine Fülle von neuen Aufgaben sich zusammendrängen würden. Es würde an vielen Orten gleichzeitig mit Aufgebot aller Kräfte und Mittel der Wiederaufbau zu beginnen sein, um die verlorenen Wohnstätten zu ersetzen, so daß die Gefahr vorlag, es werde bei der schmerzlich großen Zahl der Bauaufgaben nicht möglich sein, all die Bebauungspläne und die Gesamtkompositionen der ganzen Orts- und Straßenbilder wie die Projekte für jedes Einzelhaus so durchzuarbeiten, wie das die Rücksicht auf die künftige Erscheinung der Ortsbilder verlangte. Es war in jedem Sinne die Schicksalsstunde für ganze Landstriche Belgiens. Es handelte sich um ausgedehnte städtebauliche Aufgaben von größter Bedeutung. Was während des Krieges versäumt ward an Feststellungen von Grundsätzen und Richtlinien, an Einschränkung und Verhinderung von Unarten und Entstellungen, das wäre kaum je wieder gutzumachen gewesen. Die deutschen Behörden konnten nur der späteren baulichen Entwicklung vorarbeiten und der künftigen Neugestaltung eines nicht geringen Teiles des belgischen Landes den Weg bereiten. Sie konnten aber vor allem verhindern, daß nicht durch unbedacht getroffene Entscheidungen die Festlegung auf unglückliche Baupläne gegeben werde und daß durch voreilig ausgeführte Bauten ein gesunder und wohlbedachter Bebauungsplan unmöglich gemacht werde[1].

Die deutsche Verwaltung hat fortgesetzt auf diese modernen Grundsätze des Städtebaues hingewiesen und einen wirklichen Heimatschutz und Schutz des Ort- und Landschaftsbildes bei den Plänen für die neuen Bauten versucht; sie hat Wert darauf gelegt, bei dem Wiederaufbau die Kräfte der belgischen Architekten zur Geltung kommen zu lassen. Sie hat in größerem Umfang Gemeinden und Privaten bei ihren Neubauten unterstützen wollen durch Gewährung von Baudarlehen, durch direkte Zuschüsse, durch Förderung des Bauhandwerks, und hat endlich die eigenen künstlerischen und technischen Kräfte in großem Umfang, ohne daß daraus sich für die belgischen Bauherren eine Unannehmlichkeit ergeben hätte, zur Verfügung gestellt. Auf jener Brüsseler Kriegstagung für Denkmalpflege hat Karl Rehorst in einem groß angelegten Vortrag über die Aufgaben des Städtebaues in Belgien referiert. Eine aus Delegierten der beiden größten deutschen Architektenverbänden bestehende Kommission aus allen Teilen Deutschlands auf dem Gebiete des Städtebaues sollte hier bei dieser Aufgabe beratend mitwirken.

Der Erfolg entsprach nicht dem Ziel und den Wünschen. Die Belgier haben die ihnen entgegengestreckte Hand zumeist nicht ergriffen. Sie haben den bestgemeinten Vorschlägen und Ratschlägen fast überall stummen Widerstand entgegengesetzt, auch die angebotene materielle Hilfe allzuoft schroff abgelehnt. Die deutsche Verwaltung hat Gelegenheit gehabt, in Löwen, in Termonde, in Mecheln, in Aerschot, in Dinant und an anderen Orten sich um den Wiederaufbau zu bemühen und mit den heimischen Kräften zusammen zu beraten. Vielfach ergaben sich grundsätzliche Meinungsverschiedenheiten. In Löwen hatte der verdienstvolle Stadtbaumeister, Herr Vingeroedt, eine ganze Reihe von Plänen zur Neugestaltung des Viertels um das Rathaus aufgestellt. Der Plan, der aber zuletzt von dem Architekten Francotte für diese ganze Umgebung aufgestellt war, war so radikal und trug den modernen städtebaulichen Anschauungen so wenig Rechnung, daß eine Einigung hier unmöglich war. Aus hygienischen Rücksichten und Gründen der öffentlichen Sicherheit hat der Generalgouverneur im September 1916 den Befehl gegeben, die Ruinen der kriegszerstörten Bauten, die immer mehr dem Verfall drohten, abzubrechen, soweit die Eigentümer sich nicht bereit erklärten, den Wiederaufbau zu unternehmen — immer unter Schonung der architektonisch oder archäologisch bemerkenswerten Reste. Es sind daraufhin eine ganze Reihe von Neubauten entstanden, zumal auch in der Nachbarschaft historischer Denkmäler, bei denen die deutsche Verwaltung beratend mitwirken konnte, und es ist zu hoffen, daß von der Saat, die die deutsche Bauverwaltung mit ihrer Tätigkeit gelegt hat, doch mancherlei nach dem Kriege aufgehen wird. Vielleicht darf man sagen, daß auch die deutsche Auffassung des Wortes Heimatschutz als Schutz der Landschaft erst in den letzten Jahren in Belgien Boden gewonnen hat. Wenn das, was in den beiden letzten Jahrzehnten an Villen im Maastal und zumal an Hotels an der Seeküste entstanden war, wie ein Hohn auf jene Baukunst aussieht, die Stimmung, Linie und Material einer Landschaft im geformten Bilde festhalten möchte, so zeigten sich gerade während des Krieges Ansätze zum Umschwung. Noch während des Krieges war von drei feinsinnigen Architekten, Clément, Ghobert und Huart, die Veröffentlichung der anciennes constructions rurales en Belgique begonnen, die gleichzeitig eine Basis für den Wiederaufbau darstellen sollte. Die Aufnahmen dieser ländlichen Anlagen in Verbindung mit dem, was begeisterte Architekten und Kunstfreunde vor allem aus Gent, Brügge und Tournai schon vorher veröffentlicht hatten, geben eine so sichere und gesunde Grundlage für die Weiterbildung der heimischen Architektur, daß man gegenüber den Verirrungen der letzten Jahrzehnte nur immer wieder auf diese zurückweisen möchte. Sie sind vor allem unvergleichlich biegsam und ermöglichen fast überall die Anpassung an moderne Bedürfnisse und große Verhältnisse.

---

1) Vgl. J. Stübben, Der Wiederaufbau von Belgien: Deutsche Bauzeitung 1916, Nr. 48; 1918, Nr. 11. A. Hofmann, Die Erhaltung von Löwen: Deutsche Bauzeitung 1914, Nr. 78, 79. Die Fürsorge der deutschen Verwaltung auf dem Gebiete des Städtebaues, der Denkmalpflege, des Wiederaufbaues ist paradigmatisch in zwei Publikationen gezeichnet: Namur vor und im Weltkrieg, herausgegeben von der kaiserlichen Fortifikation Namur, München, Verlag Piper, 1918, und Dinant, Denkschrift im Auftrag des Generalgouverneurs, München, Rolandverlag, 1918.

Die alte Generation der belgischen Architekten war genau wie die große Zahl der Architekten in Frankreich und Deutschland in einer einseitigen Schätzung des Mittelalters und höchstens noch des 16. Jahrhunderts aufgewaschen und stand der bescheidenen Bürgerhauskunst des 18. Jahrhunderts verständnislos, der des beginnenden 19. Jahrhunderts oft voll Verachtung gegenüber. Noch im Jahre 1915 hat ein Wettbewerb zur Gewinnung von Projekten für die Bebauung der Grande-Place in Tournai gezeigt, in welch gefährlicher und für das Ortsbild vernichtender Gestalt bei der Mehrzahl der konkurrierenden Architekten die Absicht bestand, zugunsten einer spätmittelalterlichen Formensprache die Straßenbilder zu vereinheitlichen. Die Empfindung, daß in den Bürgerhausbauten des 18. Jahrhunderts und noch aus den ersten Jahrzehnten des 19. Jahrhunderts des aus disparaten Teilen neugeschaffenen Königreichs Belgien eine gesunde Tradition, die alte bodenständige Tradition vorhanden war und ihr Leben bis zum heutigen Tage bewahrt hatte, und daß an diese ein unmittelbarer Anschluß noch möglich ist, hat sich erst spät durchgesetzt. Die alten Kunststädte Belgiens, auch die noch ganz verschlafen träumenden, waren ebenso wie die großen und kleinen deutschen Städte bedroht durch die Parvenuarchitektur der letzten Jahrzehnte, die vor allem auch in den Seestädten und in den Seebädern eine Fülle von wahrhaft scheußlichen Mißverständnissen und Unmöglichkeiten aufgeführt hat.

Wie die Veröffentlichungen von Armand Heins und Soil de Moriamé über Gent und Tournai, wie die Publikationen der Fassaden von Brügge und Courtrai, so wollte auch die von dem deutschen Architekten Erdmann Hartig übernommene Veröffentlichung der flandrischen Wohnhausarchitektur das Material für die Aufstellung von neuen Einzelprojekten und ganzen Fassadenbildern sammeln. Nur zum Teil konnten die Vorlagen veröffentlicht werden[1]. Eine umfassende Veröffentlichung der künstlerisch bedeutendsten Fassaden aus Gent und Antwerpen ist durch den deutschen Architekten Karl Wach vorbereitet. In großem Umfang sind dann in Verbindung mit der deutschen Inventarisation der belgischen Kunstdenkmäler diese vorbildlichen Aufnahmen gesammelt worden. Seit der Verwaltungstrennung in Belgien war der Beigeordnete Rehorst der Referent für das Bauwesen im Verwaltungsgebiet Flandern, während im Verwaltungsgebiet Wallonien der Architekt Karl Pfaffendorf aus Köln mit der gleichen Aufgabe betraut war. Beide Baukünstler, die von der benachbarten rheinischen Heimat her den Reichtum der belgischen Kleinarchitektur schon aus Friedenszeit kannten und bewunderten, haben sich insbesondere auch um die Aufnahme von mustergültigen Haustypen, auch der ländlichen Anlagen, der großen und kleinen Fermen, bemüht. In Namur war in Verbindung mit der Bauabteilung bei der deutschen Zivilverwaltung eine dauernde Ausstellung von mustergültigen Aufnahmen angelegt. Für Flandern war nach einem großzügigen Plan eine generelle Aufnahme der Kleinwohnungsbauten und der vorbildlichen und typischen Fassaden eingeleitet, die dann durch das Ende des Krieges jäh unterbrochen worden ist. Alle diese Arbeiten erfreuten sich der besonderen Förderung der beiden kunstsinnigen deutschen Verwaltungschefs, für Flandern des Süddeutschen Scheible, für Wallonien des Rheinländers Haniel. Eine ganze Reihe von Veröffentlichungen seitens deutscher Gelehrten und Architekten hat während des Krieges die Denkmälerschätze von Belgien der deutschen Forschung und dem deutschen Publikum näherzubringen gesucht, darunter Richard Graul, Hugo Kehrer, Eugen Lüthgen; deutsche Zeichner und Graphiker wie Roland Anheißer, Luigi Kasimir, Ernst Oppler haben die Wirkung der belgischen Architekturbilder festzuhalten gesucht. Schon im Jahre 1915 war auf Veranlassung des Generalgouverneurs, des Generalobersten Freiherrn von Bissing, die Aufnahme von dreien der wichtigsten und umfangreichsten gotischen Baudenkmäler Belgiens eingeleitet worden, der seit der französischen Revolution in

---

[1] Erdmann Hartig, Flandrische Wohnhaus-Architektur mit Vorwort von Paul Clemen, Berlin, Wasmuth, 1916. Die beste Zusammenstellung über das Wohnhaus in Tournai bei E. J. Soil de Moriamé, L'habitation Tournaisienne du XIe au XVIIIe siècle, Tournai 1904. Für Gent die Oude gevels van Gent, herausgeg. v. d. Maatschappij der bouwkundigen van de provincie Oost-Vlaanderen und die Veröffentlichungen von Armand Heins, Ancienne Flandre und Vieux coins de Flandre. Während des Krieges unter dem Patronat der Commission spéciale des constructions rurales du comité national de secours et d'alimentation veröffentlicht der Band der Maisons rurales du type traditionnel flamand. Von der Veröffentlichung von P. Clément, J. Ghobert u. C. Huart, Les anciennes constructions rurales et les petites constructions des béguinages en Belgique sind bis jetzt drei Bände erschienen.

Trümmern liegenden Zisterzienserabteien Orval, Villers und Aulne. Die Aufnahmen erfolgten durch die Dresdner Architekten Fucker, Zschaler, Krone, die Veröffentlichung durch Paul Clemen und Cornelius Gurlitt. Auch diese Veröffentlichung sollte Zeugnis ablegen von dem Ernst und der Sachlichkeit, mit der die deutsche Verwaltung, ihrer hohen Verantwortung bewußt, sich noch mitten in den Kämpfen den Aufgaben einer friedlichen Kultur zugewendet hatte.[1]

Der Wunsch, für die weitere Baubewegung und für die notwendige Baufrage eine sichere Grundlage zu schaffen, darüber hinaus aber das Bedürfnis, die Fülle der in Belgien erhaltenen Kunstdenkmäler der Forschung im weitesten Umfange zugänglich zu machen und diese wichtigen kunstgeschichtlichen Quellen der internationalen Wissenschaft und dabei in erster Linie auch der benachbarten deutschen Wissenschaft zu sichern, hatte den Gedanken einer Sammlung von Aufnahmen der belgischen Kunstdenkmäler wachsen lassen, der durch die in Belgien in militärischen oder Beamtenstellungen tätigen deutschen Kunsthistoriker und Architekten im Sommer 1917 in Angriff genommen worden ist. Der Name der Inventarisation, der hierfür erst als bequeme Abkürzung, dann auch amtlich gewählt worden ist, deckt eigentlich weder die ursprüngliche Absicht noch die Art der Ausführung.[2] Es handelt sich nicht um eine Denkmälerstatistik nach deutschem Maßstab, nicht einmal um ein Handbuch der belgischen Kunstdenkmäler etwa in der Form, wie dies für die deutsche Denkmälerwelt durch die Tat Georg Dehios geschenkt ist, sondern zunächst nur um eine systematische Sammlung von Aufnahmen und die Beschaffung eines Denkmälerarchivs. Eine eigentliche Denkmälerstatistik besitzt Belgien noch nicht. Für die Provinzen Brabant und Antwerpen wie für einen Teil der Provinz Ostflandern sind zwar illustrierte Inventare veröffentlicht, aber nicht im Buchhandel, die aber bei den beiden ersten Provinzen nur katalogmäßig die Ausstattung der öffentlichen Gebäude bringen, nicht diese selbst behandeln und darstellen und in dem Text sich die allerbescheidensten Aufgaben setzen. Die profanen Denkmäler, zumal die so außerordentlich wichtigen Schloßanlagen, der große Privatbesitz und auch die Sammlungen sind völlig ausgelassen[3]. Die Commission Royale des Monuments et des Sites hatte in den letzten Jahrzehnten an dem Plan einer umfassenden wirklichen Monumentalstatistik gearbeitet und zumal der jetzige Präsident, ein ausgezeichneter Kenner des Landes, hat sich um eine solche einheitliche Durchführung bemüht. Alle diese Versuche sind aber gescheitert und die Provinzialkommissionen gehen mehr oder weniger ihre eigenen Wege. Die Kommission selbst besitzt kein systematisches Denkmälerarchiv, nur eine Sammlung der Pläne, die im Laufe der verschiedenen Bauausführungen zusammengekommen sind. Wohl aber besitzt die photographische Abteilung im Musée du Cinquantenaire einen reichen Grundstock von Aufnahmen, der hier als Kern eines historischen Denkmälerarchivs erscheinen könnte. Was hier fehlte, mußte das deutsche Unternehmen ergänzen durch Sammlung des Aufnahmematerials wie der bibliographischen Quellen. Die Aufnahme erstreckte sich sowohl auf die Werke der kirchlichen wie der profanen Architektur, die Werke der Malerei, der dekorativen Kunst und der Kleinkunst. Sie wollte auch die Schätze der Bibliotheken und nach Bedarf der öffentlichen und privaten Sammlungen umfassen. Die Arbeiten waren eingeleitet zunächst dank der Initiative und Förderung des süddeutschen

---

1) Paul Clemen und Cornelius Gurlitt, die Klosterbauten der Cisternienser in Belgien, im Auftrage des kaiserlich deutschen Generalgouvernements in Belgien herausgegeben. Berlin, Zirkel-Verlag 1916.

2) Über die Organisation dieser Arbeit berichtet eingehend die Kunstchronik 1918, Nr. 42, S. 485. An der Spitze stand ein Vorstand von zwei Mitgliedern, Geh. Reg.-Rat Clemen als Leiter des ganzen Unternehmens, Landrat Freiherr von Wilmowski, Geh. Reg.-Rat Bodenstein. Als Geschäftsführer fungierte Dr. Hensler, in jeder Provinz wurden die Arbeiten durch einen Abteilungsleiter geordnet: Dr. Hensler, Prof. Kehrer, Prof. Rauch, Baurat Flesche, Freiherr von Schenk zu Schweinsberg, Prof. M. Schmid, Arch. Paffendorf, Arch. Freiherr v. Schmid, Prof. Laur, Dr. Baum, Dr. Koehler. Außer diesen in Belgien selbst in militärischen oder zivilen Stellungen tätigen Mitarbeitern haben die preußische Meßbildanstalt, Prof. Hamann, Dr. Stoedtner, Frau Dr. Deetjen sich wesentlich beteiligt, weiter eine ganze Reihe hervorragender deutscher Architekten.

3) Es liegen die folgenden Veröffentlichungen vor: Province de Brabant. Inventaire des objets d'art existant dans les édifices publies des communes, 3 Bde., Arrondissement de Bruxelles, Louvain, Nivelles. Brüssel 1904—1912. · Province Antwerpen. Provinciaal comitet van monumenten. Inventaris der Kunstvoorwerpen in de openbare gestichten bewaard, 7 Fascikel, 1906—1914. — Provincial Comiteit van monumenten. Oudheid-Kundige inventaris van Oost-Vlaanderen, Gent 1911, 11 Fascikel. — Inventaire archéologique de Gand, catalogue descriptif et illustré des monuments, publié par la société d'histoire et d'archéologie de Gand, Gent 1901—1910.

Mäcens Louis Laiblin, der sich als Stifter der Pfullinger Hallen in der modernen Kunst schon einen Namen gemacht hat. Dann hatte der Kaiser auf Grund einer ihm vorgelegten, von dem preußischen Kultusminister und Finanzminister warm befürworteten Denkschrift dem Unternehmen seine lebhafte persönliche Förderung zugewandt und hierfür einen bedeutenden Betrag aus der Generalstaatskasse überwiesen. Das ganze Unternehmen war dem Kaiserlichen Generalgouvernement in Belgien als eine eigene Arbeit der dortigen Verwaltung unterstellt und war seit Herbst 1917 auch aus Fonds des Generalgouvernements unterstützt. Das gesamte Aufnahmematerial soll später der Forschung und allen Interessenten ohne Einschränkung mit der größten Liberalität zur Verfügung gestellt werden. Auch hier haben die politischen Ereignisse des Herbstes 1918 einen jähen Abschluß der Arbeiten mit sich gebracht, doch dürfte die Arbeit nach dem Hauptprogramm als erledigt angesehen werden. Die Aufnahmen sind natürlich nicht gleichmäßig über das ganze Land verteilt. Wo mustergültige und ausreichende Aufnahmen und Veröffentlichungen oder Photographien vorlagen, konnten wir uns zurückhalten. Die Gemälde der großen Museen noch einmal nachzubilden, erschien als überflüssig, um so wichtiger aber in den kleinen Museen Nachlese zu halten. Es ist zumal im Hinblick auf ganz bestimmte Forschungswünsche und Forschungsrichtungen hier ein höchst wichtiges Material zusammengebracht, das in einem Catalogue raisonné die vorhandenen und neu angefertigten Aufnahmen verzeichnet und in einem Sammelband von Aufsätzen zur belgischen Kunstgeschichte schon zum Teil ausgenutzt und angewandt der Fachwelt vorgelegt werden soll. So haben auch auf diesem Gebiete in den durch die Verhältnisse geschaffenen Grenzen die deutsche Verwaltung und die deutsche Wissenschaft sich bemüht, den Interessen der Denkmalpflege und der Denkmalkunde selbstlos zu dienen.

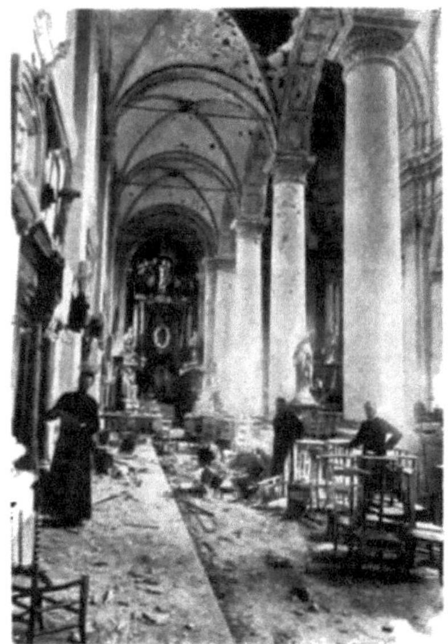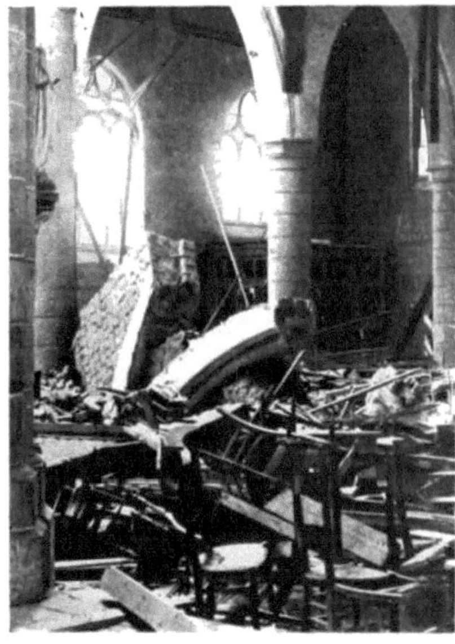

Zerstörungen durch englische Fliegerbomben in Brügge

IV.

Die Baudenkmäler auf dem französischen Kriegsschauplatz

Von Paul Clemen

Ein Bericht über den Zustand der Baudenkmäler auf dem französischen Kriegsschauplatz muß beginnen mit der Bekundung des Schmerzes über die Vernichtung unersetzlicher Kulturwerte. Wir stehen erschüttert vor den Zerstörungen, die sich in ihrem ganzen Umfang erst übersehen lassen jetzt, nachdem der Krieg selbst aus diesem Gebiet ausgezogen ist. Was ist aus dem schönen und einst so reichen Land geworden, das wir vor dem Kriege durchwanderten und voll hingebender Liebe und ehrfürchtiger Bewunderung für seine große Kunst durchforschten? War es nicht wie eine Prophetie aus dem Dunkel, wenn vor dem Kriege schon Auguste Rodin in seiner Phantasie über die Kathedralen Frankreichs ausrief: „Ich bin auf den Tod dieser Bauwerke gefaßt wie auf meinen eigenen Tod." Wir teilen den Schmerz um den Verlust eines Besitzes, der nicht den Franzosen, der der ganzen großen Kulturgemeinschaft der Welt angehört. In diesem Heimatland der französischen Gotik erfüllte sich in einem sichtbaren Symbol die Sendung des mittelalterlichen Geistes — von hier nahm ein neues künstlerisches Evangelium seinen Ausgang. Und von den steinernen Urkunden dieses Stückes Menschheitsgeschichte, wieviel hat hier der Krieg ausgelöscht, gebrochen oder schwer beschädigt. Je länger dieser Krieg sich hinschleppte, der nicht sterben konnte und der doch schon längst hätte sterben müssen, um so mehr schwollen automatisch die Verlustlisten an. Bei jeder neuen Bewegung, angesichts eines jeden Heeresberichts fast mußten wir verfolgen, wie die Zone der Verwüstung sich immer mehr vorschob, wuchs und an Umfang und Tiefe gewann, und wie der eherne Fuß des Krieges neben unersetzlichen Menschenleben auch immer neue unersetzliche Werke von Menschenhand zu Boden trat. Und das Kriegsgebiet zog sich eben zum Unheil für Frankreich mitten durch den besten Boden, den dichtest bevölkertsten Teil des Landes, durch ein Gebiet, auf dem eng gedrängt alte Städte und Bischofssitze standen, von Westflandern quer durch die alte Picardie und die Champagne nach Lothringen hinunter. Die Linie schnitt hier die fruchtbarsten Teile der Départements Nord, Pas de Calais, Somme, Oise, Aisne, Marne, Meuse heraus. Wo sie lange hin und her geschoben ist auf den blutgedüngten Schlachtfeldern der großen Entscheidungskämpfe, ist nur ein versumpftes Trichterfeld übriggeblieben, wo der Boden von Millionen von Granaten aufgerissen, eingeebnet, völlig verwandelt ist, wo zersplitterte Baumstämme an ragende Wälder erinnern, die alten Markierungen verloren scheinen, Wege nicht mehr Wege sind, wo ehemalige Bäche in halb verfallene Schützenlinien abfließen, wo jedes Menschenwerk und jeder Bau von Menschenhand zu unerkennbaren Trümmern und Brocken zusammengeschossen ist — ein totes Land, dessen Geist erschlagen ist.

Die deutschen Heeresberichte und die Kriegsnachrichten haben durch all diese Jahre hindurch auch von den Verlusten an Baudenkmälern auf diesem Gebiet gesprochen. Ein erster zusammenhängender Bericht von unserer Seite ist im August 1915 bei der Kriegstagung für Denkmalpflege in Brüssel gegeben und dann der Öffentlichkeit mitgeteilt worden. Die unermüdliche Aufklärungsarbeit der Kriegskorrespondenten, darunter vor allem Georg Wegener, Max Osborn und Wilhelm Scheuermann, haben fortgesetzt die Urteile von kundigen Fachmännern über die wichtigsten Denkmäler gebracht. Eine Reihe von Berichten des Autors dieses Kapitels, der seit dem Dezember 1914 seitens der Obersten Heeresleitung mit der Feststellung des Zustandes der Baudenkmäler im Operations- und Etappengebiet betraut war, hat dieses Thema immer erneut durch all diese Jahre behandelt, und auf Grund eines umfangreichen Materials hat Joseph Sauer eine förmliche Übersicht über die gesamten Verluste, eine Untersuchung der Berichte über die Art der Zerstörung und eine Würdigung der Denkmalswerte gegeben. Von französischer Seite liegt eine wachsende Literatur vor, die in ihrer Färbung nur allzusehr durch einen maßlosen Haß bestimmt ist, der auch oft die Grenzen nicht mehr kennt, die früher der literarische Ton, der gute Geschmack und der Respekt vor der eigenen Würde zog. Wir haben versucht, menschliches Verständnis für die Ausbrüche tiefen Schmerzes und auch für die Schreie wilder Empörung zu haben, die uns ergriffen. Wir suchten sie zu verstehen, auch wenn sie sich mit einem phantastischen Haß gegen uns wandten, wo sie sich gegen das Fatum hätten wenden müssen, das Krieg und Kriegsschicksal hieß. Tröstet es wirklich über den Verlust teurer und ehrfürchtig geliebter Toten, daß man die Frage der Schuld erörtert? Ist diese Fragestellung nicht eine, die von einem nur allzu primitiven Verständnis weltgeschichtlicher Spannungen zeugt, die bei diesen großen Geschehnissen, die nur unter dem Gesichtspunkt einer kollektivistischen Geschichtsauffassung mit einem gewissen Fatalismus betrachtet werden können, die Bedeutung der kleinen Einzelpersönlichkeiten viel zu sehr unterstreicht, die doch nur den Anstoß bedeuten können, aber niemals mit der Ursache identisch sind, die den Stein ins Rollen gebracht, aber nie den Stein auf den Berg gewälzt haben können. Wenn man etwa von der Höhe der weltgeschichtlichen Betrachtung Kjellens dies Kriegsthema betrachtet, so erscheint die Frage nach dem Letzten der Reihe, der oft nur ein Werkzeug ist, müßig, nicht nur weil dadurch der Blick abgelenkt wird von all denen, die die Spannung vorbereitet, den Brand geschürt, Minen gelegt haben, die sich dann entladen haben. Nein, wenn der Blitz von Wolke zu Wolke überschlägt, fragt man, von wo der elektrische Funke ausgegangen ist, von welchem der beiden mit gleich großer Spannung geladenen Pole? Max Scheler hat in diesen Wochen in der Einführung zu seinem großen Hauptwerk von der Gesamtschuld Europas, von der Gemeinschuld der Welt gesprochen — sollen wir nicht versuchen, uns dieser Worte zu erinnern?

Nicht um den törichten Vorwurf der blindwütigen Barbarei zurückzugeben, sondern um die furchtbare Notwendigkeit des Krieges zu zeigen, deren unerbittlicher Logik sich die Stimmen der Entente fortgesetzt zu entziehen trachten, ist es notwendig gewesen, auch von unserer Seite festzustellen, was im Osten die Russen, was im Westen die Franzosen und die Engländer und neben ihnen die Belgier in der Kampflinie und hinter der Kampflinie zerstört haben, haben zerstören müssen. Es sei hier auf all das hingewiesen, was schon in dem allgemeinen Kapitel gesagt wurde über den ganz selbstverständlichen, aus dem Gang der Kriegsgeschichte sich ergebenden Anteil unserer Gegner an den Zerstörungen auf französischem Boden. Nicht um neue Erörterungen heraufzubeschwören, sondern um der ausgleichenden Gerechtigkeit willen, nicht um uns rein zu waschen und Kriegshandlungen, die unsere Armeen begangen, von uns abzuschieben, sondern um den Anteil an diesen Kriegshandlungen richtigzustellen und auf die Kriegführenden zu verteilen, muß in dieser schmerzlichen Verlustliste eben auch aufgezeichnet stehen, was an Zerstörungen auf das Konto der gegnerischen Artillerie kommt. Es ist ebenso klar, daß w i r die Zerstörungen durch die f e i n d l i c h e Kriegsführung besser übersehen konnten, weil die Opfer innerhalb unserer Linie lagen und mit deutschem Blut gedüngt waren, ebenso wie die Alliierten, solange die Front stand, die Zerstörungen jenseits der alten eisernen Mauer, soweit sie von u n s e r e r Artillerie herrührten, besser und früher zu übersehen in der Lage waren.

Von französischer Seite liegt aus dem Beginn des Krieges schon eine Reihe von Berichten vor, die sich vor allem auf die Gebiete beziehen, die durch die kriegerischen Operationen bei dem ersten Vorrücken der Truppen, bei den Kämpfen der Marneschlacht und weiter den Stellungskämpfen berührt waren. Eine eigene Organisation zur Konstatierung der Kriegsschäden an den historischen Denkmälern wie zum Schutze der Kunstwerke ist dann während des Krieges mit Unterstützung der französischen Heeresverwaltung in Verbindung mit der alten Commission des monuments historiques geschaffen worden. Die Arbeiten der Sicherung und der Rettung gefährdeter Kunstwerke, die spät, aber dann höchst energisch, umfassend und sorgfältig vorbereitet einsetzte, sind durch die Einzelfeststellungen über den baulichen Zustand der beschädigten Denkmäler ergänzt worden. Diese französischen Berichte müssen mit den unseren zusammengestellt werden, um das Bild zu ergänzen[1], wie die Kriegsgeschichte erst aus den beiderseitigen Aufzeichnungen ein getreues Abbild der Kämpfe wird geben können.

1) P. Clemen, Der Zustand der Kunstdenkmäler auf dem westlichen Kriegsschauplatz, Leipzig 1916. Dasselbe i. d. Ztschr. f. bildende Kunst 1916, S. 49 u. (ohne Illustrationen) in dem Stenographischen Bericht der Kriegstagung für Denkmalpflege Brüssel 1915, S. 11 u. SA. Vorläufiger Bericht über den Zustand der Kunstdenkmäler in Belgien u. Frankreich i. d. Kunstchronik, N. F. XXVI, 1914, 15, Nr. 9, 10, 17. — Joseph Sauer, Kunst und heilige Stätten im Kriege: SA. aus Deutsche Kultur, Katholizismus und Weltkrieg v. G. Pfeilschifter, Freiburg,

Noch vor der endgültigen Liquidation des Weltkrieges ist das lang erwartete offizielle Werk von Arsène Alexandre erschienen[1]. Wir sind dankbar für das positive Material und werden, wo wir im Irrtum sind, unsere Auffassung willig korrigieren. Wenn wir aber geglaubt hatten, hier den Ton sachlicher Erörterung und gewissenhafter ruhiger Abwägung zu finden, der zuletzt allein Klarheit schaffen kann, so sind wir schwer enttäuscht worden. Der Autor lehnt es überhaupt ab, in eine Erörterung über die Verteilung der Kriegsschäden auf die b e i d e n Seiten der Kriegführenden einzutreten. Er erklärt kühnlich: a l l e Kriegshandlungen seien eine Folge der Tatsache des Krieges an sich und für die Entfesselung dieses Krieges sei — das ist nun einmal die bequeme, von der Entente geschaffene und mit der ebenso bequemen Beredsamkeit des Siegers vertretene Legende, die alle Kriegsrüstungen, Verschwörungen, Einkreisungen, Geheimverträge auf der anderen Seite freundlich übersieht — Deutschland allein verantwortlich. Quia unusquisque tantum iuris habet, quantum potentia valet. Eine Auseinandersetzung mit diesem Buche ist nicht möglich, weil es nicht von dem guten Willen getragen ist, dem Gegner gerecht zu werden.

Um die Irrigkeit der gegen uns erhobenen Anklagen nachzuweisen, hat es die grausame Ironie der Weltgeschichte in ihrer tragischen Gerechtigkeit gefügt, daß bei dem Fortschreiten der Kämpfe an der Westfront in den beiden letzten Jahren die Engländer und die Franzosen, die ersteren als ungern gesehene Gäste auf dem festen Boden, die letzteren im eigenen Lande, durch die gleiche Kriegsnotwendigkeit, wie wir, gezwungen worden sind, die ehrwürdigsten Baudenkmäler und kostbare Kunstschätze in der französischen Linie zu zerstören und zu gefährden. Unserer Kenntnis entzieht es sich, was an Zerstörungen jenseits der in drei Kriegsjahren festgehaltenen eisernen Front lag. Wir sind hier auf die Berichte der französischen Regierung und der französischen Gelehrten angewiesen. Bekümmert folgen wir unseren Führern durch das Gebiet der Marnekämpfe und durch die südlichen Départements. Wir hören, daß die schöne frühgotische Kirche von Sermaize und der stattliche romanische Bau von Sommesous ausgebrannt seien, daß der spätgotische Bau von Pargny-surSaulx zerstört sei mit einer ganzen Reihe anderer kleiner verwandter Kirchen. In einer von Camille Enlart aufgestellten Verlustliste tritt auch die mächtige Kirche von Huiron, ein glänzendes Denkmal des style flamboyant, auf, und der Berichterstatter teilt mit, daß sie durch die Deutschen in eine Festung verwandelt worden sei: „dadurch hätten diese die französische Artillerie in die Zwangslage versetzt, daraus einen Trümmerhaufen zu machen."[2] Die Tatsache wird ohne Zweifel richtig sein. Was aber hier für die französische Seite zugegeben wird, das gilt eben auch genau so für die deutsche Seite und die deutsche Artillerie, die sich bei anderen Bauwerken in derselben Zwangslage sah. Bei einem andern Denkmal aus der Verlustliste von Enlart, der schönen romanischen Kirche von Tracy-le-Val, hatten die französischen Zeitschriften selbst voll Stolz das Bild gebracht, wie die französische Stellung sich unmittelbar vor der Kirchenmauer hinzog, diese selbst in die Verteidigungslinie einschließend.

Das Städtchen St. M i h i e l, das als vorgeschobener Posten südlich Verdun so lange von den Bayern gehalten wurde, ist ausschließlich von den feindlichen Granaten getroffen, obwohl die Bevölkerung sich noch in den Mauern befand. Die spätgotische Kirche St. Etienne und die mächtige barocke Abteikirche von St. Mihiel waren hierbei beschädigt, in die Bibliothek sind Granaten gefallen. Hier wie in der Kirche St. Etienne ist es die deutsche Verwaltung gewesen, die die kostbarsten Kunstwerke, vor allem die große marmorne Gruppe der Grablegung von Ligier Richier schon im Dezember 1914 gegen die französischen Geschosse geschützt und so der französischen Kunstgeschichte

Herder, 1915. — Ders. (erweitert und mit reichem Abbildungsmaterial), Die Zerstörung von Kirchen und Kunstdenkmälern an der Westfront, Freiburg 1917. Dasselbe französisch: La destruction d'églises et de monuments d'art sur le front ouest, Freiburg 1917.

1) Arsène Alexandre, Les monuments français détruits par l'Allemagne. Enquête entreprise par ordre de M. Dalimier, sous-secrétaire d'état des beaux-arts. Mit 242 Photograhpien auf 47 Tafeln. Paris, Berger-Levrault 1918.

2) Camille Enlart, Le vandalisme Allemand dans le nord de la France, Sondernummer von L'art et les artistes 1915: Les vandales en France p. 46, Abb. Tracy-le-Val p. 43 vor der Zerstörung, Huiron p. 51, Sermaize p. 61 u. 62, Sommesous p. 65. Die Aufzählung der Bauten nach Départements auch bei A. Alexandre (Tracyle-Val p. 183). Abbildungen auch in den beiden Albums: La guerre Allemande et le catholicisme, herausgegeb. von Abbé Baudrillart, Paris, Bloud et Gay 1915 u. 16.

erhalten hat. Das Monument war von innen mit einem Bohlenverschlag und dann mit einer dichten Packung von Sandsäcken geschützt worden, und eine ebensolche Packung suchte auch das Außendach der Kapelle gegen die Splitterwirkung der französischen Granaten zu decken.

In der Ebene des Woëvre, wo in einer tiefen Zone alle Ortschaften zerstört sind, steht an der Spitze das kleine Städtchen E t a i n, dessen mächtige gotische Kirche, ein Bauwerk des 13. Jahrhunderts mit einem spätgotischen Chor und einem klassizistischen Turm, lange das Ziel unablässiger Beschießung durch die französischen Batterien gewesen ist. Das Dach ist abgebrannt, schwere Granaten haben das Gewölbe des Chors und des Langhauses durchschlagen, das Innere ist ausgebrannt. Nach den ersten Kämpfen im Herbst 1914 war noch das ganze Gewölbe der Kirche erhalten, die französischen Geschosse haben aber dies im Laufe der beiden letzten Kriegsjahre völlig zum Einsturz gebracht, und damit ist die ganze Kirchenruine dem Untergang preisgegeben. Das kostbarste Kunstwerk der Kirche, die große Pietà des Ligier Richier vom Jahre 1528, ist schon im Dezember 1914 mit großen Mühen und äußerster Sorgfalt abtransportiert worden, dank der Aufopferung des Museumsdirektors von Metz, des Professors Keune, der auch aus St. Mihiel die gefährdeten mobilen Kunstwerke im Auftrage der Armee abgeholt hat, ebenso wie den großen steinernen Renaissancealtar von Hâton-Chatel, der nur mit großer Mühe geborgen werden konnte. Nur wer einmal an dem Transport eines solchen schweren steinernen Monumentes beteiligt war, kann die Schwierigkeiten ganz ermessen, die für uns diese Arbeit, mitten in einer Zone erbitterter Kämpfe, bieten mußte.

Die Dörfer am Fuße der Côte lorraine sind längst mit ihren Kirchen zugrunde gegangen. In dem hochgelegenen Falkenberg, dem das ganze Gelände beherrschenden M o n t f a u c o n, erhob sich als Krönung des malerischen Städtchens der imponierende, reich gegliederte Bau der gotischen Kirche mit Chorumgang und entwickeltem Strebesystem. Auf das weithin sichtbare Gebäude haben die Franzosen Tausende von Granaten geworfen, erst den Turm gestürzt und dann auch das ganze Langhaus zerschossen, so daß zuletzt nur noch die Chorruine wie eine phantastische Silhouette in die Luft ragte. An der Ostseite der Argonnenfront sind an dem Ufer der Aire alle Ortschaften, alle Kirchen zerschossen, das entzückende Städtchen V a r e n n e s völlig zerrissen. Von der merkwürdigen dreischiffigen frühgotischen Kirche steht noch ein Rest der Außenmauern und die Westfront mit dem schönen späten Barockportal. Was nördlich und östlich von Verdun von den Mauern großer Bauwerke noch aufrecht stand und eine Erinnerung an die hier einst stehenden Kirchen und Herrenhäuser heraufbeschwor, das ist bei den letzten Kämpfen völlig vernichtet worden und mit den Franzosen haben sich hier die Amerikaner in diese ihnen zugefallene militärische Aufgabe geteilt. Selbst der Wald ist ruiniert, ein schauerliches Trichterfeld ist an die Stelle einer idyllischen Landschaft getreten.

An der alten Champagnefront sind von Servon bis Reims alle Ortschaften, die unmittelbar hinter der Linie der Jahre 1916 und 1917 liegen, von den Franzosen unter zielbewußtes Feuer genommen und durchaus zerschossen. Es sind auch hier zunächst die Kirchen, in denen die Franzosen unsere Sammelplätze und auf deren Türmen sie Beobachtungsposten vermuteten, zerstört worden. Ganz in Trümmern liegen Servon, Cernay-en-Dormois, die große romanische Kirche in Somme-Py mit ihrem überreichen Maßwerk und dem mit zierlichen spätgotischen Skulpturen geschmückten Portal. Ein schwerer Verlust für die französische Kunstgeschichte ist der Untergang der ganzen Gruppe von reizvollen spätromanischen und frühgotischen Kirchen nördlich und nordöstlich von Reims. Am schmerzlichsten der Verlust der Kirche zu C e r n a y - l e s - R e i m s, eines prachtvollen dreischiffigen Baus von der Wende des 12. zum 13. Jahrhunderts mit den üppigsten Details und dem größten Reichtum von Kapitälformen. Sie ist den französischen Geschossen zum Opfer gefallen wie die feine frühgotische Kirche zu Bourgogne mit ihrem reizvollen Chor aus dem 12./13. Jahrhundert und die schöne zweischiffige Kirche von Brimont.

Südlich von Laon ist eine andere Gruppe von Kirchen, der ein noch höherer kunstgeschichtlicher Rang zukommt, vernichtet. Die Kirche zu U r c e l mit ihrer merkwürdigen, durch reichsten plastischen Schmuck ausgezeichneten Vorhalle ist völlig zerstört, Nouvion-le-Vineux ist schwer beschädigt und Bruyères ist hart mitgenommen, eine ganze Reihe von kleinen romanischen Bauten ist vernichtet, darunter die Kirchen von Le Haut bei Laval, von Ployart. Der stolze Bau der Kirche

St. Yved in Braisne, das erst bei unserem zweiten Vorgehen nach Süden von unseren Truppen übersprungen, dann bei dem Rückweichen mitten in der Linie lag, konnte dagegen verschont werden; die
deutsche Artillerie hat sich ebenso wie die französische bemüht, diesem erlesenen Kunstwerke das
Schicksal der kleinen Nachbarkirchen zu ersparen[1].

Ein unersetzlicher Verlust für die französische Kunstgeschichte des ausgehenden 15. und des
beginnenden 16. Jahrhunderts ist die völlige Zerstörung der reichen spätgotischen Kirchenbauten
zu Roye, Péronne, Bapaume, Montdidier, die sämtlich den feindlichen Granaten zum Opfer gefallen
sind. Ein ganzes wesentliches Kapitel der französischen Architekturgeschichte ist damit seiner wichtigsten Urkunden beraubt. Diese Bauten bildeten eine geschlossene Gruppe, die sich nach Norden
bis Abbéville erstreckte. Die Kirche St. Pierre zu Roye vom Ende des 15. Jahrhunderts (der Hochchor trug die Jahreszahl 1488, das Schiff die Zahl 1494) im Anschluß an die ältere romanische Fassade
(übrigens im wesentlichen der Restauration von 1866 entstammend) errichtet als eine meisterhaft
geschlossene Baugruppe, in der die reichsten Formen der spätesten Gotik schon mit entzückenden
Motiven und Zutaten der französischen Frührenaissance gemischt waren, ist, nachdem der Vierungsturm schon von uns niedergelegt war, durch die Franzosen völlig zerschossen worden. Dabei sind
auch in den Fenstern der Seitenschiffe und im Chor die wundervollen und glänzenden Frührenaissance-
glasfenster zugrunde gegangen, die um 1510 entstanden waren — reichbewegte vielfigurige Gruppen,
auch ikonographisch sehr wichtig[2]. Bei den letzten Kämpfen um Roye ist nun auch der Unterbau
des Vierungsturmes völlig eingestürzt, der Chor, der Oberteil der Westfront sind zusammengebrochen,
die Kirche ist unwiederbringlich vernichtet und dazu ist jetzt auch noch das Rathaus völlig zusammen-
gefallen. Auch Péronne ist gewesen. Die ganze, an malerischen Schönheiten so reiche, am Somme-
ufer lang ausgestreckte Stadt mit ihren nach der Flußniederung herunterkletternden Straßen, mit
ihrer Kathedrale, ihrem Schloß, den alten Stadttoren — ist gewesen. Die Kirche St. Jean, ein mächtiger spätgotischer Hallenbau von vier Joch Länge mit einer ziemlich geschlossenen, durch ein reiches
Portal im Style flamboyant unterbrochenen Fassade, ist schon im Jahre 1916 und im Winter auf 1917
ein Opfer der Beschießung durch die feindliche Artillerie geworden. Der an der Nordseite aufsteigende
und den Marktplatz beherrschende Turm, der monatelang ein Ziel der englischen Granaten war, liegt
am Boden; im Rathaus ist der schöne, auf Arkaden ruhende Renaissancebau zerschossen. In Bapaume ist ebenso die große spätgotische Kirche, ein merkwürdiger dreischiffiger Hallenbau mit
tiefen Seitenkapellen und zweischiffigem Querschiff, ganz vernichtet, die Außenmauern sind zum
großen Teil zusammengebrochen, ein ungeheurer Trümmerhaufen erfüllt das Innere. Der großartige monumentale Bau ist von feindlichen Granaten förmlich überschüttet worden; er bietet jetzt
eines der schauerlichsten Bilder wilder Verwüstung. Auch der schöne Spätrenaissancebau des Rat-
hauses vom Jahre 1610 ist ganz zerschossen.

An der äußersten Westfront war es Montdidier, das vom Beginn der letzten Frühjahrsoffensive
an bis zu den letzten schweren Kämpfen in der ersten Augusthälfte das Feuer des Gegners auf sich
konzentriert hatte. Auch hier sind es wieder zwei der schönsten spätgotischen Kirchenbauten, St.
Pierre und St. Sépulcre, die als Opfer gefallen sind. Die mächtige Kirchenanlage von St. Pierre, die
schon 1475 begonnen war, hatte erst 1538 durch Chapron, den maître-maçon an der Kathedrale von
Beauvais, ihr überreiches, von zwei achtseitigen Türmchen flankiertes, von einer zierlichen Galerie
überhöhtes Portal erhalten, das in den feinen Grüppchen, den Baldachinen und den Ranken in den
Gewänden an die Skulpturen von Beauvais erinnerte. Die ganze Kirche ist zusammengeschossen,
der Turm zusammengestürzt, die Front, der Portalbau sind zerschmettert. Im Innern sind auch die
wunderbaren Renaissanceglasgemälde von 1510 und 1552 vernichtet. Und ebenso ist die im Anfang
des 16. Jahrhunderts begonnene und 1519 geweihte Kirche St. Sépulcre völlig vernichtet worden,

---

₁₎ A. Alexandre, Monuments détruits p. 203 konstatiert, daß die Kirche à peu près intacte sei.

₂₎ Émile Coët, Histoire de la ville de Roye, Paris, Champion, 2 Bde., 1880. — Gute Abb. der Glasgemälde
auf Tafeln i. d. Publikation La Picardie historique et monumentale. Paris, Picard, 1902, II, p. 143. Text von Ch.
Duhamel-Decéjean u. Abbé Odon. Ebendort auch gute Abb. der Kirchen von Montdidier. Eine Reihe von guten
Abb. der Zerstörungen aus Péronne, Bapaume, Roye bei [Clemen], Zerstörte Kunstdenkmäler an der Westfront.
S. 13ff.

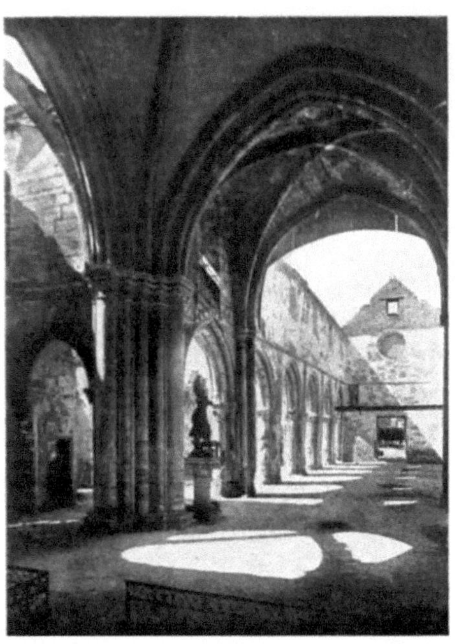

Sermaize. Die Kirche im Herbst 1918

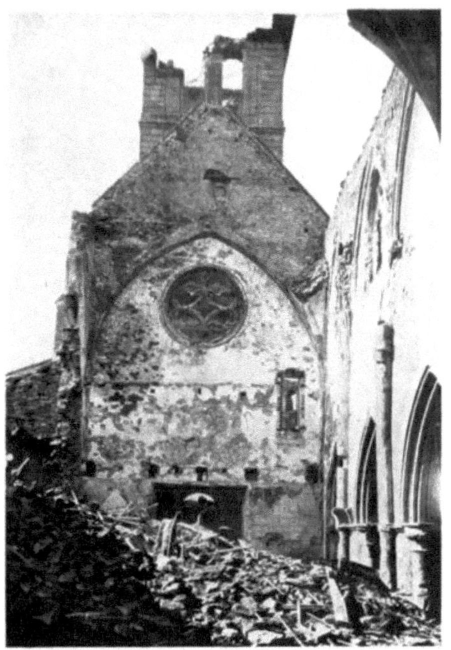

Etain. Die Kirche nach der Zerstörung durch die Franzosen,
im Sommer 1916

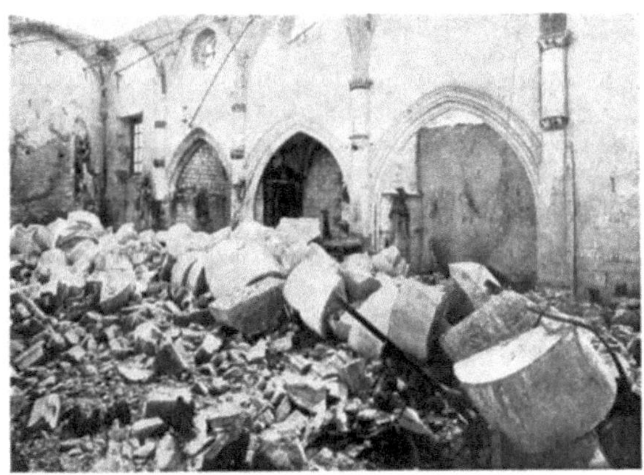

Huiron (Marne). Die Kirche im Mai 1915

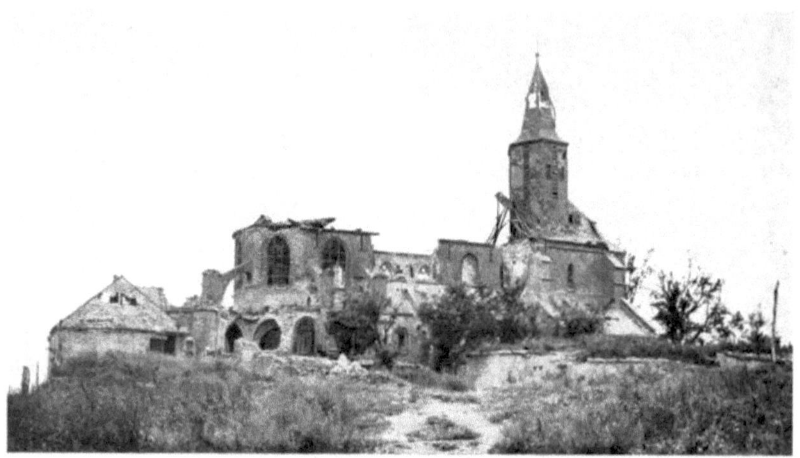

Montfaucon. Die Kirche im Sommer 1916. Der Bau ist bis auf den Chorstumpf durch die Franzosen völlig zerschossen

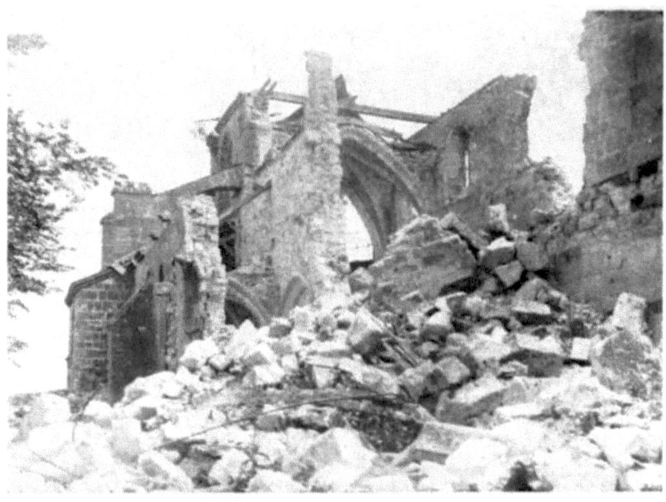

Montfaucon. Reste der Kirche, Sommer 1917.

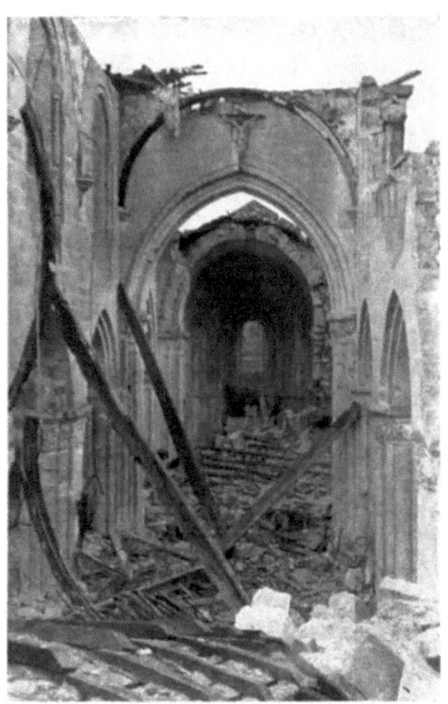

Urcel südlich Laon. Die Ruinen der Kirche im Frühjahr 1918

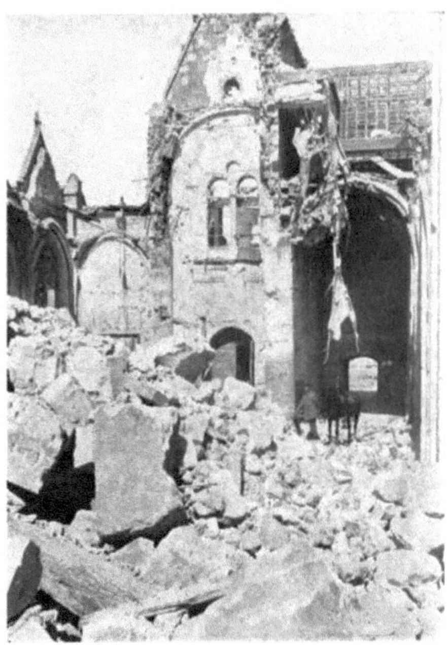

Roye. Innenansicht der Kirche St. Pierre im Frühjahr 1918

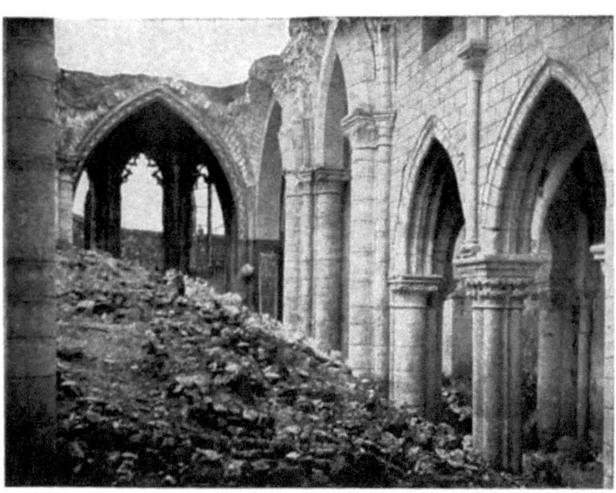

Cerny-les-Reims. Inneres der von der französischen Artillerie zerschossenen Kirche

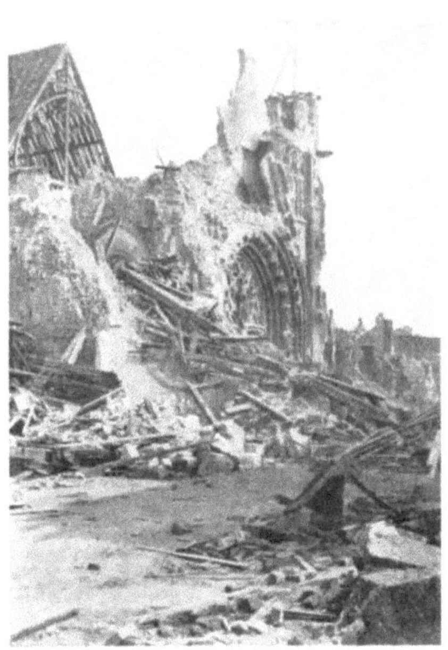

Montdidier. Kirche St. Sépulcre im Mai 1918

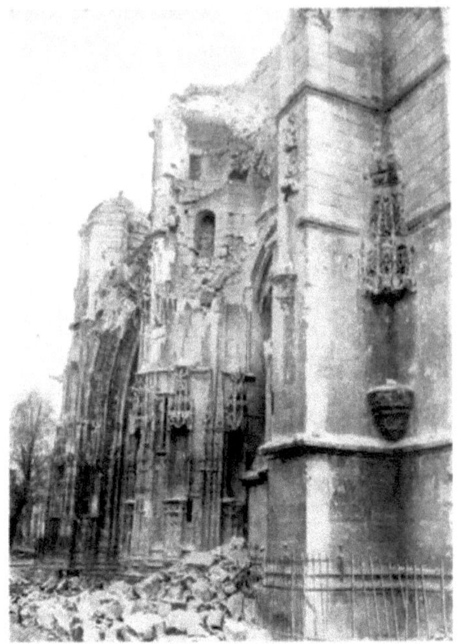

Montdidier. Kirche St. Pierre im Mai 1918

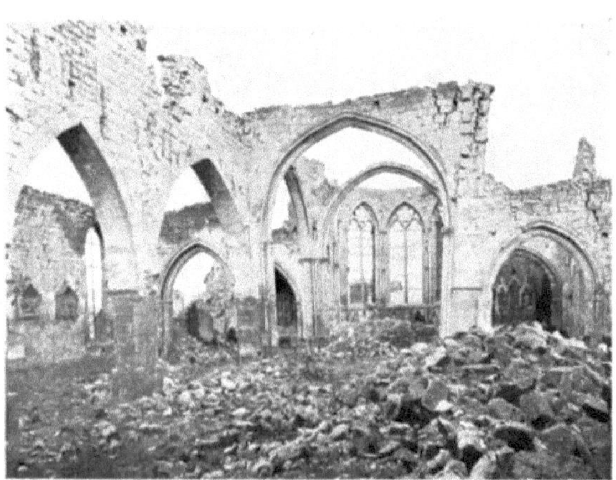

Varennes. Die von den Franzosen zerschossene Kirche

der graziöse, St. Pierre nachgebildete Portalbau ist eingestürzt, die flankierenden Ecktürme sind zusammengeschossen, die Renaissance- und Barockschätze des Inneren sind zerstört. Im Augenblick der Räumung war Montdidier nur noch ein einziges erschütterndes Trümmermeer, in das noch immer die feindlichen Granaten einfielen, die auch die letzten Reste auseinanderspritzen ließen[1].

Ein besonders schmerzliches Kapitel aus der Verlustliste französischer Monumente gilt den Schlössern und Herrensitzen, an denen dies ganze Gebiet so überreich war. Hier haben die Kämpfe südlich von Laon, das Ringen um den Damenweg, die Sommeschlachten und die Flandernschlachten große Zerstörungen gebracht. Das Unglück wollte es, daß dazu auch einige der historisch wichtigsten Stätten in das Festungsglacis vor der Siegfriedstellung fielen. Ob es unumgängliche Notwendigkeit war, alle diese Schlösser zu zerstören, müssen die militärischen Instanzen beantworten. Südlich von Laon ist Arrancy, der Sitz der Marquis von La Tour du Pin, lange sorgfältig geschont, vom Gegner zerschossen worden. Das stolze Schloß Pinon, der Sitz der Princesse de Poix, ist, nachdem fast die ganze Ausstattung in mühsamer wochenlanger Rettungsarbeit in Sicherheit nach dem einen unserer großen nordfranzösischen Depots verbracht worden war, in den Kämpfen um den Wald von Pinon von beiden Seiten schwer beschossen und zuletzt dann von der französischen Artillerie zerstört worden, schwer beschädigt ist auch das Schloß Anizy. Untergegangen ist die große Renaissanceanlage des Schlosses Nogent und das Schloß Caulaincourt, der Sitz der Grafen von Caulaincourt, die von Napoleon zu Herzögen zu Vicenza befördert waren, ebenso die stattlichen, erst vor einem Menschenalter entstandenen neuen Schlösser Havrincourt, der Sitz der Marquis von Havrincourt, und Folembray, das den Grafen Brigode gehörte. Das Schloß Bourlon vor Cambrai ist wieder erst bei dem Vordringen der Engländer von diesen zerstört worden, wie das malerische Schloß Rolincourt bei Angres südlich von Lens. Das Schloß Manancourt südlich Bapaume, der fürstliche Sitz der Marquis de Folleville und heute in Händen des alten Geschlechts Rohan-Chabot, ein Umbau des alten Barockschlosses von 1750, ist ebenso durch englische Granaten verwüstet, wie der in der Mitte des 18. Jahrhunderts entstandene Barockbau von Carlepont südlich Noyon durch die Franzosen. Durch die französische Artillerie auf das schwerste beschädigt ist auch der kapriziöse und allerliebste Spätrenaissancebau des Schlosses Tilloloy, das in seiner graziösen Gestalt und seiner delikaten Ausbildung ein Unikum darstellt. Aber das alles ist nur ein Ausschnitt. Was ist aus Thugny und aus Marchais geworden, die bei dem Rückgehen unserer Heere in die Front kamen, und wie sieht es in dem ganzen Gebiet nördlich der Aisnelinie aus? Das sind bange Fragen, die hier bei uns aufsteigen. Bei dem Schloß Coucy ist lange um die Erhaltung gekämpft worden. Die Vertreter der Denkmalpflege haben hier immer wieder für die Erhaltung plaidiert und die Armee, in deren Abschnitt das Schloß lag, war geneigt, dem zu entsprechen. Zuletzt aber, nachdem die höchste hierfür maßgebende Stelle auf dringliche Vorstellungen hin noch einmal selbst die bewunderte Burg zur letzten Prüfung besucht hatte, entschied der Umstand, daß der 55 m hohe Burgfried für den Feind ein allzu günstiger und für uns todbringender Aufstellungspunkt für einen Beobachtungsposten, zumal für einen Schallmeßtrupp sein würde; und vor diesen Erwägungen mußte die stolze Burg fallen. Ein harter Entschluß — und für uns eine bittere Wahrheit. Wenn freilich damals der Donjon gesprengt ward, so haben die deutschen Pioniere nur vollendet, was im Jahre 1652 Mazarin auf Befehl Ludwigs XIV. versucht hat, was ihm aber nur zum kleinsten Teil gelungen ist. Man darf fragen, wo in der Kriegsgeschichte sonst noch die Tatsache zu verzeichnen steht, daß in einem der kritischsten Momente des ganzen Krieges der Oberbefehlshaber eine umständliche Reise unternimmt, um festzustellen, ob ein feindliches Baudenkmal nicht geschont werden kann.

Nördlich von Montdidier stellt A l b e r t wieder ein Zentrum der Zerstörungen dar. Hier war der großartige Bau der Basilika von Notre-Dame de Brebières, das Lebenswerk des Architekten Edmund Duthoit, schon im Herbst 1914 schwer beschädigt. Die letzten Kämpfe haben dieses Werk der Ver-

1) Im „Figaro" vom 14. August 1918 bringt Roger-Miles einen erstaunlichen Artikel über Montdidier, voll von Trauer um die Zerstörung all dieser Schönheit und vor allem des Heiligtums von St. Pierre. Für die historische Tatsache, daß die Stadt durch die Artillerie der Entente zerstört ist, findet er die Formel: On a dit dans quel état de ruines intégrales les boches ont laissé Montdidier sous l'héroïque poussée des armées alliées!

nichtung vollendet und damit ist leider auch ein immerhin merkwürdiges Denkmal der modernen
Architektur und Kirchenkunst mit den Glasgemälden, den Mosaiken, den Marmorfiguren, wenn
auch einer etwas zurückgebliebenen Kunst, zugrunde gegangen.

Nach Norden schließt sich weiter das Gebiet der Schlachtfelder um Arras an. Den schmerzlichen Untergang der Stadt hatten schon die ersten Kriegsmonate besiegelt. Auch hier haben die
späteren Beschießungen nur vollendet, was die ersten begonnen. Wir haben mit tiefer Trauer von
unseren Stellungen unmittelbar vor der Stadt aus verfolgen müssen, wie die noch aufstehenden Häuser-
wellen immer mehr zusammensanken[1]. Die Stadt war Knotenpunkt aller Bahnen und Straßen, die
hier in spitzem Winkel zusammenliefen, für uns Zugang zu dem reichen Artois wie für unsere Gegner
Ausfallstor nach Douai und Cambrai hin. In dem Vorfelde liegen die aus den beiderseitigen Heeresberichten bekannten Orte Fontaine, Chérisy, Guemappe und andere. Bis nördlich Vimy sind fast
alle Ortschaften zerstört, Kirchen und Schlösser zerschossen. Bailleul mit seiner Kathedrale ist
noch zuletzt den Kämpfen des Jahres 1918 zum Opfer gefallen. Die Zone der Vernichtung, die hier
den englischen Granaten zu danken ist, findet ihre Fortsetzung in der Gegend um Lens. Langsam
hat die Zerstörung der Stadt und der industriellen Etablissements in der Umgebung durch die geg-
nerische Artillerie eingesetzt, bis sie zuletzt ganz konsequent zu Ende geführt worden ist. Das Bild
dieser weit ausgedehnten Industriestadt, die einst 35000 Einwohner umfaßte, mit ihren Vorstädten
zusammen 50000, ein Zentrum der Arbeit, das Herz der Terre noire, ist allmählich in kleine Brocken
zermahlen. Es war erschütternd, die Agonie der einst so reichen und belebten Stadt zu verfolgen:
ein Meer von Trümmern und von verstreuten Ziegelsteinen, zwischen denen groteske verbogene
Eisenkonstruktionen und Gestelle aufragen, ist übriggeblieben. Selbst der Friedhof ist zerstört, die
Grabmäler umgerissen, die Steine pulverisiert. Draußen weithin das absolute Nichts, das Schweigen.
Nicht nur Architektur und alles Menschenwerk ist vernichtet, selbst die Landschaft in ihrem alten
Aufbau hat scheinbar aufgehört. Hier lag einst das Dorf Souchez, von dem Henri Barbusse in seinem
Kriegsbuch „Das Feuer" wie in einem Gleichnis jenes Bild des Grauens gemalt hat, das fürchter-
lichste und ergreifendste Bild in diesem fürchterlichen Roman.

Noch einmal muß hier von der Kathedrale der Festung Reims die Rede sein. Und doch brauchte
man über die Ereignisse des September 1914 selbst kein Wort mehr zu verlieren. Der Fall ist für
die Welt längst festgelegt. Es war ein tragischer Unglücksfall, der damals den Brand des Daches
und des großen an der Westfront sich erhebenden Holzgerüstes und die dadurch verursachte schwere
Beschädigung des Statuenschmuckes des einen Portals dieser Front und seiner Nachbarschaft her-
vorrief. Über diese schmerzlichen Verluste und ihren tatsächlichen Umfang ist in den früheren Berichten eingehend gehandelt worden. Die Auffassung der deutschen Heeresleitung ist in der vom
preußischen Kriegsministerium herausgegebenen Broschüre „Die Beschießung der Kathedrale von
Reims" niedergelegt worden. Es darf als einwandfrei festgestellt gelten, daß auf dem nordwestlichen
Turm der Kathedrale sich Anlagen für einen Beobachtungsposten befunden haben, wie auch, daß
in nächster Nähe des Baues französische Truppen und französische Artillerie aufgestellt waren[2]. Die

---

1) Eingehend über die Zerstörung mit Abbildungen, die das Fortschreiten des Bombardements zeigen, Clemen,
Zustand der Kunstdenkmäler S. 19. — Reiches Bildmaterial in dem Heft Arras der Cités Meurtries (Paris,
Éclair 1915), in dem Band Arras sous les obus des abbé Foulon (Paris, Bloud et Gay, 1916) und bei A. Alexandre
p. 129, pl. 25—27. — Eine Zeichnung von André Ventre („Les nouveaux monuments historiques") in der Illustration vom 23. Februar 1918.

2) Kriegsministerium, Die Beschießung der Kathedrale von Reims. Berlin, bei Georg Reimer 1915. Es sei
hier auf die abgedruckten Dokumente, auf die übereinstimmenden Zeugnisse von Militärs, einer Krankenschwester,
eines Stabsarztes, eines Pfarrvikars verwiesen. Die wichtigsten Dokumente in den Ausführungen bei Clemen, Zustand der Kunstdenkmäler, S. 23ff. Das französische Material ausführlich bei A. Alexandre, p. 55ff., der den Fall
Reims eingehend behandelt. — Das zwingt dazu, das Unglück von Reims auch hier noch einmal zu wiederholen.

In letzter Stunde bringt die Revue des deux mondes vom 15. Januar 1919 einen Aufsatz von dem Bischof
von Dijon, Msgr. Landrieux, L'utilisation militaire de la cathédrale de Reims mit dem anmutenden Übertitel „un
mensonge allemand". Eine dankenswerte Kodifikation der französischen Auffassung. Aber mit welchen Argu-
menten arbeitet dieser Artikel! Er konstruiert einen Gegner, der behauptet habe, man habe aus der Kathedrale
eine Festung gemacht, Truppen darin placiert, Kanonen, Mitrailleusen, militärische Posten, Munitionsparks, Licht-

französische Heeresverwaltung hat auf die Rote-Kreuz-Flagge hingewiesen, die auf dem Turm geweht habe. Zur Begründung habe sie deutsche Verwundete und ausschließlich solche in deren Schutz bringen lassen. Es ist unverständlich, wie man sich auf diese Maßregeln als auf einen Schutz für das Bauwerk berufen kann. Das preußische Kriegsministerium spricht von einem ,,teuflischen und niederträchtigen Plan, der nur durch die Gemeinheit seiner Ausführung übertroffen worden ist''. Die Feststellung der Anlage für einen Beobachtungsposten auf dem einen Turm, die Notwendigkeit ihn zu vertreiben, haben jedenfalls den äußeren Anlaß für den unheilvollen Schuß auf die Kathedrale gebildet. Noch einmal möchte man hier für viele andere das Urteil eines sicher unverdächtigen Zeugen wiederholen: der ,,Times'' vom 22. September 1914: The bombardement of the cathedral was apparently provoked, in theory at all events, by the fact that the French had planted artillery within the city and replied to the enemy's guns with great vigor. Mr. Sidell (the correspondent) on leaving the cathedral saw at the head of the main street a park of French artillery with a strong rearguard of infantry behind it. The soldiers who were bivouacking in the streets were taking the shells as a matter of course. Daß der Fall Reims ein Unglück war für den Verteidiger und für den Angreifer, wer möchte das leugnen. Und auch hier muß alle Verantwortung für das, was geschehen ist, von den militärischen Autoritäten beider Parteien getragen werden. Die militärischen Erwägungen haben damals die Beschießung gefordert, die politischen Folgen sind jedenfalls unheilvolle gewesen.

In einer Eingabe, die der Vertreter der deutschen Denkmalpflege unter dem 30. März 1915 an die Oberste Heeresleitung gerichtet hatte, war ausgeführt: Die Trauer über die schwere Beschädigung und den teilweise unwiederbringlichen Untergang der kostbaren Skulpturen von Reims, der erlesensten Kunstschöpfungen, die die französische Gotik der Welt geschenkt hat, wird natürlich auch in Deutschland geteilt und voll Unruhe und Angst verfolgen hier die Kunstfreunde jede weitere Nachricht. Wir ermessen hier auch den ungeheuren Schaden, den die Ausnutzung der einfachen Tatsache der Beschiessung und die Entstellung und Übertreibung der Berichte unserer guten Sache im Ausland zugefügt hat. Die Freunde und Bewunderer der mittelalterlichen Kunst, die in der Krönungskirche Frankreichs mit Recht eines der kostbarsten Palladien nicht nur der französischen Nation sehen, hoffen, daß es möglich sein wird, im weiteren Verlauf der Beschießung den ehrwürdigen Bau zu schonen. Ich möchte bei aller Rücksicht auf die militärischen Erwägungen eindringlich bitten, die Tragweite der politischen Momente, die in der Frage Reims sich darbieten, nicht unterschätzen zu wollen. Diese Frage darf nicht nach den ausschließlichen Erwägungen der

signale, er führt als Zeugen für die préméditation cynique der Zerstörung die angeblichen Reden von deutschen Offizieren und Unteroffizieren an, die vorbeigehende Franzosen gehört haben wollen. Es gibt wohl keine schlechtere Gattung von Zeugnissen.

Da die Frage nach den unglücklichen und verhängnisvollen Einrichtungen auf dem Nordturm der Kathedrale noch einmal von A. Alexandre, von dem Mgr. Landrieux aufgerollt ist, so seien hier die unbestrittenen französischen Zeugnisse darüber zusammengestellt. Erst der Bischof von Dijon bringt uns die schätzbaren Details. Noch im August wurde eine Station für drahtlose Telegraphie auf dem Turm errichtet, dann ein Projecteur aufgestellt, der sich als zu schwach erwies und nur eine oder zwei Nächte funktionierte. Die Posten waren mit Feuerwerkskörpern ausgestattet, um Signale zu geben. Diese Einrichtung bestand noch im September, bis zu jener unheilvollen Beschießung. Es handelt sich um ein Gerüst, un échafaudage, um eine erhöhte Plattfrom (une estrade – l'estrade dépassa la tour, les hommes émergeaient de tout le buste). So Landrieux i. d. Revue des deux mondes 1919, p. 251. Und nun kommt ein unbequemes Eingeständnis: Il semble bien qu'au lendemain de la réoccupation de la ville par les troupes françaises, on ait songé à faire de l'observation du haut des jours, le 14 et le 15 septembre (!): en fait, dans la crainte précisément de compromettre le monument, on y renonça. In der Illustration vom 26. Sept. 1914 (p. 231) hat uns Ashmead Bartlett, der bekannte Kriegskorrespondent des Daily Telegraph, berichtet, daß am lendemain des 12. September, also am 13. September, die französischen Truppen installèrent un projecteur sur la basilique, mais l'enlevèrent presque aussitôt, après que les deux états-majors eurent convenu qu'elle ne servirait d'aucune façon aux opérations militaires. Der Abbé Thinot, der in der Illustration vom 10. Okt. 1914 (p. 270) diesen Bericht ergänzt, gibt an, daß der projecteur électrique nur eine einzige Nacht und zeitlich vor der Berührung mit dem Feinde funktioniert habe. Nun liegt auf der Hand, daß die beiden Berichte von zwei verschiedenen Vorgängen handeln, von zwei Installationen, die aus ganz verschiedenen Beweggründen wieder beseitigt wurden. Das Zeugnis von A. Bartlett, das mit unseren Beobachtungen sich deckt (warum spricht der Mgr. Landrieux nicht von diesem Artikel der Illustration?), bleibt unangetastet.

vor Reims kommandierenden Heerführer entschieden werden. Die Tatsache der Beschädigung der Kathedrale durch unser Artilleriefeuer stellt für uns eine schwere Belastung in politischer Beziehung dar . . .

Die französische Regierung hatte längst die berühmte voreilige Erklärung, die der Minister Delcassé im September 1914 in die Welt gesandt hatte, nach der die Basilika nur un monceau de ruines sei (un amas de décombres nannten sie die offiziellen französischen Telegramme vom selben Tage), richtig stellen müssen. Noch im Herbst 1917 hat der bekannte englische Kunsthistoriker Edmund Gosse, der die Kathedrale mit Unterstützung der französischen Behörden besichtigt hat, in der Fortnightly Review berichtet: „Es kann all denen, die die Kathedrale jetzt nicht gesehen haben, nicht deutlich genug gesagt werden, daß sie nicht eine Ruine ist, sondern einem zarten Kunstwerke gleicht, mit dem ungeschickte Kinder gespielt haben. Es ist leicht, Adjektive anzuhäufen und die Tragödie zu vergrößern, die an sich schon betrüblich genug ist. Die Kathedrale ist nicht, wie viele denken mögen, eine nach oben offene Ruine . . . Von der westlichen großen Rose sind die Fenster wohl zur guten Hälfte erhalten, ebenso wie die schönsten und ältesten der anderen Fenster, die, wenn überhaupt, wenig verletzt sind. Gerade die Fenster, die am meisten gelitten haben, waren geschmacklose, moderne Arbeiten."

Viel mehr Sorgen als die Streuung der deutschen Geschosse hat den französischen Fachleuten in Frankreich der Zustand der Gewölbe der Kathedrale gemacht, die vier Kriegswinter hinter einander ohne Schutz von oben dastanden. Vergeblich haben die französischen Zeitungen und Kunstzeitschriften hierüber Klage geführt, vergeblich haben noch im November 1916 in der französischen Kammer die Abgeordneten Gaston Colpain, de Cernier und de Dion erklärt, wenn man nicht das Gewölbe durch ein Notdach schütze, sei zu befürchten, daß der Frost das Gewölbe sprengen und seinen allgemeinen Zusammenbruch nach sich ziehen würde[1]. Der „Temps" hatte unter dem 10. Januar 1917 diese Klage wieder aufgenommen und eine Unterredung mit Herrn Dalimier, dem Unterstaatssekretär der schönen Künste, gebracht. Herr Dalimier gibt zu: „Es ist wahr, daß wir bis heute zu keiner Arbeit der Überdachung oder der Sicherung der Gewölbe von Reims übergegangen sind. Wir können

---

[1] Über die Gefährdung der Kathedrale durch die Witterung haben die französischen Zeitungen und Zeitschriften zumal im Winter 1916 auf 1917 Klage geführt. Das „Echo de Paris" berichtet am 10. Januar 1917 (nach dem „Courrier de Champagne" vom 8. Januar): Les ravages de l'inondation succèdent à ceux de l'incendie. Es ist von Wichtigkeit, den Wortlaut der Erklärung des Unterstaatssekretärs Dalimier festzuhalten („Temps" vom 13. Januar 1918): Il est parfaitement vrai, que nous n'ayons procédé jusqu'ici à aucun travail de couverture et de consolidation des voûtes de Reims . . . Mais nous ne pouvions le faire sans une entente préalable avec les services de la guerre, et ceux-ci nous ont priés de n'en rien faire . . A plusieurs reprises, nous avons renouvelé notre demande. On nous a répondu que, la situation n'ayant pas changé, les conclusions restaient identiques. Vgl. den offiziellen Bericht im Deutschen Nachrichtendienst vom 5. Juli 1917 Nr. 240 und in den Deutschen Kriegsnachrichten vom 19. März 1917, Nr. 57. — Man kann nicht sagen, daß die französischen Gelehrten und Kunstfreunde sehr glimpflich mit ihrer eigenen Kunstverwaltung umspringen. Man höre Joseph Péladan, der doch Anspruch darauf erheben konnte, hier gehört zu werden — war er ungerecht? — In seinem Buche L'art et la guerre hat er unter dem Titel: Veut-on sauver les statues de Reims? der Reimser Frage ein ganzes Kapitel gewidmet. „Or, la commission des monuments historiques partage l'avis de la municipalité de Reims, que tout périsse plutôt que de courir les ennuis inhérents à une tentative de sauvetage." — Péladan, L'art et la guerre, p. 345.
„Décrire et vanter ces débris semble moins important que de rappeler au visiteur que Notre Dame de Reims est sous la menace perpétuelle de l'anéantissement. Elle y est depuis le 19 septembre 1914. On n'a pas dit que personne fût frappé d'insomnie, dans l'administration, pour ce motif." — Péladan, L'art et la guerre, p. 185.
„Quand les statues de Reims ne seront plus que des gravats informes, on dira vandalisme ou germanisme! Soit! Comment appellerons-nous le fait de laisser comme cibles à l'ennemi, les trésors les plus rares?" — Péladan, L'art et la guerre, p. 348.
„Chez aucun autre peuple, des dignitaires, des fonctionnaires, des stipendiés feraient-ils pareillement litière de leur devoir? Les statues de Reims mourront, et personne en France ne sera déshonoré. Il n'y aura que du ridicule pour le bizarre Cazotte, qui a eu l'impertinente idée de prophétiser le désastre, et qui du reste n'a pu le faire qu'à la Revue bleue, à la Revue hebdomadaire et à la Nouvelle Revue, les autres papiers français étant beaucoup trop sérieux pour ouvrir leurs colonnes à une matière aussi dénuée de véritable intérêt que le statuaire du treizième siècle." — Péladan, L'art et la guerre, p. 356/357. Jesters do oft prove prophets heißt es im König Lear.

hier nichts unternehmen, ohne die vorherige Einigung mit den militärischen Behörden, und diese haben uns gebeten, nichts hierin zu tun. Irgendwelche Arbeiten auf dem Dach würden den Vorwurf ergeben, daß dort Beobachtungsposten ständen und das Resultat würde eine neue Beschießung sein." Herr Dalimier schließt dann: „Zu wiederholten Malen haben wir unsere Bitte erneuert. Man hat uns erwidert, daß, da die Lage sich nicht geändert habe, die Folgerungen dieselben blieben. So ist es gekommen, daß wir die Vorbereitungen für die Notverdachung, die seit 1914 gefordert ward, unbenutzt gelassen haben." Diese von den französischen Behörden abgegebene Erklärung für ihr ablehnendes Verhalten war unzutreffend in dem, was sich auf das Verhältnis zum Gegner bezog. Die deutsche Regierung hat zu wiederholten Malen ausdrücklich erklärt, daß sie die Kathedrale zu schonen beabsichtige, und über die Aufbringung eines Notdaches wäre schon im Herbst 1914 eine Verhandlung und Verständigung möglich gewesen, so gut wie zwei Jahre später. Die Mitteilung über den Zweck der auf dem Dache der Kathedrale vorzunehmenden Arbeiten, wie sie 1916 vorgesehen worden war, hätte schon vorher gegeben werden können. Daß die Kathedrale überhaupt in ihrem architektonischen Gerüst erhalten geblieben ist, während sonst die Stadt sich immer mehr in ein Trümmermeer verwandelte, beweist doch nur die von unserer Heeresleitung geübte Schonung.

Im Winter 1916 hat noch einmal eine denkwürdige Bemühung zugunsten der Kathedrale von hoher Stelle eingesetzt. Kein Geringerer als der Papst Benedikt XV. als die höchste zur Wahrung der Interessen der kirchlichen Denkmäler berufene Stelle, der schon vor zwei Jahren für den gefährdeten Bau seine Stimme erhoben hatte, hat auf Veranlassung der französischen Regierung am 16. Oktober 1916 in einem Handschreiben an den deutschen Kaiser ausdrücklich um die Zusicherung der deutschen Heeresleitung gebeten, die notwendig gebotene Aufbringung eines Notdaches nicht durch Artilleriefeuer zu gefährden. Schon unter dem 11. November 1916 hatte daraufhin die deutsche Oberste Heeresleitung erklärt, sie habe keine Bedenken, der Anregung des Papstes Folge zu geben. Sie verlangte nur die selbstverständliche Garantie (solche Garantien hatte der Papst im übrigen selbst angeboten), daß während der vertraglich festzulegenden Zeit der Arbeiten an der Kathedrale alle Veranlassung für eine das Bauwerk gefährdende Beschießung von Reims ausscheiden sollte. Durch die gestellten Bedingungen sollte jeder Anstoß für ein Vergeltungsfeuer mit allen Weiterungen, die sich daraus ergeben könnten, während der Restaurationsarbeiten grundsätzlich ausgeschlossen bleiben, und diese Bedingungen sind dem Papst unter dem 7. Dezember 1916 in einem überaus entgegenkommenden Schreiben des Kaisers mitgeteilt worden, in dem dieser erneut in voller Würdigung des hohen Kulturwertes des Bauwerks betont, wie gern er zu einer Einigung über Maßregeln zur Erhaltung dieser Kathedrale, eines der schönsten Tempel der ganzen Christenheit, die Hand reichen werde. Die beiden Aktenstücke sind so wichtig, daß sie hier mit Genehmigung des Auswärtigen Amtes und nach der ausdrücklich erteilten Zustimmung des Papstes zum Abdruck kommen.

Der Papst an den Kaiser.

Rom, 16. Oktober 1916.

Majestät,

um gewichtiger Gründe willen, die Eure Majestät vollkommen verstehen wird, beschäftigen Wir Uns immer lebhafter mit dem Schicksal der hochberühmten Kathedrale von Reims, über die Uns unablässig Nachrichten zukommen, die immer schmerzlicher und beunruhigender lauten.

In der Tat wird Uns von verschiedenen Seiten berichtet, daß dieses ehrwürdige Denkmal der Religion und der Kunst durch die Regengüsse stark beschädigt wird; denn die entblößten Gewölbe sind sehr zersetzt und alles Wasser, das fällt, geht mit Naturnotwendigkeit durch sie hindurch und führt schließlich zu ihrer Auflösung.

Dies alles ist das unvermeidliche Ergebnis davon, daß die Kathedrale während zweier Winter allen Unbilden der Witterung ausgesetzt bleiben mußte und läßt leider die Befürchtung nur zu begründet erscheinen, daß ein dritter Winter, während dessen das Gebäude weiterhin in seinem gegenwärtigen Zustande belassen würde, d. h. ohne daß es möglich wäre, die wichtigsten Schutz-arbeiten auszuführen, diese Schädigung zur Katastrophe gestalten würde.

Infolgedessen treibt Uns die Befürchtung eines so großen Schadens beim Nahen dieses neuen Winters dazu, die schnellsten und wirksamsten Mittel herbeizuwünschen und nach Maßgabe dessen, was die gegenwärtige Lage fordert, ausfindig zu machen, um zu ermöglichen, daß diese Arbeiten ohne irgendwelche Verzögerungen ausgeführt werden können.

Wir wenden Uns deshalb an Eure Majestät und Wir bitten sie, sie wolle dem Heiligen Stuhl die Zusicherung geben, daß die Kaiserlich Deutsche Armee während der gedachten Arbeiten keine neue Beschießung der Kathedrale von Reims unternehmen wird.

Es ist im übrigen ganz klar, daß Eure Majestät eine solche Zusicherung nicht würde geben können, ohne anderseits die Garantie zu erhalten, daß nur Zivilarbeiter bei dieser Arbeit be-schäftigt werden und daß keine Militärperson Zutritt zur Kathedrale erhält. Es versteht sich deshalb ohne weiteres, daß der Heilige Stuhl, wenn Eure Majestät die Gefälligkeit hat, ihm gegen-über diese bedingte Verpflichtung zu übernehmen, sich beeilen wird, sich an die französische Regierung zu wenden, um von ihr die oben bezeichnete Garantie zu erwirken, die, wie Wir zu-versichtlich hoffen, ohne Schwierigkeit gegeben werden und so beschaffen sein wird, daß sie jedem berechtigten Verlangen Eurer Majestät und Ihrer Kaiserlichen Regierung entsprechen wird.

Im vollen Vertrauen auf die großherzigen Gefühle, die Eurer Majestät zur Ehre gereichen, und indem wir uns im Voraus zum Dolmetscher des unermeßlichen Beifalls machen, den eine so edle Handlung notwendig bei allen denen ernten wird, welchen die Pflege von Religion und Kunst am Herzen liegt, danken Wir Eurer Majestät schon jetzt für alle Entschlüsse, die sie in bezug auf die Frage, um die es sich handelt, zu treffen geruhen wird, und Wir bitten gern den Herrn, er möge Eure Majestät mit allen Gaben des Glücks überschütten sowohl in Ihrer erhabenen Person wie in allen Gliedern Ihres Hauses, und er möge Eure Majestät noch lange erhalten zum Wohl Ihrer Untertanen.

Rom, in Unserm Vatikanischen Palast, den 16. Oktober 1916.

Benedictus pp. XV.

Der Kaiser an den Papst.

Gr. Hauptquartier, den 7. Dezember 1916.

Seine Eminenz der Kardinal Hartmann hat Mir ein Schreiben Eurer Heiligkeit vom 16. Ok-tober überreicht, in dem Euere Heiligkeit die Güte hatten, Ihr warmes Interesse an der Erhaltung der Kathedrale von Reims zum Ausdruck zu bringen, und gleichzeitig den Abschluß einer Ver-einbarung mit der französischen Regierung anzuregen, die es ermöglichen würde, an der Kirche dringend gewordene Wiederherstellungsarbeiten zum Schutz gegen die Unbilden der Witterung vorzunehmen. Euere Heiligkeit bitte Ich, überzeugt zu sein, daß Ich das Interesse an der Kathe-drale vollkommen teile und daß der angeregte Gedanke bei Mir volle und aufrichtige Würdigung findet. Ich habe es stets tief beklagt, daß Mein Bestreben, die ehrwürdigen Stätten der Religion und die Denkmäler der Kunst, die Ich als das Gemeingut der Menschheit betrachte, vor den Schrecknissen des Krieges zu bewahren, nicht immer von Erfolg gekrönt gewesen ist und daß verhängnisvolle Umstände dies Bestreben nicht haben zur Geltung kommen lassen. Ich habe dies auch vor allem beklagt wegen der Kathedrale von Reims, eines der schönsten Heiligtümer, welche die Christenheit besitzt, die infolge der militärischen Maßnahmen unserer Gegner in Mit-leidenschaft gezogen worden ist. Euere Heiligkeit mögen überzeugt sein, daß es Mir große Be-friedigung gewähren würde, die edlen und großherzigen Absichten verwirklicht zu sehen, die Euere Heiligkeit dazu geführt haben, den oben genannten Vorschlag zu machen; in diesem Sinne habe Ich die notwendigen Anweisungen ergehen lassen, daß der Vorschlag Euerer Heilig-keit mit dem größtmöglichen Entgegenkommen geprüft werde. Allerdings gibt es Gründe mili-tärischer Art, die den Rücksichten, die Wir gern zu nehmen gewillt sind, gewisse Grenzen ziehen, aber Ich darf hoffen, daß die Vorschläge, die in der Anlage enthalten sind und eine befriedigende Lösung der Frage erstreben, eine Grundlage für die durch die geneigte Vermittlung Euerer Heiligkeit herbeizuführende Vereinbarung mit der französischen Regierung abgeben.

Ich benutze die Gelegenheit, um Euerer Heiligkeit die Gesinnungen vollkommener Hochachtung und aufrichtiger Freundschaft zu erneuern.

Wilhelm I. R.

Die Deutsche Regierung erklärt sich vollkommen bereit, die Gewähr für die ungestörte Durchführung der von Seiner Heiligkeit dem Papst gewünschten Wiederherstellungsarbeiten an der Kathedrale von Reims zu bieten. Jedoch müßte eine formelle und bindende Erklärung von der Annahme der nachstehenden, durch die militärischen Erfordernisse gebotenen Voraussetzungen abhängig gemacht werden.

Es folgen die militärischen Bedingungen, die das oben gekennzeichnete Ziel verbürgen sollen[1].

Man darf annehmen, daß der Vatikan die Antwort sofort an die französische Regierung weitergegeben hat. Aber was ist geschehen? Vergeblich haben die deutsche Regierung und die deutsche Oberste Heeresleitung auf eine Rückäußerung und auf bestimmte Vorschläge, auf Mitteilung der Termine für diesen zugesagten beschränkten Waffenstillstand gewartet. Die französische Regierung hat den ganzen nächsten Winter völlig unbenutzt verfließen lassen. Bei sorgfältiger Vorbereitung der Arbeiten (und nach der Angabe des zuständigen französischen Unterstaatssekretärs Dalimier waren diese schon seit 1914 getroffen) wäre es möglich gewesen, die Dächer in der kürzesten Zeit von ein paar Wochen aufzuschlagen. Nichts von alledem. Man kann sich vorstellen, welche Schäden gerade der harte Winter 1916 mit der ein Vierteljahr anhaltenden unerhörten Kälte, mit der Durchnässung und Ausfrierung der Gewölbe hat hervorrufen müssen. Die französischen Stimmen verschweigen bei ihren Klagen, daß es damals in der Hand ihrer Regierung lag, diese Sicherungsarbeiten auszuführen und daß die Durchführung der Arbeiten lediglich an der Weigerung der französischen militärischen Behörden gescheitert ist. Das „Journal des Débats" hat sich gegen diese Auffassung gewandt und betont, ein Notdach hätte bei einer erneuten Beschießung nur eine neue Gefahr für den Bau dargestellt. Das ist doch nur bedingt richtig. Wie bei der Kathedrale von Soissons hätte ein Notdach selbst eine lange Beschießung überdauern können. Die französische Heeresleitung, die ohne alle Rücksicht auf die unvergleichlichen hier auf dem Spiele stehenden künstlerischen Werte Reims zum Ausfallstor für die große Offensive des Frühjahrs 1917 und zum Hauptstützpunkt bei den damals bevorstehenden Artilleriekämpfen der Champagneschlacht gewählt hatte, wollte anscheinend in der Durchführung dieses Planes durch keine andere Rücksicht gestört werden. Die Tatsache, daß aus der nun mit französischen Batterien förmlich gespickten Stadt jener ungeheuerliche Artillerieangriff auf die benachbarten Höhen eingesetzt ward, zwang natürlich die deutsche Heeresleitung, als Antwort ihr Vernichtungsfeuer auf die Stadt zu legen.

Es sind dann im Winter 1917 auf 1918, nachdem man seltsamerweise solange trotz des Drängens der Kunstfreunde damit gezögert, in der Erwartung der schweren Kämpfe um die Stadt, die die Regierung als eine unabwendbare Notwendigkeit voraussah, umfassende Bergungsarbeiten im Museum von Reims wie in der Kathedrale und den übrigen Kirchen unternommen worden. Wenn der berühmte romanische Kandelaberfuß in St. Remi, neben dem der Kathedrale von Mailand und den Kämmen der rheinischen Prachttumben die künstlerisch und technisch glänzendste Schöpfung dieser Art, bei einem Brand des Museums zu Reims wirklich zugrunde gegangen ist, so erscheint die Sorglosigkeit unbegreiflich, mit der man hier wie in Arras die Schätze des Museums ruhig in der Feuerlinie gelassen hatte, nachdem doch schon im Herbst 1914 das Museum einen ersten Zufalls-

---

1) Im April 1918 haben französische Blätter (Le petit Journal vom 25. April) gemeldet, daß der Kardinal Luçon einen Brief von Rom erhalten habe, in dem der Papst erneut sein besonderes Interesse an der Erhaltung der Kathedrale betont. Die Geschichte dieser Verhandlungen bei Clemen, St. Quentin und Reims: Kölnische Zeitung 1917, Nr. 761 und 764 und in dem Stenographischen Bericht des 13. Tages für Denkmalpflege, Augsburg 1917, S. 57.

7*

treffer und damit eine Mahnung erhalten hatte[1]. Wenn, wie die „Illustration" vom 4. Mai 1918 berichtet, bei dem Bombardement vom 3. Mai 1917 das Hôtel de ville mit der Bibliothek verbrannt ist, so begreift man wieder nicht, warum in den mehr als zweieinhalb Jahren diese Bibliothek nicht in Sicherheit gebracht war. Ebenso erstaunlich ist die Tatsache, daß noch im Mai 1915 im Museum zu Arras nach den von französischen Zeitschriften veröffentlichten Photographien weder Skulpturen noch Gemälde abgeräumt waren. Der „Éclair" vom 25. April 1918 betont, daß alle diese Arbeiten in Reims nur viel zu spät ausgeführt worden seien. Was die Administration des Beaux-Arts während vierzig Monaten vernachlässigt hat, habe ein einfacher Artilleriekapitän fertiggebracht.

Nach dem „Temps" vom 25. April 1918 sind jetzt in emsiger Arbeit von fünf Monaten die Bestände des Museums abgeführt, die alten Gemälde wie die Werke der modernen Kunst, die Collection Gérard ebenso wie die beweglichen älteren Denkmäler aus der Kathedrale, die Glasgemälde, die Tür unter der großen Orgel, die Tür der alten Sakristei, die hölzerne Uhr, aus St. Remi die Muttergottes vom Südportal, die Statuen des 15. Jahrhunderts, die Schränke in der Sakristei, die Chorstühle aus St. Jacques, die Glasgemälde des 16. Jahrhunderts. Von der Maison des musiciens sind die Figuren heruntergenommen und abgeführt. Die Bibliothek der Jesuiten im Hospitalmuseum und der Besitz einer Reihe von öffentlichen Körperschaften ist abgeführt. Das Denkmal Ludwigs XV., die Kopie des Originals von Pigalle, das die französische Revolution zerstört, ist durch Sandsäcke geschützt, das entzückende Reiterbild der Jeanne d'Arc von Dubois auf dem Parvis der Kathedrale ist jetzt endlich in Sicherheit gebracht worden[2].

Im Frühjahr 1918 hat eine neue, noch heftigere Kampftätigkeit um die Festung Reims eingesetzt. Schon unter dem 11. März 1918 hat der deutsche Heeresbericht bemerkt, daß auf der Kathedrale vom Reims in den letzten Tagen ein optischer Beobachtungsposten festgestellt worden sei. Der Erzbischof von Reims, der Kardinal Luçon, hat dagegen erneut protestiert: Was die Deutschen hätten beobachten können, seien notwendige Restaurationen und Sicherungsarbeiten gewesen, die unternommen seien pour donner satisfaction à l'opinion publique, und die französischen Zeitschriften haben Abbildungen dieser Arbeiten gebracht[3]. Noch im März hat der Schweizer Oberst Feyler dann die Kathedrale besichtigt und darüber im „Journal de Génève" berichtet (abgedruckt im „Temps" vom 6. April 1918). Er bringt ein Interview mit dem Erzbischof von Reims und bestätigt im übrigen die Vornahme jener Restaurationsarbeiten. Jene Erklärung des Kardinals Luçon lautet: Il n'y a point, et il n'y a jamais eu, postérieurement à l'entrée des Allemands à Reims, 4. septembre 1918, de poste d'observation optique ou de radiotélégraphie, ni aucune installation à usage militaire sur la cathédrale. Eine ähnliche Erklärung hatte schon am 7. November 1915 im „Temps" der damalige Generalvikar Landrieux veröffentlicht, der auch in Abrede stellt, daß jemals irgendwelche Truppen

---

1) So berichtet Marcel Magne in der „Revue bleue" vom 9. September 1916, p. 532. Der Saal der modernen Gemälde im Museum mit den Schäden, die die erste Beschießung hergerichtet, abgebildet Clemen, Der Zustand der Kunstdenkmäler, S. 35.

2) Dazu möchte man die erstaunliche Tatsache anmerken, daß die Rouener Zeitung in ihren Nummern 1092 und 1093 vom Jahre 1916 echte alte Verglasung aus der Kathedrale von Reims auf französisch und englisch zum Kauf anbietet; die Pariser Fachzeitschrift L'Oeuvre hat sich deswegen mit einer entrüsteten Anfrage an den Unterstaatssekretär der schönen Künste gewandt (nach dem „Nouvelliste de Genève" vom 20. Januar 1916). Das Journal de Rouen enthielt folgende Anzeige:

<table>
<tr><td>A vendre Vitraux authentiques de la Cathédrale de Reims ainsi que Bagues de Tranchées avec vitreaux. —
    S'adresser rue Ambroix, —
Fleury, rez de chaussée.</td><td>To be sold Authentic Stained-Glass windows of Rheims' Cathedral and Warrings with stained-glass windows.
    To address à rue Ambroix, —
Fleury, Ground Floor.</td></tr>
</table>

Das Gegenstück hierzu bringt die „New York Times" vom 9. November 1916, die berichtet, daß der Engelskopf von der Kathedrale von Reims von einer New Yorker Antiquitätenfirma „mit allen Beweisen für die Echtheit" verkauft sei an einen Herrn aus Wilmington, Del., Geschäftsinhaber einer großen Munitionsfabrik, und daß noch andere Reliquien desselben Ursprungs dort ausgeboten seien („Frankfurter Zeitung" vom 29. Novemb. 1915).

3) „Journal des Débats" vom 15. März 1918. Das hat in einem Aufsatz im „Echo de Paris" vom 29. März 1918 René Bazin de l'Académie Française bestätigt.

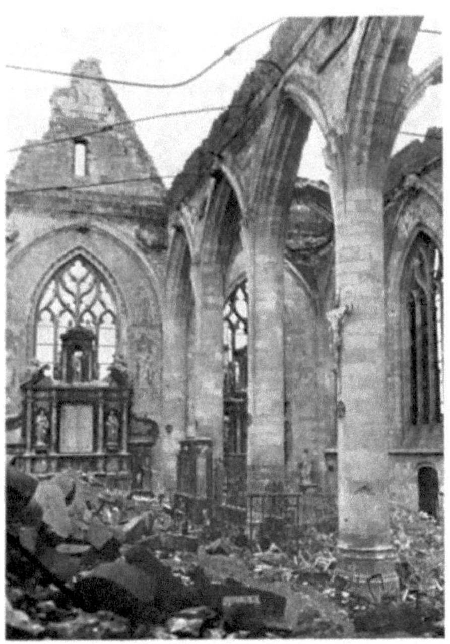

Péronne. Innenansicht der Kathedrale St. Jean im Frühjahr 1917

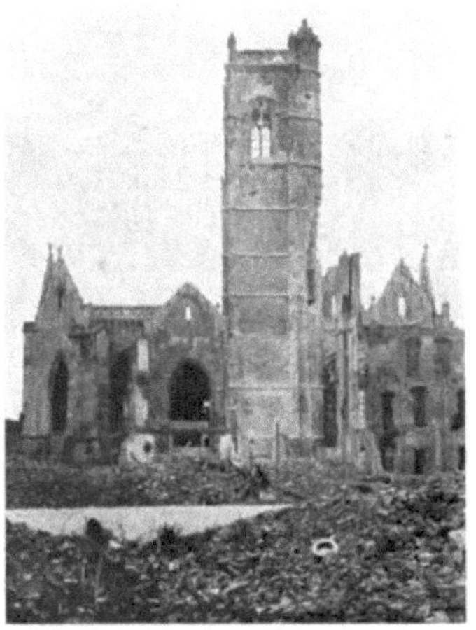

Péronne. Die Kathedrale St. Jean im Sommer 1916

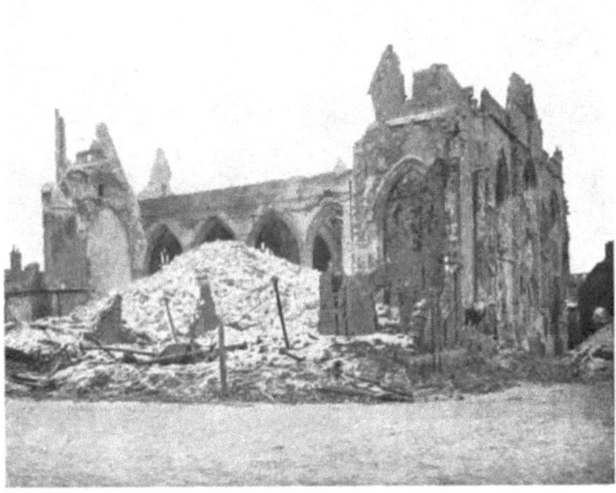

Péronne. Die Kathedrale St. Jean im Frühjahr 1917

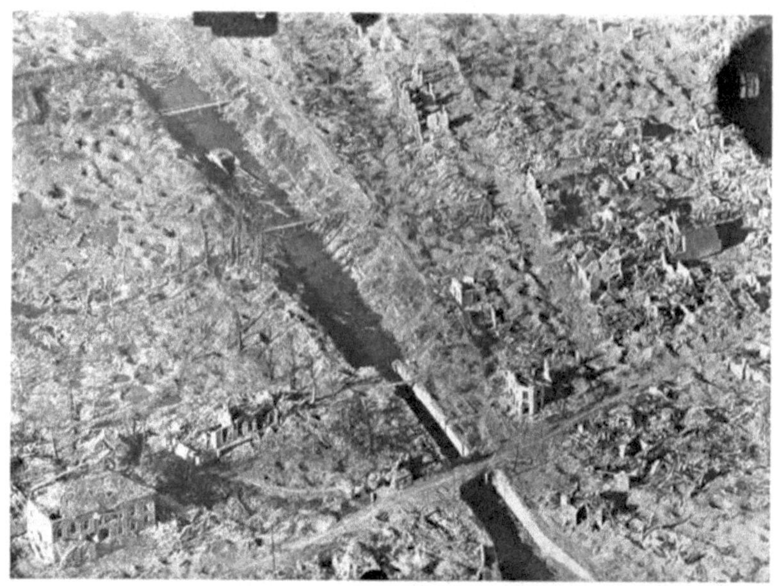

Lens im Frühjahr 1918, nach der völligen Zerstörung durch die Engländer

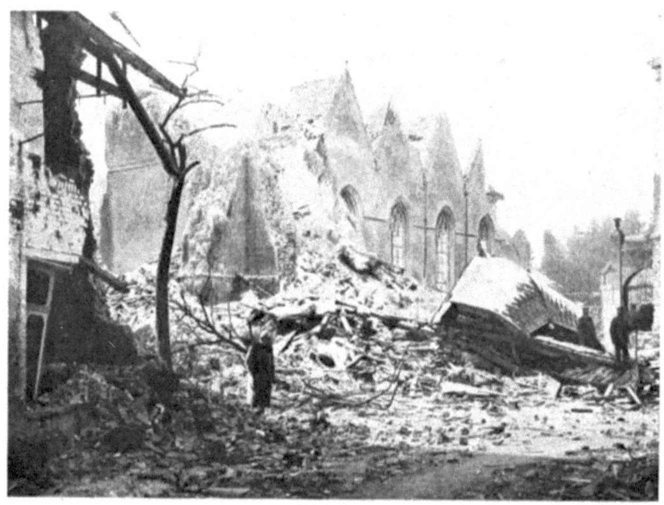

Bapaume. Blick auf die Kirche nach der Beschießung durch die Franzosen im Februar 1917

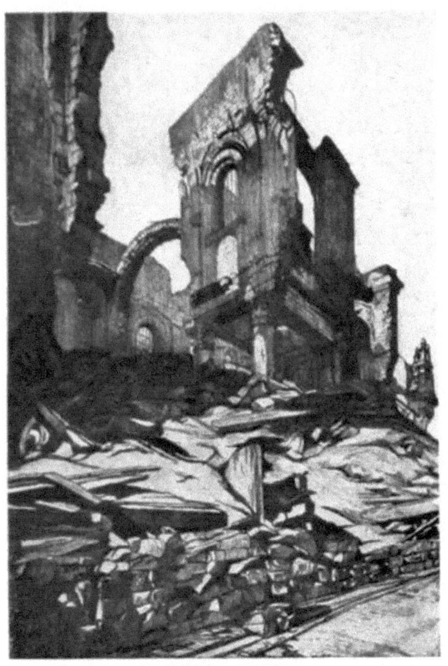

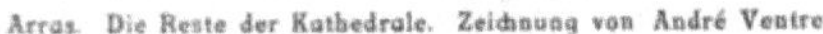

Arras. Die Reste der Kathedrale. Zeichnung von André Ventre

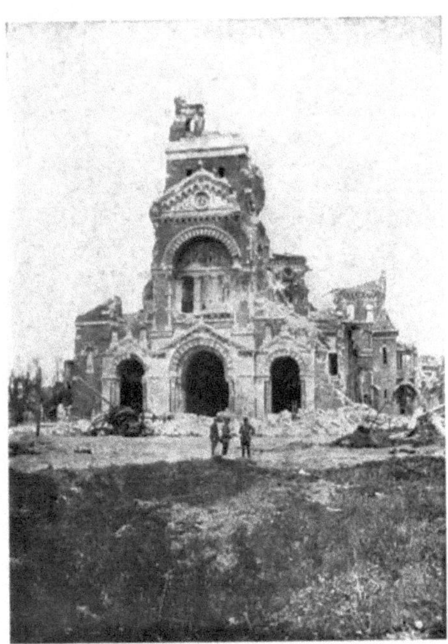

Albert. Die Kathedrale im Mai 1918

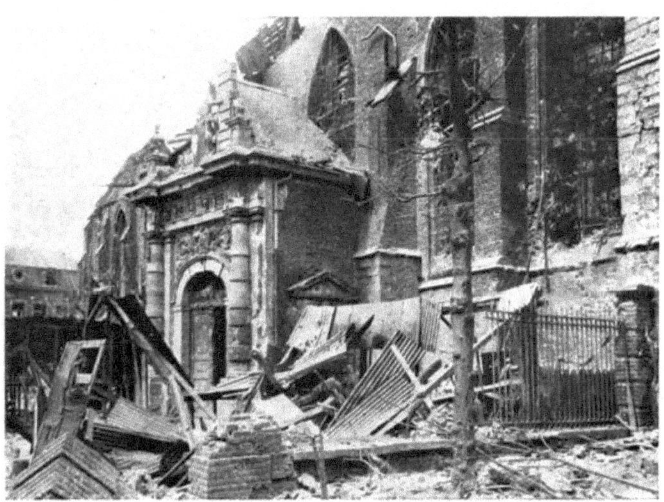

Bailleul. Nordseite der Kathedrale

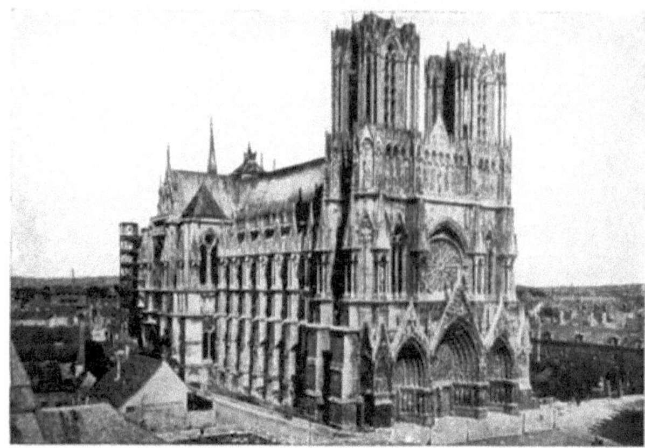

Reims. Kathedrale vor dem Brande
im September 1914

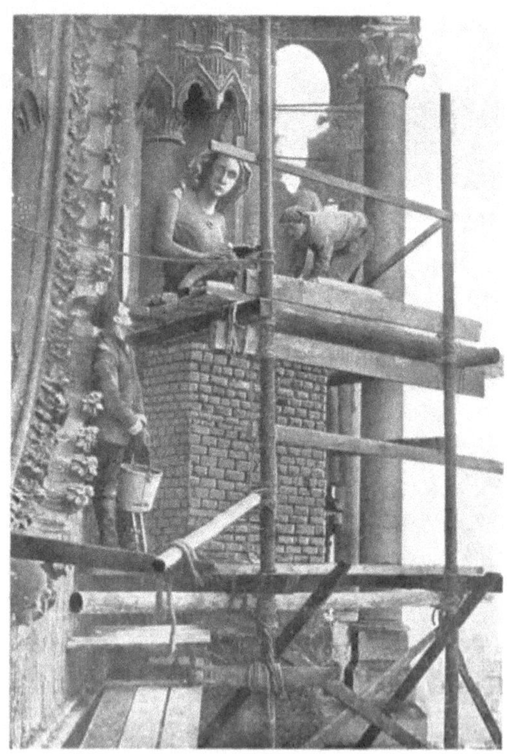

Sicherungsarbeiten an dem nördlichen Querschiff
der Kathedrale von Reims.
(Nach der Illustration vom 23. März 1918)

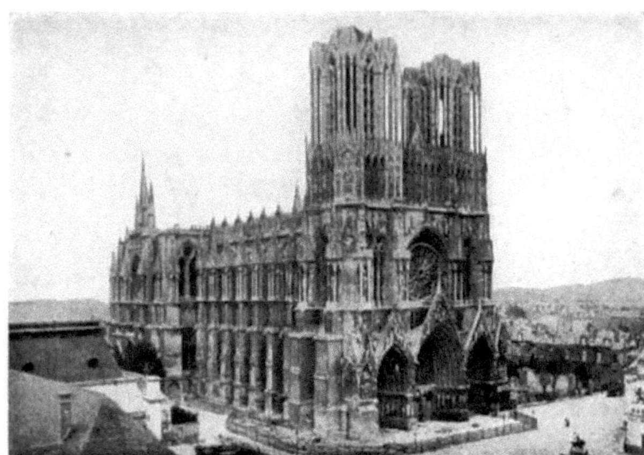

Reims. Kathedrale nach dem Brande. — Die Gegenüberstellung zeigt, daß auch nach dem Dachbrande das ganze architektonische Gerüst erhalten ist, und daß die Kathedrale keineswegs ein „Trümmerhaufen" ist.

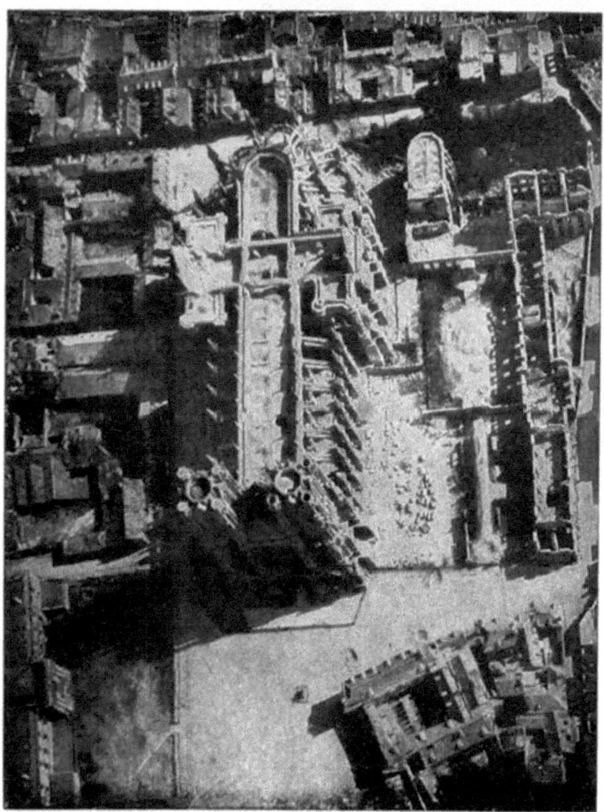

Reims. Die Kathedrale aus der Vogelperspektive.- Diese französische Fliegeraufnahme aus dem Sommer 1917 zeigt deutlich, daß auch damals noch das Bauwerk aufrecht stand und daß die Gewölbe erhalten waren.

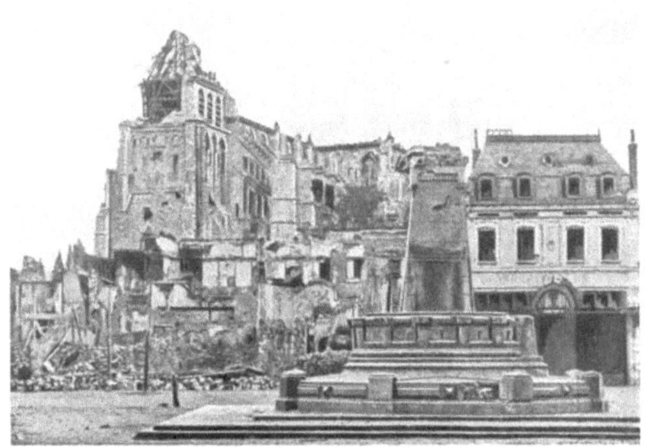

St. Quentin   Blick auf die Kathedrale im Oktober 1918

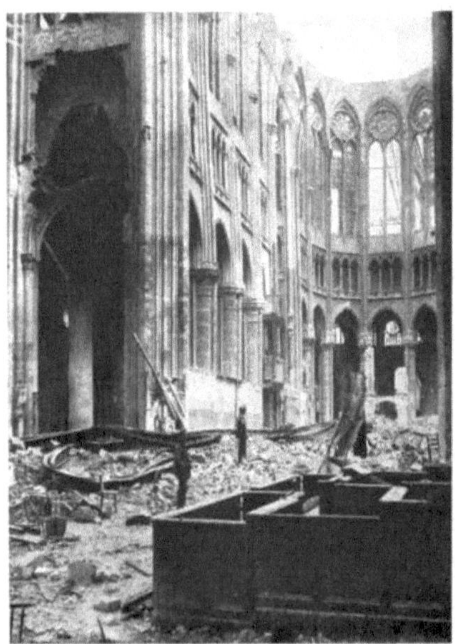

St. Quentin. Blick in den Chor und das nördliche Querschiff
der Kathedrale im Frühjahr 1918

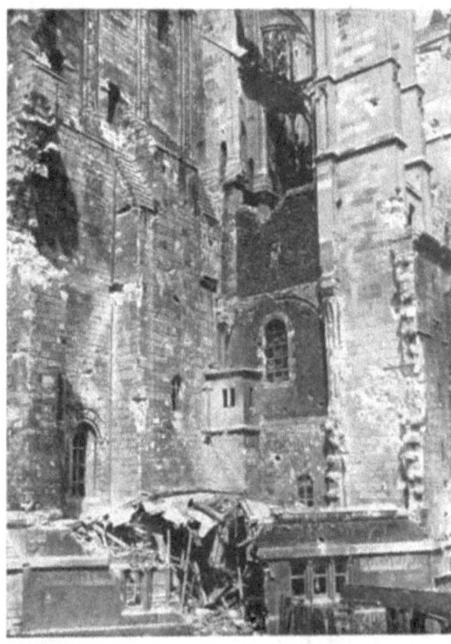

St. Quentin. Südseite des Westturmes der Kathedrale
im Herbst 1917

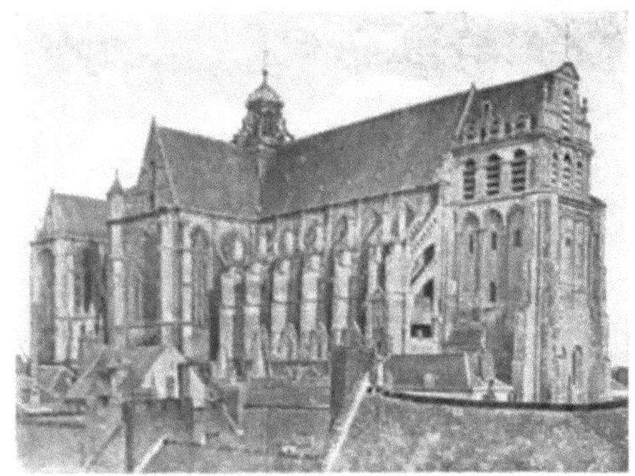

St. Quentin. Die Kathedrale von NW. vor der Zerstörung im Sommer 1917

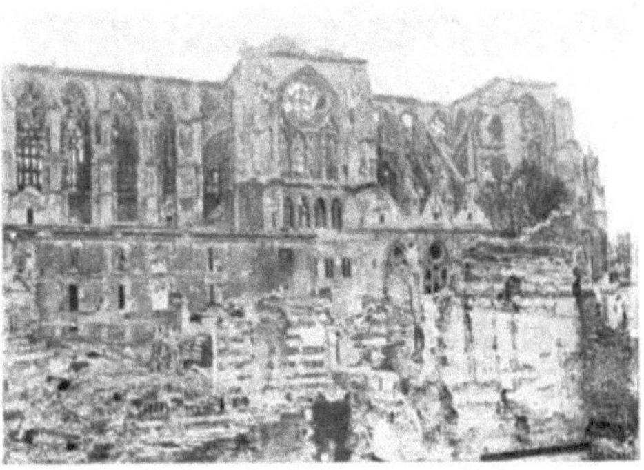

St. Quentin. Die Kathedrale von S. im Frühjahr 1918

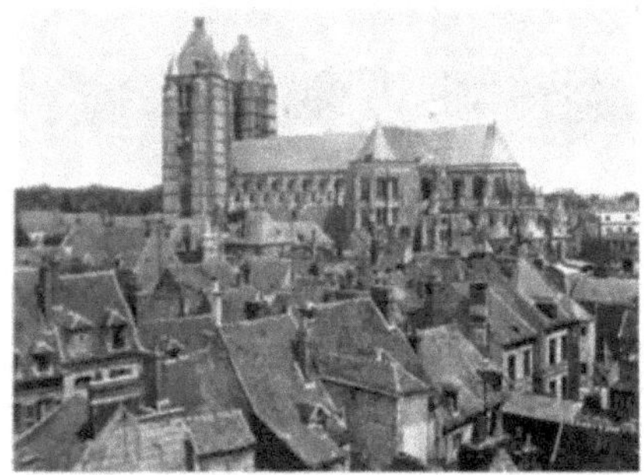

Noyon. Die Kathedrale 1917

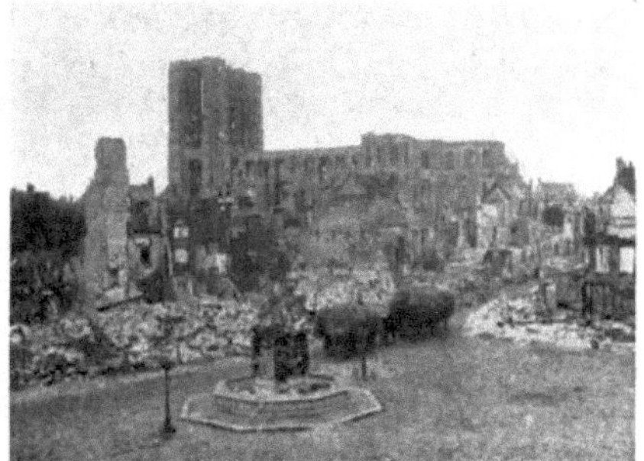

Noyon. Die Kathedrale nach der französischen Beschießung im Juli 1918

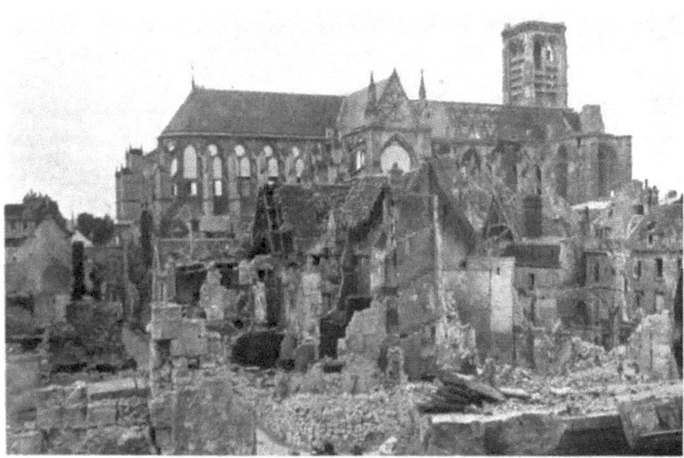

Soissons. Die Kathedrale von Norden im Juli 1918

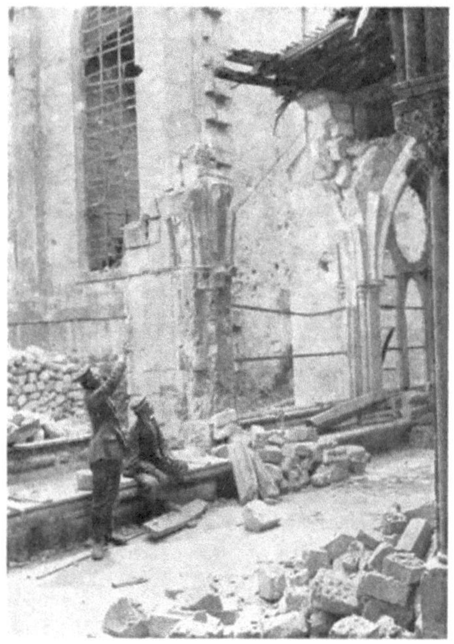

Soissons. Blick in den zerstörten Kreuzgang der Kathedrale

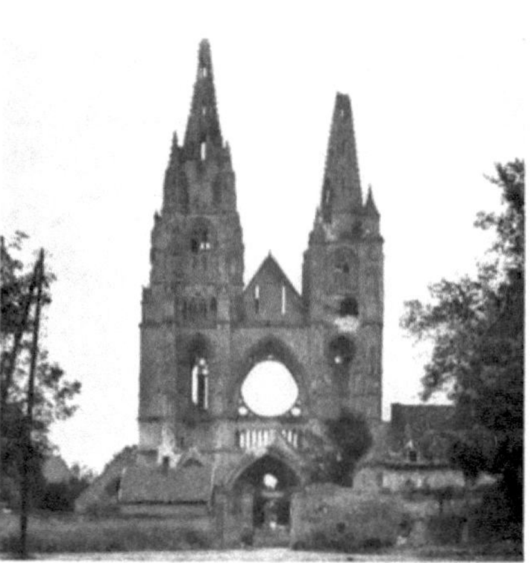

Soissons. St. Jean des Vignes im Juli 1918

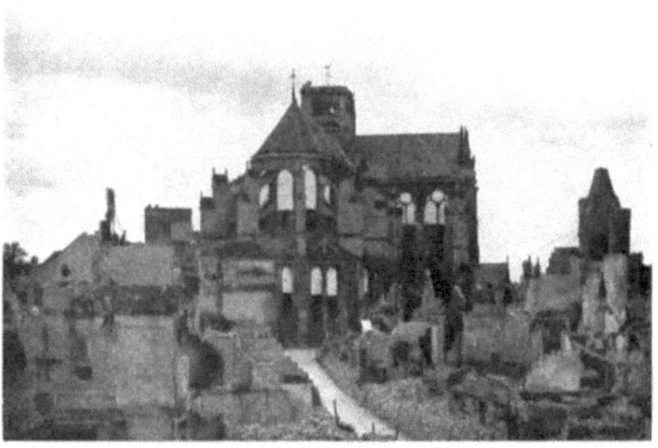

Soissons. Die Kathedrale von Osten im Juli 1918

in der Nähe der Kathedrale gelagert haben. Man wird dem hohen Kirchenfürsten, der mit bewunderungswürdigem Mut auf seinem Posten ausgeharrt hat, die bona fides nicht versagen. Dann stimmen aber seine Erinnerungen nicht mit den Feststellungen von Ashmead Bartlett (13. sept. un projecteur installé à la basilique) und dem ausdrücklichen Eingeständnis seines Generalvikars Landrieux überein, der doch gerade berichtet, daß l'échafaudage, l'estrade, die ursprünglich für die drahtlose Telegraphie auf dem Nordturm weithin sichtbar errichtet war (das ist doch sicher eine installation à usage militaire!) bis zu der Beschießung und darüber hinaus noch bestanden hat. Und zu der Äußerung des Generalvikars stehen wieder die Aussagen der englischen und amerikanischen Augenzeugen wie die französischen Photographien, die deutlich Truppen und Trains vor der Kathedrale zeigen, in Widerspruch.

Der „Éclair" hat damals schon den Vorschlag gemacht, deutsche Gefangene in der Kathedrale unterzubringen und zwar prisonniers de marque, deren Wort man bei uns nicht in Zweifel ziehen könne, um den Tatbestand festzustellen, darüber hinaus aber eine Kommission von Neutralen einzusetzen, die den Zustand feststellen sollte. Wenn damals die Absicht bestand, solche Sicherungsarbeiten an dem Bau vorzunehmen, so kann man sich vielleicht fragen, warum denn die französische Regierung nicht auf jene weitgehende Bereitwilligkeitserklärung der deutschen Regierung zurückgriff, und dieser ihre Absicht mitteilte. Die Oberste Heeresleitung hätte unzweifelhaft diese Arbeit nur unterstützt und sie in keiner Weise gestört. Von französischer Seite kam hier spontan dieser Vorschlag, neutrale, von beiden Seiten anerkannte Sachverständige hinzuzuziehen — wie wichtig für beide Teile, wie beruhigend für die ganze erschreckt lauschende Kunstwelt wäre es gewesen, wenn ein solcher Gedanke zur Tat hätte werden können[1].

Im April 1918 bricht endlich das erwartete neue schwere Bombardement los. Eine Reihe von Feuersbrünsten erhebt sich. Nach einem Bericht der „Victoire" vom 26. April 1918 sind 680 Gebäude in Brand geschossen, seitdem seien noch 200 weitere hinzugekommen. Das Theater, der Justizpalast gingen in Flammen auf. Auch bei dieser Beschießung wie der des Juli 1918 war der deutschen Artillerie, bei jenem letzten Angriff wieder durch die persönliche Initiative des Kaisers, die Schonung der Kathedrale wie der Kirche St. Remi vorgeschrieben. Wenn trotzdem die beiden Bauten getroffen sind, so war dies der wachsenden Streuung der Geschosse bei dem fürchterlichen Artillerieduell zuzuschreiben[2].

Wie nach den letzten schweren Kämpfen der Zustand der Hauptdenkmäler der unglücklichen Stadt war, entzieht sich unserer Beobachtung. Die Bilder, die französische Zeitschriften mitgeteilt haben, sind furchtbar. Nach den Aufnahmen, die Arsène Alexandre mitteilt, ist an der Kathedrale das nördliche Transsept über der Rose verletzt, in den an das Querschiff beiderseits anschließenden

---

1) Der deutsche Funkspruch vom 24. März 1918 (Nr. 3943) kommt noch einmal auf das Thema zurück, nachdem der französische Funkspruch von Lyon vom 14. März den Protest des Erzbischofs von Reims gegen die Feststellung im deutschen Heeresbericht vom 11. März gebracht hatte, der einen französischen Blinkposten auf der Kathedrale erwähnt. Der Erzbischof begründet die auffällige Erscheinung mit der Vornahme von Ausbesserungsarbeiten. Demgegenüber wird erwidert, daß die deutschen Beobachtungsstellen wiederholt auch nachts die Lichtzeichen am Turm in Tätigkeit erkannt haben. Für die erforderlichen Reparaturen an der Kathedrale hätten die deutschen Militärbehörden viele Wochen Zeit gelassen. Diese Arbeiten hätten ohne Beargwöhnung und Behinderung von deutscher Seite durchgeführt werden können, wenn die französische Regierung auf das ernsthafte Angebot der deutschen Regierung vom Dezember 1916 eingegangen wäre. Es muß zugestanden werden, daß in diesem Fall ein Irrtum der deutschen Beobachter möglich ist. Aber wenn jene Lichter auf der Kathedrale von nächtlich ausgeführten Ausbesserungsarbeiten herrührten, so muß man diese Anordnung, die doch selbstverständlich einer anderen Deutung mit allen Folgen ausgesetzt war, diese Arbeit ohne Verständigung der gegnerischen Seite zum mindesten als sehr unklug ansehen. Eine Abbildung der Arbeiten, das Einmauern der Statue der Eva zeigend, in der Illustration v. 23. März 1918 (darnach die obige Ill.).

2) Louis Piérard berichtet in der „Victoire" vom 26. April 1918, daß die Kathedrale bis zu diesem Tage nur einige obus incendiaires erhalten habe. Die Kirche St. Remi war Ende April nur von zwei oder drei Schüssen getroffen, die keine schweren Beschädigungen ergaben. Wenn (nach diesem selben Bericht) am 10. April 20000, am 12. April 30000 Geschosse auf die Stadt gefallen sind, so wird man nach diesem Prozentsatz die Absicht der äußersten Schonung nicht leugnen dürfen. Um eine solche Schonung während eines der heftigsten Artillerieduelle der Kriegsgeschichte überhaupt durchzuführen, ist ein ungewöhnliches Maß von Aufmerksamkeit und Fürsorge nötig.

Jochen Breschen im Obergaden, das Gewölbe der Vierung an einigen Stellen durchschlagen[1]. Aber der
Bau der Kathedrale stand bis zuletzt noch in einsamer Majestät aufrecht, die große Silhouette unverändert, die Rodin in den grandiosen Visionen seiner „Cathédrales" wie eine riesige kniende
menschliche Figur erscheint, der ganze Koloß jetzt nach all den Bränden, die seine Umgebung ver-
heerten, in dunklen Ocker getaucht. Im „Echo de Paris" vom 16. Mai 1918 hat Maurice Barrès
noch einmal die Kathedrale beschrieben und einen Hymnus auf ihre unvergängliche Jugendschönheit
gesungen. Sie ruht auf soliden und unerschütterlichen Fundamenten und offenbart noch immer
das schöne Maß und die edle Harmonie ihrer Portale und ihrer Türme. Werk der Liebe, des En-
thusiasmus und des Glaubens, einst, Ziel des Hasses und der Verachtung, gestern, des Erstaunens
und der Bewunderung, heute — so zeichnet sie Charles Morice.

Unter den Baudenkmälern, die im Lauf der letzten beiden Kriegsjahre ihre Zerstörung gefunden haben, steht voran die Kathedrale von St. Quentin, die ehemalige Kollegiatkirche des Heiligen Quentinus, der erst Pius IX. im Jahre 1876 den Titel der Basilika verliehen hat. Wer den die
ganze Altstadt und die Niederung der Somme weithin beherrschenden Bau aus Friedenszeiten kannte
und damals schon erschrocken vor der Vernachlässigung des reichen Außenbaues stand, die wie ein
Paradigma zu der Anklageschrift des Maurice Barrès, La grande pitié des églises de France, den Besucher empfing, wer dann während des Krieges das von uns sorgsam geschonte und geschützte Denkmal immer wieder bewundert hat, der wird tief ergriffen den raschen Verfall des Baues verfolgt haben.
Unter allen Schöpfungen der Gotik im Gebiet der Picardie war der Bau neben der Kathedrale von
Amiens weitaus das großartigste architektonische Denkmal, ein Werk von einer unvergleichlichen
Ausgeglichenheit und Raumschönheit des Innern. In der bis in den Anfang des 16. Jahrhunderts
ausgedehnten Baugeschichte steckt ein ganzes Stück französischer Kunstgeschichte. Unverständlich erschien einem jeden fremden Besucher der Zustand der Vernachlässigung und des Verfalls und
die Quentiner sahen mit großer Sorge auf „la grande délabrée", die große Verfallene. Das Strebesystem war, zumal auf der Südseite, in einem Zustand der Auflösung, die Epidermis überall ab-
bröckelnd. Im Jahre 1916 hatte schon eine durch französische Fliegerbomben veranlaßte Explosion
auf der Südseite die Fensterpfosten und das Maßwerk eingedrückt, die Glasfenster selbst auf dieser
Seite zerstört. Noch nach der in Verbindung mit dem Rückzug der deutschen Armeen auf die Siegfriedstellung nötig gewordenen Räumung der Stadt von der Zivilbevölkerung hatte das Oberkommando
der II. Armee unter der Aufsicht des dortigen von der Armee bestellten Kunstoffiziers Leutnant Freiherrn von Hadeln und unter Hinzuziehung eines aus Köln herübergerufenen erfahrenen und bewährten Technikers die noch unverletzten Glasfenster aus dem Chor und dem Querschiff herausnehmen lassen, vor allem die fünf kostbaren frühgotischen Medaillonfenster aus der Kapelle Notre-
Dame im Chorumgang, aber ebenso die hochgotischen Fenster im Hochchor und die kostbarsten
der spätgotischen und Renaissancefenster in dem Querschiff. Diese Rettungsarbeiten sind Ende Mai
wieder aufgenommen worden und von den Pionieren nachts mit Aufopferung zu Ende geführt worden.
Ebenso sind die wichtigsten der in der Kathedrale noch vorhandenen Plastiken geborgen und zusammen mit den Schätzen der beiden Museen und der Bibliothek nach Maubeuge in Sicherheit gebracht worden[2]. Unterdessen aber hatte schon die Beschießung und die Zerstörung des Baues begonnen. Seit dem 7. April 1917 lag St. Quentin unter dem schweren Feuer der Gegner, von Norden
der Engländer, von Süden der Franzosen. Schon im Juni 1917 hatte der Außenbau etwa fünfzig
Volltreffer aufzuweisen und diese Treffer lagen fast ausschließlich auf der Südseite, mußten also von

---

1) A. Alexandre a. a. O. pl. 3.

2) Über St. Quentin vgl. eingehend Raymund Dreiling, Die Basilika von St. Quentin und ihr Charakter, St.
Quentin 1916. Über die Einzelheiten der Zerstörung Derselbe, Geschicke der Basilika von St. Quentin im Welt-
krieg und in der Forschung, 1917. — (Paul Clemen) Die Zerstörung der Kathedrale von St. Quentin, im amtlichen
Auftrage zusammengestellt, Berlin 1917. Zugleich in französischer Übersetzung. — Ders. St. Quentin und Reims:
„Kölnische Zeitung" vom 10. u. 11. August 1917. — Ders., Von der Basilika von St. Quentin, i. Zs. für christliche
Kunst XXXI, 1918, S. 53. — Ders., Die Zerstörung der großen kirchlichen Baudenkmäler an der Westfront:
„Kunstchronik" 1918, Nr. 42. — Gute Abb. gibt auch das Kriegsschaubuch des XVIII. A.-K. (Darmstadt, Koch,
1918). Vgl. den Bericht bei Arsène Alexandre, Monuments détruits, p. 204. — Über die unter den größten
Schwierigkeiten unternommenen Bergungsarbeiten in St. Quentin vgl. den Bericht von Demmler unten.

der französischen Front herrühren. Damals schon war der Westbau, war die Rose im südlichen Querschiff, war das Strebesystem der Südseite vielfach zerrissen. Am 15. August 1917 ist dann im Laufe der seit Ende Juli verstärkten Beschießung das Dach der Kathedrale in Flammen aufgegangen. Der Dachstuhl ist ausgebrannt. Es schien, als ob zunächst das Innere noch gerettet werden könnte, noch hielten die Gewölbe, noch standen wie bei der Kathedrale von Reims nach dem Brande die Giebel der Kreuzarme aufrecht. Aber die grande délabrée bewies auch hier, wie ungesund, wie sehr durch mangelnde Baupflege geschwächt ihre innere Struktur war. Unter dem Einfluß der Witterung wie des fortschreitenden Bombardements ist schon im September das Gewölbe im Querschiff eingestürzt. Das Gewölbe des Chorhauses folgte nach. Die Ende Dezember mit erneuter Wut einsetzende Beschießung hat dann am 17. Januar das ganze Gewölbe im Chorabschluß zum Zusammenbruch gebracht, das auch die Gewölbeanfänger mit in die Tiefe gerissen hat. Das Gewölbe im Langhaus wies damals schon große Löcher auf. Bei dem letzten Bombardement durch den Gegner vor unserer großen Offensive im März ist dann im dritten Joch im Langhaus das Gewölbe völlig eingestürzt, das zweite Joch zeigte in den Kappen große Durchschläge, die Rippen waren gelockert. Die letzten Monate haben dann noch weitere Kappen der Gewölbe herunterbrechen gesehen und die erneut einsetzende Beschießung im September 1918 hat das Zerstörungswerk besiegelt. Der Einschlag von Volltreffern schweren Kalibers hat im Innern schon Ende Dezember 1917 in die Ostwand des Kreuzarms eine mächtige Bresche gerissen. Der Bogenscheitel und das ganze Triforium sind hier herausgeschlagen. In den beiden Querschiffen sind die Fenster und die durchbrochene Brüstung über dem Chorumgang durchgeschlagen. Allenthalben gähnen große klaffende Öffnungen. Die Strebesysteme an beiden Seiten sind völlig zerrissen, die Giebel der Kreuzarme zusammengestürzt. Die Westfront war von Granaten aller Kaliber zermürbt, die große Strebemauer auf der Südseite durchgerissen. Ein wüster Trümmerhaufen füllt das Innere. Die letzten Schicksale der Stadt und der Kathedrale entziehen sich unserer Kenntnis[1].

Von den in und um die Kathedrale gefallenen Ausbläsern sind dabei mehr als die Hälfte französischen Ursprungs. Es ist nicht nur das letzte Bombardement, das das Zentrum der Altstadt und die unglücklichen fast ganz vernichteten Vorstädte zum Ziel genommen hat, nein, die französische Artillerie hat an dieser Zerstörung der Kathedrale von Anfang an ihren gemessenen Anteil. Die Kriegsnotwendigkeit für das hartnäckige Bombardement des Baues vermochten wir nicht einzusehen. Es ist sicher der französischen Heeresleitung nicht leicht gefallen, die Zustimmung zu der Vernichtung eines der glänzendsten Denkmäler Nordfrankreichs zu geben, aber sie hat es bewußt und in vollem Verantwortungsgefühl getan. Und wie die Kathedrale sind die übrigen Denkmäler der Stadt zerstört, vor allem die Martinskirche und die Kirche St. Jacques; das Palais de Fervaques, der Justizpalast hat schwer gelitten und nur wie durch ein Wunder ist das benachbarte spätgotische Rathaus mit seiner zierlichen Fassade von 1509 im wesentlichen erhalten, nur von den drei Giebeln ist von dem linken die Spitze weggerissen, von dem rechten die Rose zerschlagen und das Dach zeigt einen mächtigen Volltreffer.

In seltsamer Gegensätzlichkeit steht nun das Verhalten der Öffentlichkeit zu dem Fall von St. Quentin. Man vergleiche die Fälle St. Quentin und Reims und erinnere sich noch einmal an das bei der ersten Beschädigung an der Kathedrale zu Reims im September 1914 angestimmte Protestgeschrei, das in geschickt gelegten Kanälen um die ganze Welt gesandt worden ist. Über die langsam aber sicher voranschreitende systematische Zerstörung der Kathedrale von St. Quentin durch die französische und englische Artillerie und das bewußt fortgesetzte Bombardement haben die französischen Blätter und die sämtlichen Zeitungen der Entente in Europa und im Ausland mit einer eisernen Beharrlichkeit und mit der guten Disziplin, die sie auszeichnet, geschwiegen. Wäre die deutsche Regierung von demselben Geist geleitet gewesen wie die französische im Herbst 1914, so hätte sie

---

1) F. Vetter, Friede dem Kunstwerke, S. 27, nennt die erste Havasmeldung, wonach am 17. August 1917 „der Chor ganz in Trümmern" und von der Kathedrale nur mehr „vier graue brandgeschwärzte Mauern, die eine düstre Höhle bilden" übrig gewesen wären, ebenso unrichtig und unnötigerweise aufreizend, als es zum großen Glück die amtliche französische Kundgebung vom 20. September 1914 über den „Trümmerhaufen" der Kathedrale von Reims war.

diese Tatsache in die ganze Welt hinausposaunen müssen und sie wäre logischerweise berechtigt gewesen, eine furchtbare Anklage nach demselben Gesetz zu erheben, wie der Gegner. Sie hat es bei allzu zahmen Erklärungen und historischen Feststellungen bewenden lassen. Aber die neutralen, von dem Gefühl ausgleichender Gerechtigkeit getragenen Beurteiler der Schicksale der beiden Kirchen stehen mit dem Gefühl der Befremdung und des Staunens vor der Tatsache, daß das Vorgehen der deutschen Heeresleitung und das der Entente so absolut verschiedene Beurteilung gefunden hat.

Schwer hat Noyon bei den verschiedenen Beschießungen zu leiden gehabt. Bei dem Rückzug auf die Siegfriedstellung im Frühjahr 1917 ist die Stadt trotz der vorliegenden schweren Bedenken und der sich daraus für unsere Truppen ergebenden Gefahr um ihrer Kathedrale und um ihrer Schätze willen unverteidigt dem Feind überlassen und auch auf dem Rückgang nicht beschossen worden. Seit die Front dann im Frühjahr 1918 ein zweites Mal bis vor die Stadt verlegt war, kam die Stadt wiederum in den Kreis der französischen Batterien. Jetzt aber hat die französische Artillerie, die ihre Batterien unmittelbar südlich und westlich von der Stadt aufgestellt hatte, Noyon nicht mehr geschont, sondern ein Streufeuer und Vernichtungsfeuer aus allen Kalibern auf alle Teile der Stadt gelegt. Das Feuer ist dabei vor allem auf die Kathedrale und den nahen Markt konzentriert. Das Wunderwerk der frühen Gotik, das der Bischof Balduin II. 1052 begonnen hatte, ist schon Anfang Mai in Brand geschossen worden. Der Brand hat auch den Dachstuhl verzehrt, der vollständig zusammengebrochen ist. Die beiden mächtigen Türme der Westfront hatten ihre Haube verloren, der Südturm ist im Innern ausgebrannt. Die Feuersbrunst hat auch die Orgelbühne mit dem schönen Orgelgehäuse verzehrt und die Wände im Westbau ausgeglüht. Eine Anzahl von Volltreffern hat damals schon die Westfront getroffen, zumal der Südturm ist schwer mitgenommen, die eine Ecke weggeschlagen. Im Mittelschiff wie in den Querschiffen waren die Gewölbe durchgeschlagen, die Außenmauern wiesen große Breschen auf. In dem entzückenden Kreuzgang waren zwei Joche zertrümmert, die Außenwand des Quadrums war zerstört, daneben war der feingegliederte alte Fachwerkbau der Kapitelsbibliothek der Zerstörung preisgegeben, das malerische Rathaus mit seiner Mischung von Spätgotik und Frührenaissance völlig ausgebrannt, das Innere zusammengestürzt, die Fassade schwer getroffen. Selbst das schöne Brunnendenkmal vor dem Rathaus vom Jahre 1770 war in seinem Skulpturenschmuck durch ein paar Treffer schwer beschädigt. In den letzten Wochen des August ist bei dem wütenden Angriff der Franzosen das Zentrum der Stadt fast vollständig zerstört worden. Die Ruine der Kathedrale erhob sich bis zu den letzten Tagen, die wir in Noyon waren, in einer von den Franzosen geschaffenen riesigen Trümmerstätte und bis zuletzt lag die Stadt „unter dem schwersten Feuer der Franzosen", wie noch einmal der deutsche Heeresbericht unter dem 29. August meldet[1].

Eine ganze Tragödie ist das Schicksal von Soissons geworden. Seit dem Herbst 1914 hatte die Stadt auf dem Fuße unserer Höhenstellungen auf den Bergen von Coufies und Crouy über dem lachenden Tal der Aisne gelegen, so nahe unserer vordersten Linie, daß jeder Einschlag kontrolliert werden konnte[2]. Bei der Beschießung der Stadt sollte auf persönliche Veranlassung des Kaisers, der sich hier wieder ganz persönlich für die Erhaltung eines wichtigen französischen Kunstdenkmals eingesetzt hatte, die Kathedrale St. Gervais und Protais geschont werden, nachdem im Herbst der einzig vollendete Südturm der Westfront, der nach wiederholten Feststellungen der Heeresleitung für Beobachtungsposten und für Lichtsignale benutzt worden war, mit kleinem Kaliber beschossen war, um eine solche Benutzung unmöglich zu machen. Im Innern hat in jenem Kriegswinter ein Volltreffer eine der Säulen getroffen, die die Nordwand des Mittelschiffs tragen und diese umgeworfen, wobei die beiden anstoßenden Arkaden und ein Stück des Triforiums nachgestürzt sind. Aber dieser Volltreffer ist von Süden, also von der französischen Seite aus auf die Stadt gefallen. Das wird in einem von Paul Boeswillwald, dem Generalinspektor der historischen Denkmäler, an den Unterstaatssekretär der schönen Künste gerichteten Bericht vom 16. Februar 1915 ausdrücklich erhärtet und bestätigt, —

<hr>

1) Vgl. Clemen, St. Quentin — Noyon — Montdidier — Laon: Frankfurter Zeitung v. 13. Juni 1918.

2) Von deutschen Stimmen über Soissons aus dem Krieg nenne ich nur: Cornelius Gurlitt, Soissons: Berliner Tageblatt v. 24. Jan. 1915. — Georg Wegener, Soissons: Koelnische Zeitung v. 15. Juni 1918. — Paul Clemen, Die Zerstörung von Soissons: Berliner Tageblatt v. 1. August 1918.

und im Süden stand nur französische Artillerie. Es ist hier in aller Form die Tatsache amtlich bestätigt, daß eben ein zu tief gegangener Volltreffer von den im Süden der Stadt stehenden Batterien dies Unheil angerichtet hat, sicherlich schmerzlich genug für die Stadt und die Urheber dieses Unglücksfalles, aber eine deutliche Warnung, jeden Zufallstreffer auf ein historisches Bauwerk von unserer Seite als von dem Willen der Zerstörung geleitet anzusehen. Auch hier verlangen wir nur die gleiche Gerechtigkeit. Es gehört zu der illoyalen Taktik der französischen Propaganda, daß ein solcher amtlich festgelegter Fall nun ins Gegenteil umgekehrt wird; so in dem von Monsignore Baudrillart im Namen des Katholischen Comités für die französische Propaganda im Ausland herausgegebenen Album, in dem dieser Fall abgebildet wird „als Folge einer deutschen Kanonade". Es ist der französischen Regierung nicht möglich gewesen, obwohl sie fast vier Jahre hierzu Zeit hatte, diese Bresche zu sichern. Man möchte gern annehmen, daß triftige Gründe dies verhindert haben. Das ganze Stück der Obermauer über der Lücke ist nachgestürzt, hat die Seitenschiffe mitgerissen und auch das Gewölbe des Mittelschiffes, das bis auf die Gewölbeanfänge niedergebrochen ist. Eine Lücke von der Breite eines Hauses klafft in der Langhausmauer. Der zweite Strebepfeiler auf der Nordseite steht ganz frei in der Luft und ist nicht mehr durch seinen Bogen mit der Obermauer verbunden. Die Nordseite weist natürlich noch erhebliche Treffer von der deutschen Front aus auf, trotz der Bemühungen, den Langhausbau zu schonen. Bei einigen Fenstern sind die Bögen herausgeschlagen, verschiedene Strebesysteme sind verletzt. Auf der Südseite ebenso, aber nach der französischen Front hin weist die Kathedrale wieder zwei Einschläge auf, die Teile des Triforiums und des Mittelschiffs weggerissen haben. Die Westfront der Kathedrale, die zuletzt nach der französischen Linie hin gerichtet war, hat im Mai und Juli 1918 eine Menge von neuen Treffern erhalten. Die französische Denkmälerverwaltung hatte sich sichtlich bemüht, das Innere so weit zu schützen, wie es in ihren Kräften stand. Quer durch den Bau des Langhauses ist eine niedrige Mauer mit Entlastungsbogen errichtet, über die der ganze Bogen dann mit leichter Auszimmerung geschlossen ist. Es war beabsichtigt, eine Notverschalung über das Langhaus zu ziehen; durch rasche Auszimmerung und Abstützung hat aber der Zusammenbruch jener Nordwand doch nicht verhindert werden können[1].

Die Kathedrale weit überragend erhob sich in den ehemaligen Weinbergen die prachtvolle Front der alten Abtei St. Jean des Vignes. Auch hier hat die französische Revolution schon als die große Zerstörerin gehaust und das ganze Langhaus der Kirche mit dem Hauptteil der Klostergebäude vernichtet. Die Türme, die schon in den ersten Kriegsmonaten schwer zu leiden hatten, zeigen neue große Einschläge. Ein mächtiger Volltreffer hat von oben her den ganzen Westbau und beide Gewölbe durchgeschlagen, alle drei Portale haben ihre Giebel verloren. Das Zerstörungswerk war aber hier vollendet durch die schon im Mai durch die zurückgedrängten Franzosen, deren wütendes Artilleriefeuer seit dem 29. Mai auf der Stadt lag. Das Zentrum der Stadt wie die Kathedrale wurden am 30. Mai in Flammen geschossen. Bis zu vierhundert Granaten sind an einem Tag auf die Stadt gefallen. Die Fochsche Gegenoffensive, die am 16. Juli einsetzte, hat dann aber mit einem sich immer

---

1) In dem Heft „Les Vandales en France" 1915 berichtet Arsène Alexandre über diese Tatsache: Mis sans doute au courant de cette paix si relative, les Allemands plus tard reprirent les opérations qui font l'orgueil de leurs savants et l'admiration de leurs artistes (?). Le 9. et le 14. janvier . . . les bombardements furent d'une violence extrême. La cathédrale fut cette fois blessée dans ses œuvres vives; un des piliers de la nef s'écroula. In dem Bericht von A. Alexandre, Monuments détruits, p. 189, ist es im Februar 1916: un des puissants piliers s'abattait. Der Bericht, den Paul Boeswillwald, inspecteur général des monuments historiques hierüber unter dem 16. Februar 1915 erstattet hat (abgedruckt in der Denkschrift Les Allemands destructeurs de cathédrales et de trésors du passé [Paris, Hachette 1915] p. 73) stellt dagegen ausdrücklich fest: Le côté Sud a été moins atteint; cependant, c'est du sud qu'un projectile traversant la nef est venu l'amputer d'un de ses piliers, entrainant la chute des parties supérieures jusqu'au nievau du glacis des fenêtres hautes sans réussir à faire écrouler les voûtes. Auch die dort veröffentlichte Tafel bestätigt das, sie zeigt das Dach und das Sparrenwerk über der Einsturzstelle noch erhalten. In dem südlichen Obergaden des Mittelschiffes ist die Bresche zu sehen, die das Unglücksgeschoß auf seinem Wege gerissen hat. Eine spätere Bemerkung in demselben Bericht widerruft keineswegs die zuerst gemachte Feststellung. Die Abbildung in dem Album „La guerre Allemande et le catholicisme" von dem Comité catholique de propagande française à l'étranger p. 18. Vgl. auch den Bericht von Clemen, Die Zerstörung von Soissons: Berliner Tageblatt vom 1. August 1918.

mehr steigernden Trommelfeuer die ganze Stadt und zumal den Teil zwischen Markt und Stadthaus
in Trümmer gelegt. Während der ganzen Großkampftage des Juli hat die Stadt dann weiter unter
heftigem Feuer gelegen und die französische Artillerie hat das seit drei Jahren von uns begonnene
Werk der Zerstörung fortgesetzt — ein tragisches Geschick hat es gewollt, daß dann am Schluß
wiederum die deutsche Artillerie von ihren Stellungen nördlich Soissons auf die Stadt zu schießen
gezwungen war[1].

Endlich Laon! Seit Ostern 1918 lag die Stadt unter dem Fernfeuer der schweren französischen
Artillerie. Die Franzosen haben wohl die Kathedrale zu schonen gesucht, aber Volltreffer haben
das Domkloster erreicht, und es war nur ein Zufall, daß eine schwere Bombe, die in den Bischofs-
palast unmittelbar beim Chor einfiel — ein Blindgänger war. So ist der Wunderbau der Kathedrale

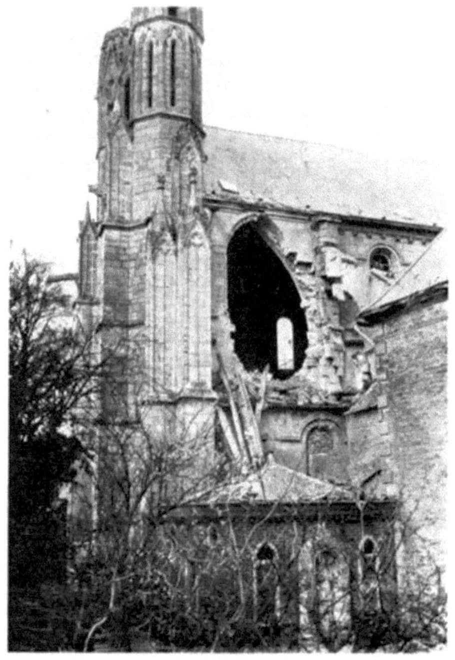

Laon. Die Kirche St. Martin im Frühjahr 1918

im wesentlichen unverletzt. Die kostbare Ausstattung ist rechtzeitig geborgen[2]. Nur der gerade in
Restauration befindliche Vierungsturm hat gelitten. Auf das schwerste beschädigt ist dafür die Kirche
St. Martin am anderen Ende der Stadt, die Kirche der ehemaligen Prämonstratenserabtei. Von Süden
her haben französische Granaten ihr tiefe Wunden geschlagen, haben das ganze erste Joch neben

1) Über diese Bauten vgl. eingehend Clemen, Die Zerstörung der großen kirchlichen Baudenkmäler an der
Westfront: Kunstchronik 1918, Nr. 42, S. 473.

2) Der Berichterstatter der Illustration v. 19. Okt. 1918, p. 360, schwingt sich hier zu den Worten auf: „Pour
être juste, il faut reconnaitre que les Allemands ne furent pas, à Laon, aussi féroces que dans maints autres lieux.
Question de degré, simplement." „Keine demolierten Häuser, fast keine in Trümmern. Die Stadt hat ihr ehe-
maliges Aussehen. Man fragt sich, ob es kein Traum ist" (Petit Parisien v. 16. Okt. 1918). „Sie haben es nicht
gewagt oder sie haben keine Zeit gehabt, sie zu zerstören" (Œuvre v. 10. Nov. 1918).

der Westfassade zerstört, haben den Sakristeianbau neben dem südlichen Querschiff völlig zertrümmert, eine gähnende Bresche ist in die Außenwand des prachtvollen Bauwerks gerissen, in dem ersten Joch neben der Fassade ist mit dem Gewölbe der ganze Arkadenbogen herausgeschlagen und das obere Mauerwerk droht nachzustürzen. Es war wohl möglich, hier aufzuräumen und die gefährdeten Teile abzustützen, aber den weiteren Zusammenbruch aufzuhalten stand nicht in unserer Hand.

Die französischen Stimmen haben immer wieder auf die durch die deutschen Fliegerangriffe beschädigten französischen Kunstdenkmäler hingewiesen. Die ganz belanglose Beschädigung des Bleidaches von Notre Dame in Paris durch einen Zufallstreffer bei einem der ersten der deutschen Luftangriffe spielt dabei als Paradigma eine große Rolle.[1] Sollte man dem nicht gegenübersetzen, welche unmittelbare Bedrohung die französischen Fliegerbomben für die kostbarsten und ehrwürdigsten Baudenkmäler auf deutschem Boden gebracht haben: daß eine französische Bombe an der

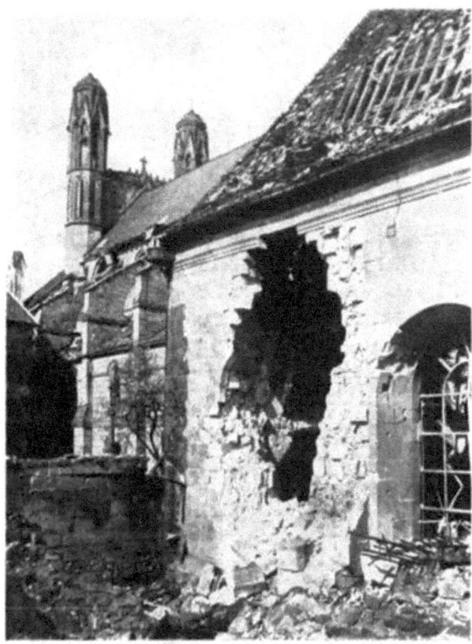

Laon. Die Kirche St. Martin im Frühjahr 1918

Liebfrauenkirche in Trier nicht nur das Dach gestreift, sondern das Dach und das Gewölbe durchgeschlagen hat und im Innern geplatzt ist, daß der benachbarte Dom in Trier ebenso getroffen worden ist, daß das Provinzialmuseum in Trier, weitaus die wichtigste Sammelstätte römischer und frühgeschichtlicher Monumente im Westen, ja in ganz Deutschland, am 2. Juli 1918 von einer Fliegerbombe schwersten Kalibers getroffen worden ist, die den Neubau des Museums, in dem eben die Steindenkmäler ihren Platz hatten, zu einem großen Teil vernichtet, dabei auch die archäologischen Schätze auf das schwerste beschädigt hat? Und soll man weiter aufzählen, daß auch in das Museum zu Metz eine französische Bombe eingefallen ist, daß hier der Saal der Keramik

---

[1] Die Abbildung erscheint als Tafel unter den Pièces justificatives der Anklageschrift Les Allemands destructeurs de cathédrales v. J. 1915, p. 68, und noch als pl. 1 der offiziellen Publikation von Arsène Alexandre, Les monuments français détruits par l'Allemagne v. J. 1918.

und der Modelle durchgeschlagen und zum Teil zerstört ist? Soll man die völlige Vernichtung der
kostbaren und unersetzlichen anatomischen Lehrsammlung in Freiburg i. Br. nennen, die mit dem
Anatomischen Institut der Universität den fortgesetzten unmenschlichen Fliegerangriffen auf die
offene Stadt Freiburg zum Opfer gefallen ist? Soll man die Zerstörungen der offenen Städte Mann-
heim, Frankfurt, Darmstadt, Karlsruhe aufzählen, die in den letzten Kriegsmonaten mit voller
kaltblütiger Absicht gesteigert worden sind? Die Liste gäbe sehr bald ein erschütterndes Register.

Zu einer wirklichen aktiven Denkmalpflege im Sinne der Ausführung von sofortigen Sicherungsarbeiten, Abstützungen, dem Aufbringen von Notdächern, dem Ausmauern der Breschen, wie
das im Anfang des Krieges in Belgien von uns veranlaßt oder befördert werden konnte, war auf dem
französischen Boden im Operationsgebiet nicht die Gelegenheit gewesen. Die Oberste Heeresleitung
hat schon sehr bald, nachdem unsere Truppen den Boden Frankreichs betreten hatten, generelle
Befehle über den Schutz der Baudenkmäler erlassen. Es war den einzelnen Armeen ausdrücklich
vorgeschrieben, die historischen Monumente sorgsam zu schonen. Der Kaiser hat als oberster
Kriegsherr sich ganz persönlich dieser Frage angenommen und dauernd den Kunstschutz im

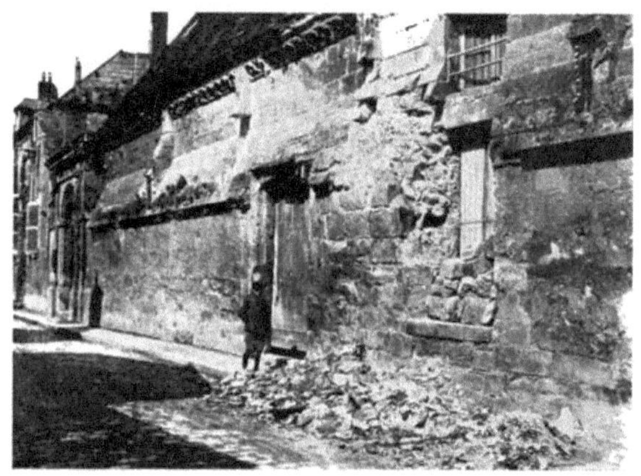

Laon. Das Domkloster mit französischen Einschlägen

Kriegsgebiet zu fördern gesucht. Er ist für die Erhaltung von Reims, von Soissons, von Laon,
von Coucy-le-Château eingetreten, er hat ebenso einzelnen Schlössern, so Pinon, Thugny, Marchais,
Caulaincourt, sein besonderes Interesse zugewandt. Dankbar muß hier das fördernde Interesse der drei Generalquartiermeister, der Generalleutnants Wild von Hohenborn, Freiherrn von
Freytag-Loringhoven und Hahndorff gedacht werden. Ein Recht der Einwirkung auf die militärischen Faktoren und damit die Möglichkeit zu wirklich fruchtbarer Tätigkeit bestand aber
leider nicht. In einer Reihe von Fällen haben sich die militärischen Kommandostellen den
Vorschlägen der Sachverständigen entsprechend bemüht, für einzelne hervorragende plastische
Denkmäler und Kunstwerke in der Feuerlinie durch Umbauten mit Bohlen und Sandsackpackungen
wenigstens einen äußeren Schutz zu schaffen, um sie vor den Granaten zu bewahren. Das ist
im Herbst 1914 auf Anregung der Obersten Heeresleitung schon in ziemlichem Umfang im Gebiet
der Armeen östlich und nördlich von Verdun und an der Champagnefront geschehen, wie unter
anderen in St. Mihiel, und dann später im Jahre 1917 vor dem Einnehmen der Siegfriedstellung
in einer Reihe von Ortschaften unmittelbar hinter der Linie, aber auch weiter nördlich Douai, bis
Courcelles, und zuletzt noch im Sommer 1918 in Cambrai, wo in der Kathedrale wie in der Kirche
St. Géry die plastischen Denkmäler, in der Kathedrale unter anderen das Monument Fénélons, in
St. Géry der große spätgotische Lettner, in mustergültiger Weise durch große Umbauten und Packun-

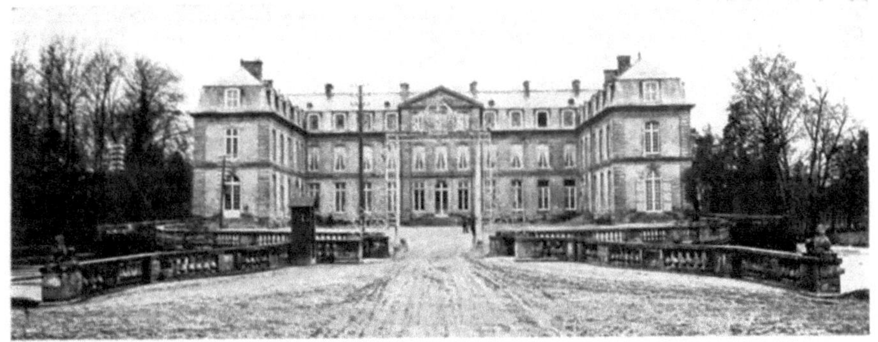

Schloß Pinon vor der Zerstörung

gen gegen die feindlichen Granaten und Fliegerbomben gesichert sind. Die wesentlichste Arbeit des Kunstschutzes mußte sich aber hier auf die beweglichen Kunstwerke erstrecken, über die an anderer Stelle zu berichten ist.

Wo positive Sicherungsmaßregeln versagten oder unmöglich waren, ist versucht worden, gewissermaßen die Idee des Denkmals aufrecht zu erhalten, indem systematisch die Baudenkmäler der gefährdeten und jetzt zerstörten Gebiete, aber auch die weiter zurückliegenden, aufgenommen sind. Die Intensität, mit der das Gebiet durchforscht, mit der die Arbeit der Aufnahme geleistet worden ist, war bei den verschiedenen Armeen, abhängig von den Persönlichkeiten der hier zur Verfügung stehenden Kräfte, eine verschiedene, aber verschieden vor allem auch nach dem Maß der Förderung und des Interesses, die diese Arbeit bei den verantwortlichen militärischen Stellen fand, wenn auch alle Armeeoberkommandos und alle Generalkommandos gleichmäßig dem Gedanken ihre Unterstützung schenkten. Es darf dankbar hervorgehoben werden, daß hier im Rahmen des Erreichbaren, wo keine militärischen Erwägungen entgegenstanden, die verantwortlichen Stellen gern auf eine vorgetragene Anregung eingegangen sind und daß sie unseren Arbeiten tunlichst die notwendige äußere Unterstützung geschenkt haben. Es darf dabei besonders außer an die Adressen der Armeeführer dieser Dank auch an den kunstsinnigen Chef des Stabes bei der II. Armee, den damaligen Oberst Wild, und an den Oberquartiermeister bei der V. Armee, den damaligen Oberstleutnant Erhardt, gerichtet werden. In dem Gebiet der V. Armee, aus dem Gelände um und nördlich von Verdun sind schon im Frühjahr 1917 die dem Untergang geweihten und die von den feindlichen Granaten bedrohten Werke des gesamten Geländes wie des Hinterlandes sorgfältig aufgenommen worden. Neben großen Photographien, die in der Hauptsache durch die Vermessungsabteilungen angefertigt wurden, sind durch eine Reihe von Architekten mustergültige zeichnerische Auftragungen der Baudenkmäler angefertigt worden. Durch das Oberkommando der V. Armee sind zwei bei der Armee stehende Kunstgelehrte, der als Kunstoffizier mit dem Kunstschutz im Gebiet der Armee betraute Heribert Reiners (Bonn) und Wilhelm Ewald (Neuß) mit einer großen Veröffentlichung betraut, die die französischen Baudenkmäler zwischen Maas und Mosel festhalten und sie für die deutsche wie für die französische Kunstforschung überhaupt erst erschließen soll[1]. Eine ähnliche umfassende Veröffentlichung war für das Gebiet der II. und der VII. Armee von unserer Seite angeregt und dort auch durch umfassende photographische Aufnahmen vorbereitet, die Veröffentlichung selbst ist aber leider unterblieben. In einem großen Umfang hat dann ganz in der Stille ein opferwilliger deutscher Gelehrter, der als Kunstoffizier bei der VII. Armee tätig war, Georg Weise (Tübingen), mit Unterstützung der Wissenschaftlichen Gesellschaft in Straßburg i. E. und der Königlich Württembergischen

---

1) Die Baudenkmäler zwischen Maas und Mosel. Im Auftrag des Oberkommando der V. Armee herausgegeben von H. Reiners u. W. Ewald. Mit 120 Abb. München, Fr. Bruckmann, 1919.

Gesellschaft zur Förderung der Wissenschaften einen großen Teil des französischen Gebietes zwischen St. Quentin, Noyon, Soissons bis zur belgischen Grenze hin bereist und aufgenommen, rund 550 Ortschaften, aus denen über 2000 Photographien angefertigt sind. Das ist ein Gebiet, aus dem zum Teil die Veröffentlichungen von Lefèvre-Pontalis und Moreau-Nélaton eine Übersicht geben, während ein großer Teil gerade auch der frühesten Denkmäler hier noch nie Mitteilung oder Bearbeitung gefunden hatten. Eine ganze Reihe von Aufnahmen sind hier von Baudenkmälern hergestellt worden, so in der an Monumenten des 11. bis 13. Jahrhunderts besonders reichen Zone des Ailettetales und in den Niederungen der Aisne, die nur allzu rasch dann den kriegerischen Ereignissen erlegen sind. Vor dem Zurückgehen auf die Siegfriedstellung sind weiter im Frühjahr 1917 von allen beteiligten Armeen in großem Umfang auf Veranlassung der Obersten Heeresleitung die Denkmäler, deren Untergang unabwendbar war, aber auch die, bei denen nur vorauszusehen war, daß sie in die nächsten Operationen hineingezogen werden würden, aufgenommen worden, um sie so wenigstens im Bilde zu erhalten. Ein ganz überraschendes, höchst umfangreiches kunstgeschichtliches Material ist hier durch die Arbeit der deutschen Armeen und deutscher Gelehrter und Künstler zusammengetragen worden, das nicht nur für die Forschung, auch für das deutsche Nachbargebiet, von hoher Wichtig-

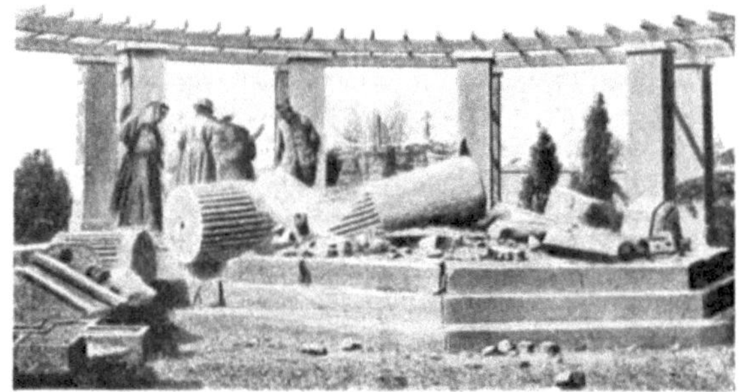

Chauny. Das von den Franzosen zerstörte deutsche Kriegerdenkmal

keit ist, sondern das auch für die französische Denkmalkunde und Denkmalpflege wie für die französische Heimatforschung später eine nicht unwichtige Quellen- und Dokumentensammlung darstellen dürfte. Auf Veranlassung des preußischen Kultusministeriums konnte denn noch in letzter Stunde, als Laon schwer gefährdet schien durch die hartnäckige französische Beschießung, durch die preußische Meßbildanstalt unter der persönlichen Leitung des Regierungsrates von Lüpke und unter der aufopfernden Teilnahme des Professor Richard Hamann eine genaue photogrammetrische Aufnahme der Kathedrale in Angriff genommen werden; ein mustergültiges Material war hergestellt, das nun auch die detaillierte Auftragung des ganzen Bauwerkes gestatten sollte; der Abschluß dieser Arbeit ist nicht mehr möglich gewesen.

Zu jener genannten Veröffentlichung über die Baudenkmäler zwischen Maas und Mosel treten noch eine ganze Reihe von Einzelpublikationen kunstgeschichtlicher Art. Unter der massenhaft angeschwollenen Kriegsliteratur finden sich eine ganze Reihe von Bildersammlungen, Erinnerungen an die Tätigkeit des Feldzuges, an das Gebiet einer Armee oder auch nur eines Korps, in denen mit sittenbildlichen und militärgeschichtlichen Erinnerungen vor allem auch Übersichten der profanen und kirchlichen Baudenkmäler vereint sind, die von jeher das deutsche Interesse gelockt hatten. Nicht alle halten sich auf der Höhe der Arbeiten von Rauch über Douai, von Feulner über Lille, von Burg und Erhard über Cambrai. Aber auch diese kleine und bescheidene Literatur, die auf manche versteckten Schätze, auf manches unerforschte Gebiet aufmerksam machen, wenn sie sich auch von

der Quellenforschung selbst fernhalten mußten, will neben den Bemühungen der Obersten Heeresleitung und der einzelnen Armeen, neben der Tätigkeit der mit dem Kunstschutz betrauten militärischen Stellen und neben der aufopfernden Arbeit deutscher Gelehrter Zeugnis davon ablegen,
wie ernst und tief bei all denen, die hier auf französischem Boden das Schicksal dieser Denkmäler
der französischen Kunst erlebt, ihre Bedrohung, ihren Verfall mit haben ansehen müssen, der heiße
Wunsch und die ernstliche Absicht war, hier zu retten, was zu retten war.

Nur andeutend kann hier von dem großen Werk die Rede sein, in dem deutsche Kunst und
Denkmalpflege sich gleichmäßig an allen Fronten und wie draußen so auch in der Heimat betätigt
haben, von den Kriegergräbern, den Kriegerfriedhöfen und den Kriegerdenkmälern, denen in der
Heimat, um die letzten Ruhestätten der verstorbenen Krieger aus den eigenen und den fremden
Armeen würdig zu gestalten, und um drohende peinliche Fürchterlichkeiten tunlichst zu verhindern,
die große Organisation der Kriegerehrung entspricht. Die einzelnen Armeen haben gewetteifert in
der Herstellung von Friedhöfen, in Zusammenlegen der Einzelgräber, in würdiger monumentaler
Ausgestaltung der Denkmäler. Es handelt sich bei den Kriegerdenkmälern draußen, so durfte man

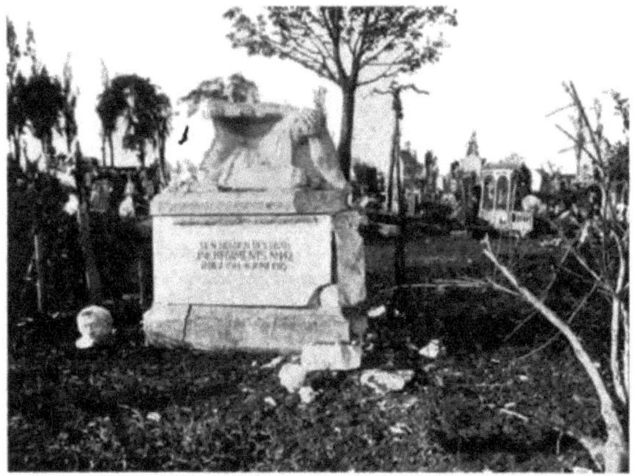

Von den Franzosen geschändetes deutsches Kriegerdenkmal

sich sagen, um eine dauernde künftige Manifestation deutscher Arbeit und deutscher Kunst im Ausland, die, wie wir glaubten, in späteren Jahren von einer feindseligen Bevölkerung eben nur geduldet
werden würde, von einer Bevölkerung, die nur allzusehr geneigt ist, diese Kunstleistungen nun mit
doppelt kritischem Blick zu betrachten. Für die Wertung eines Volkes wie eines Menschen ist entscheidend, wie er sich selbst in seinem größten Augenblick sieht. Wir wollten uns bewußt halten,
daß eine spätere Zeit an diesen sichtbaren Zeichen die Stärke und Reinheit unserer Empfindungen
messen werde, daß diese Denkmäler dem Ausländer wie ein Spiegelbild und eine Formel von Deutschlands Kunstwollen und künstlerischer Begabung erscheinen werden. Nach allzu rasch und behende
von gutem Willen aber ungenügenden Kräften geschaffenen Erstlingswerken sind Denkmäler und
Friedhöfe in Feindesland emporgewachsen, die würdig und wirkungsvoll die erste Erinnerung festhalten, um so besser, je mehr sie sich in Material und Form auch der Stimmung der Landschaft an-
schließen. Eine Reihe unserer besten Kräfte waren draußen dafür tätig, eine Anzahl der tüchtigsten
Künstler aus der Heimat haben sich aufopfernd dafür eingesetzt. Eine ganze Literatur gibt von diesen
Werken Kenntnis, bringt Vorbilder und Anregungen wie Mitteilungen über die ausgeführten Arbeiten.
Fast haben wir zu viele Kräfte hier eingesetzt, dem Heer und der Heimat entzogen. Es war ein Grundsatz, die Gefallenen aus den deutschen und den gegnerischen Armeen ohne Unterschied hier zur Ruhe
zu betten, daß die gleichen Denkmäler die Erinnerung an sie kündete, so draußen, so in der Heimat.

Die Majestät des Todes sollte versöhnen, ausgleichen. Von diesen Grabmälern und Friedhöfen ist nur ein allzu großer Teil nach dem Zurückweichen unserer Heere von den nachdringenden Alliierten zerstört oder von dem Artilleriefeuer niedergemäht worden. Aber das Beschämendste bleibt die geflissentliche Zerstörung der deutschen Kriegergräber, die wir bei unserem Vorrücken im Frühjahr 1918 allenthalben konstatieren mußten, in Nesle, in Ham, in Noyon und Chauny und überall, das Umstürzen der deutschen Grabsteine und Holzkreuze, das Zerstören und Sprengen der deutschen Denkmäler, das Beseitigen und Auskratzen der deutschen Inschriften, der deutschen Embleme, der eisernen Kreuze und Adler, aber auch das Abmeißeln des Christuskopfes, und mehr noch die schmachvollen Inschriften auf geweihter Stätte, das „Dormez assassins" und andere noch schmählichere Inschriften, die einst die Geschichte nur mit Scham nennen wird[1].

In der „Revue Bleue" vom August und September des Jahres 1916 hat Marcel Magne die verschiedenen Vorschläge, Stimmungen gewürdigt, die sich mit der Frage der Wiederherstellung der zerstörten Kunstschätze und Denkmäler in Frankreich beschäftigen[2]. Es ist allen Ernstes im Jahre 1916 in einem französischen Gesetzentwurf, der Loi Breton relatif au classement et à la conservation des ruines historiques (proposition de loi No. 1290), der Vorschlag gemacht worden, die Ruinen, die am besten geeignet dazu sind, die künftigen Generationen in dem Haß zu unterrichten, die Wälder und die berühmtesten Schlachtfelder in dem Zustand zu erhalten, in dem sie sich nach den kriegerischen Operationen befinden. Mit Recht hat der Finanzminister dagegen geltend gemacht, die Ausdehnung dieser Schlachtfelder sei so ungeheuer, daß man dadurch wesentliche Teile des Landes produktiver Ausnutzung entzöge. Der Autor sieht vor, daß die vieilles cités mortes für die cités nouvelles eine Quelle des Reichtums werden, indem sie die Touristen und Besucher anzögen! Die Franzosen haben die ihnen geläufige Trennung zwischen monument mort und monument vivant wieder aufgenommen, und Maurice Barrès hat für die kirchlichen Denkmäler die neue Scheidung angeführt der églises blessées und der églises tombées au champ d'honneur. Eine ganze Literatur beschäftigt sich schon damit, was mit diesen Kirchen wie mit den übrigen zerstörten Denkmälern geschehen solle. Architekten und Gelehrte, Akademien und Kongresse in Frankreich wie in England und Amerika haben sich dazu geäußert, große Organisationen sind geschaffen, Pläne aufgestellt, Mittel beschafft. Agache Auburtin und Rédont haben in einem dicken Band „Comment reconstruire nos cités détruites?" die Grundsätze für den Wiederaufbau der Städte erörtert. Das Gesetz vom 23. Januar 1917 beschäftigt sich mit den Einzelheiten der Entschädigungen wie des Wiederaufbaues und sieht eine große Spezialkommission für die Erhaltung und Sicherung der Ruinen und die Wiederherstellung der historischen

---

1) Ich drucke hier die Sätze ab, die Henri Lavedan in der „Illustration" vom 12. Mai 1918 geschrieben hat — sie richten sich in der erbärmlichen Niedrigkeit der Gesinnung selbst: Puisqu'ils sont venus s'échouer dans notre sol, nous le leur concédons. Qu'ils l'engritassent. Mais rien de plus. Les six pieds de terre aux quels, ainsi que tout homme, ils ont droit, ne valent qu'en longueur. Pas en hauteur. Une simple petite croix de bois, courte et bonne, suffira pour que nous soyons amplement généreux. Et, quant au reste... à bas! La pioche et le bélier. Nous rejetterons dans la nuit tous ces dieux de leurs piédestals, et la nature, le temps, les saisons, les années, feront de ce néant ce qu'il leur plaira. Man möchte diesen Worten eines unwürdigen Hasses die schönen und von dem edelsten Gefühl für Humanität zeugenden Ausführungen des Schweizers Alfred Ney gegenüber stellen, der eine Internationale Vereinigung zur Rettung und zum Schutze der Kriegergräber fordert: Die tiefempfundenen Worte aus seiner kleinen Schrift: Das Recht der Toten. Ein Wort zum Schutz des Kriegergrabes, Zürich, Orell Füßli 1918 (auch französische Ausgabe: Le droit des morts. Un appel pour la protection des Tombeaux de guerre) möchte man jenen Friedhof- und Grabmalsschändern vor Augen halten.

Die Abbildung des zerstörten und geschändeten Kriegerdenkmals von Chauny bringt die Daily Mail vom 21. Mai 1917 mit den rühmenden Worten: The French destroy Huns' monument to their deads. Diese Sache der Kriegergräber in Feindesland hat einen begeisterten und beredten Anwalt in einem Nordländer gefunden: Rikard Teglbjaerg, Kampen ud over graven, Nordiske forfatteres verlag 1918, der ernste und vernichtende Worte für jene Zerstörer der Grabmäler findet.

2) Marcel Magne, La guerre et la reconstitution des trésors artistiques de la France: Revue Bleue 1916, Nr. 16, 17. — Die Proposition de loi no. 1290 relative au classement et à la conservation des ruines historiques, par I. L. Breton spricht aus: Il faut que les ruines les plus qualifiées pour servir d'enseignement aux générations futures, les forêts historiques et les territoires les plus célèbres soient conservés dans leur état où ils se trouveront après les opérations de la guerre.

Denkmäler vor[1]. Es hieße zu weit gehen, hier alle diese Äußerungen zu prüfen. Die Kathedrale von Reims spielt auch in diesen literarischen Debatten die Hauptrolle, sie wird wie ein Paradigma behandelt. Man sieht auch hier, wie die große Phrase, an der sich der Romane nun einmal berauscht und erhitzt, jede vernünftige und kühle Überlegung zu ersticken droht, so wenn der Maler Alfred Roll wortreich gegen jede Wiederherstellung der Kathedrale protestiert, oder wenn ein anderer, Henri Lavedan, ausruft: Nous voulons que le squelette calciné du temple d'aujourd'hui soit en quelque sorte la châsse des restes du temple d'hier. Und zuletzt wird von all diesen Deklamationen das nationale Gewissen doch wieder zu der ruhigen sachlichen Erwägung zurückkehren, die Monsignore Lacroix, der frühere Bischof und jetzige Professor an der Sorbonne, formuliert hat, daß es nötig sei, der Welt ein Beispiel von der Vitalität und der wiedergegebenen Kraft Frankreichs zu geben, indem die Kathedrale wieder ersteht[2].

Aber wie dieser Krieg mit all seinen weltgeschichtlichen Umwälzungen nun auch das historische Fühlen an sich verändert und gleichsam neu geformt hat, wie er das Problem „von Nutzen und Nachteil der Historie für das Leben" in schrecklicher Deutlichkeit uns vor Augen gestellt hat, so werden auch für die Denkmalpflege alle Grundsätze umgeworfen werden. Wir standen den Ruinen bislang gegenüber mit der Mischung von Ehrfurcht vor der historischen Urkunde und einer ziemlichen Dosis von romantischer Schwärmerei. Der alte Ruinenbegriff und die Scheu, die Ruine zu berühren, wird und muß fallen. Es gibt der Ruinen zu viel. Es ist die zeitliche Distanz, die den Ruinenbegriff schafft. Mit dem Friedrichsbau des Heidelberger Schlosses gleichzeitig ist Schloß Frederiksborg vor Kopenhagen entstanden; als der Renaissancebau Christians IV. 1859 abgebrannt war, hat man ihn ein Menschenalter später ruhig wieder auf- und ausgebaut, ohne daß die Forderungen der Denkmalpflege überhaupt erörtert worden wären. Ypern, Dixmuiden und Arras gegenüber versagen alle bisherigen Grundsätze der Denkmalpflege. Vor Jahresfrist noch lief die Nachricht durch die Blätter, die belgische Regierung habe nach den in ihrem Besitz befindlichen Plänen die Wiederherstellung der Hallen von Ypern beschlossen. Man stelle sich

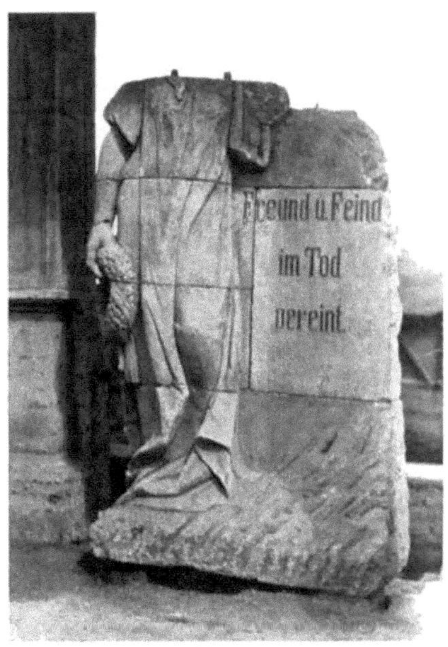

Von den Franzosen zerstörtes deutsches Kriegerdenkmal vom Friedhof in Champien

---

1) Dieser Gesetzentwurf hat übrigens in der Kammer, in der commission sénatoriale des dommages de guerre, in der politischen und der Fachpresse sehr heftige Gegnerschaft gefunden. Der Kommission ist ihr Weg vorgezeichnet; sie soll ihre Gutachten abgeben sur la reconstruction, en leur état antérieur, des monuments présentant un intérêt national d'histoire et d'art. Ich finde eine sehr klare Beleuchtung des Entwurfes in der Studie von Jules Braut, La réparation des dommages artistiques causés par l'invasion, Paris, L'émancipatrice, 1917.

Bei einem Festessen, das am 21. Sept. 1918 (nach Reuter) französische Künstler und Literaten veranstalteten, hat auch der englische Botschafter Lord Derby sich in diesem Sinne ausgelassen: alle jene geschichtlichen Baudenkmäler, die beschädigt oder verunstaltet worden seien durch die deutsche Brutalität, sollten nicht wieder hergestellt, sondern in ihren erschütternden Trümmern gelassen werden als die besten Denkzeichen an ihren heldenhaften Untergang „und als die beste Lehre für die kommenden Geschlechter, was das Schicksal der Welt gewesen wäre, wenn Deutschland die Oberhand behalten hätte"! Und was soll mit den durch französische und englische „Brutalität" zerstörten Denkmälern geschehen?

2) Das letzte Wort in dieser Debatte ist die Auslassung von Paul Léon, La renaissance des ruines. La guerre et l'architecture. Paris, H. Laurens, 1918.

vor, daß schon in der eingeschlafenen modernen Stadt Ypern der Riesenbau des 13. Jahrhunderts
keinen Zweck mehr zu erfüllen hatte, daß eine wirkliche Wiederherstellung des offenen Dachstuhls,
für den ein ganzer Eichenwald nötig wäre, zudem ganz ausgeschlossen sein würde. Wenn dieses
Projekt zur Ausführung kommen sollte, so würde es sich um eine historische Rekonstruktion, um
einen völligen Neubau handeln, wie ein solcher freilich auch die jetzt vielbewunderte Maison du Roi
am Markt in Brüssel ist, und wie die Table ronde in Löwen, die schon über ein Jahrhundert verschwunden ist, nach den Gedanken der Commission Royale wieder sein sollte. Wird man, wie den
Campanile in Venedig, um des Stadtbildes willen, als Akzent und als Symbol den Beffroi in Arras
wieder aufführen — oder wird eine starke, eigenwillige Architektur hier wie anderwärts versuchen,
ein künstlerisches Denkmal von gleich starkem Lebensgefühl als Ausdruck des neuerwachten Lebens-
willens des 20. Jahrhunderts zu gestalten? Wird ein Mann aufstehen wie jener Pierre de Craon in
Paul Claudels Mysteriendrama, der in Reims eine Kirche aufzuführen sich vermißt, qui sera plus
belle que Saint-Rémy et Notre Dame? Eine unendliche Fülle neuer Probleme tritt uns hier entgegen. Wir dürfen alle hoffen, daß mit dem Wiederaufbau des so schwer mitgenommenen Landes
auch der Gestaltungswille der ewig jungen französischen Kunst hier seine Wiederauferstehung findet.

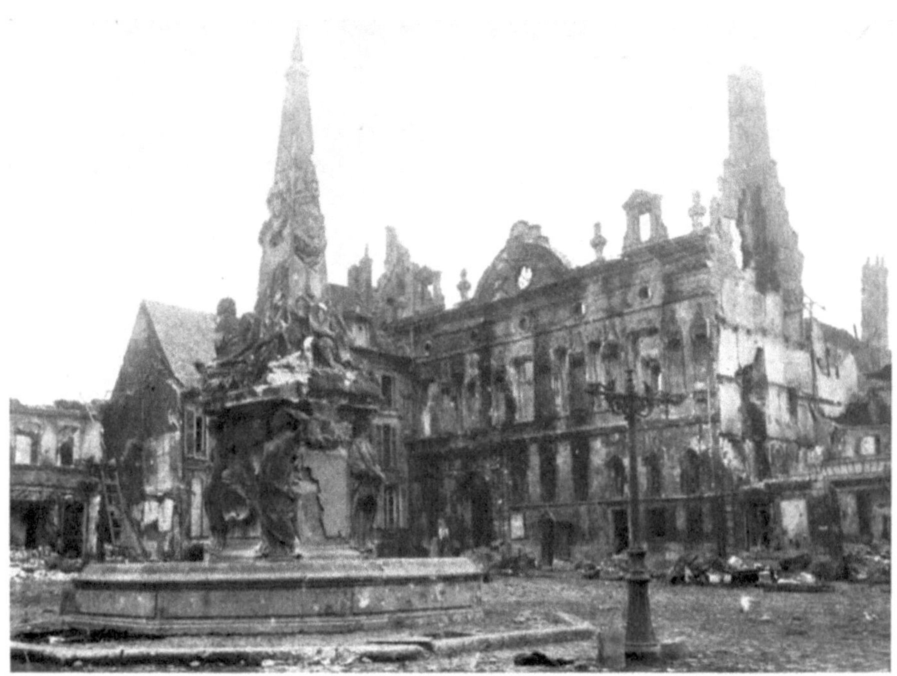

Noyon. Das Rathaus und der Unrechtbrunnen im Mai 1918

V.

Die Bergung des mobilen Kunstbesitzes in Nordfrankreich

Von Theodor Demmler

Wer heute zurückschauend unsern Denkmalschutz im Kriege schildern, seine Absichten und seine Erfolge kritisch bewerten möchte, vergißt leicht, wie fremd Kriegführung und Kunstpflege einander gegenüberstehen und wie wenig wir durch die Friedenszeit darauf vorbereitet waren, beide zusammenzudenken. Es war ganz natürlich, daß es bei den Gegnern wie bei uns lange währte, bis eine offizielle Verbindung hergestellt war. Zwar riefen die Ereignisse des Vormarsches durch Belgien sofort die berufenen deutschen Stellen auf den Plan. Aber nach jener ersten Entsendung namhafter Kunstgelehrter in das belgische und bald darauf auch in das französische Kampfgebiet verstrich doch eine lange Zeit, bis zu dem Versuch einer umfassenderen Sicherung des wichtigsten nordfranzösischen Kunstbesitzes. Das war natürlich. Der siegreiche Vormarsch unserer Armeen nahm alle Gedanken und alle Kräfte von Heer und Heimat in Anspruch. Die Gefährdung der Kunstdenkmäler schien in der Hauptsache beseitigt, sobald die kämpfende Truppe weiter nach vorn gerückt war.

Auch als die Westfront im Stellungskrieg erstarrte, konnten zum mindesten die Kunstsammlungen in den Städten ruhig ihren berufenen einheimischen Hütern anvertraut bleiben, solange die Gefahr ihrer Hereinziehung ins Kampfgelände nach dem Ermessen der militärischen Stellen nicht zu befürchten war. Anders stand es freilich um die Werte, die in zerstörten und verlassenen Gebäuden verstreut lagen. Hier bot sich dem Kunstschutz gerade im Anfang des Krieges ein weites und dankbares Feld der Betätigung. Ein Erlaß des Generalquartiermeisters vom 2. März 1915 bestimmt darüber folgendes:

„Es empfiehlt sich, denjenigen Kunstbesitz, der sich in zerstörten oder gänzlich verlassenen Baulichkeiten befindet, zur Aufbewahrung an gesicherterem Ort der nächsten Behörde des Landes oder in Ermangelung einer solchen einer Kommission angesehener und zuverlässiger Persönlichkeiten zu übergeben, Kircheneigentum in erster Linie Geistlichen benachbarter Ortschaften.

Grundsätzlich wird die Sicherung an Ort und Stelle anzustreben sein. In erster Linie sind die Landesbehörden oder beim Fehlen solcher zuverlässige Einwohner hierzu heranzuziehen. Eine weitere Sicherung kann durch geeignete polizeiliche Maßregeln und die Androhung strenger Strafen gegen Zerstörung, Beraubung und Beschädigung geschaffen werden.

Müssen solche Gegenstände im Interesse ihrer Erhaltung weggeführt werden, so wird auch dieses grundsätzlich durch die nächste Behörde des Landes oder angesehene Landeseinwohner zu besorgen sein.

Über alle solche Maßnahmen ist eine Verhandlung aufzunehmen, die an die zuständige Etappen-Inspektion zwecks Aufbewahrung einzusenden ist.

Mit diesen Bestimmungen sollen die Sicherungsmaßnahmen, die vielfach von den örtlichen Verhältnissen abhängen, nicht erschöpft werden. Auch sollen sie nicht zu einer übertriebenen Suche nach verlassenen kunstgewerblichen Gegenständen führen.

Sie sollen vielmehr das Augenmerk der Truppen und besonders der längere Zeit in einem Ort befindlichen Ortskommandanten auf ihre Pflicht der Erhaltung wertvollen Kunstbesitzes hinlenken und einige Maßnahmen andeuten."

Die Grundgedanken dieser Verfügung — örtliche Sicherung, Heranziehung der Landeseinwohner — sind unanfechtbar. Trotzdem ist ihr praktischer Erfolg gering gewesen. Die Ortskommandanten waren mit anderen, militärisch dringlicheren Aufgaben voll beschäftigt; sie waren auch in den meisten Fällen gar nicht in der Lage, wichtiges altes Kunstgut als solches zu erkennen. Die Anregung zum Schutz hätte von den Einheimischen ausgehen müssen; aber unter ihnen fehlten ja gerade die Besitzer jener verlassenen Häuser; und was die anderen betrifft, so ist es ohne weiteres verständlich, daß sie nur ausnahmsweise der feindlichen Militärbehörde das nötige Vertrauen entgegenbrachten. Offenbar fehlte es hier an einem Bindeglied, einem vermittelnden Organ, das den guten Absichten

der Heeresverwaltung zum Verständnis bei der französischen Bevölkerung und zur Durchführung
verholfen hätte. Man hätte an sich daran denken können, Vertrauensleute aus dem Kreis der Franzosen selbst zu berufen, einheimische Denkmalpfleger sozusagen. So verlockend dies erscheint, es
ist praktisch doch undurchführbar. Selbst wenn es gelänge, überall die richtigen Persönlichkeiten
zu finden und zur Mitarbeit zu gewinnen, so könnte ihnen die nötige Reisefreiheit unmittelbar hinter
der Front nicht gewährt werden.

Früher oder später mußte daher die Heeresbehörde dazu übergehen, sich selbst solche Organe
zu schaffen. Der Anstoß dazu ging von der Heimat aus. Der Generaldirektor der preußischen Staatssammlungen, Wilhelm von Bode, der schon am Anfang des Krieges die Entsendung Otto von Falkes
nach Belgien durchgesetzt hatte, gab auch hier die entscheidende Anregung, auf die der preußische
Kultusminister bereitwillig einging.

Die Aktion zum Schutz der französischen Kunstdenkmäler, die damit einsetzte, knüpft nun
nicht etwa an den eben besprochenen Erlaß und an die Mängel seiner Durchführung an. Sie hatte
auch zunächst gar nicht so sehr den Privatbesitz und das unbeaufsichtigte Gut im Kampfgelände im
Auge, sondern die Schätze der Museen und Kirchen.

Zunächst war es ein dringendes deutsches Interesse, einmal festzustellen, ob diese Bestände
überhaupt vollzählig vorhanden waren, ob sie durch den Krieg bisher gelitten hatten, ob, wie manche
Nachrichten besagten, vor unserem Einmarsch oder nachher Teile der Sammlungen entfernt oder
versteckt worden waren. Dann aber galt es, bei der unberechenbaren Dauer des Krieges, bei der
zunehmenden Gefährdung der Städte hinter der Kampffront durch weittragende Geschütze und durch
Fliegerbomben, sich klar darüber zu werden, was zur Sicherung dieses Besitzes geschehen könne.

Wie dringlich ein solches Vorgehen war, davon hatten die heimischen Stellen, von denen die
Vorschläge ausgingen, zunächst selbst noch keine Ahnung. In Wahrheit kam ja gerade seit der
Sommeschlacht im Sommer 1916 die lange starr gebliebene Westfront wieder in Bewegung und die
deutsche Heeresleitung begann ihre Vorbereitungen zu jenem neuen Verteidigungssystem, das in
dem strategischen Rückzug und der Frontverkürzung Anfang 1917 ans Licht trat.[1]

Die Feststellung, daß alle Sammlungsbestände im besetzten Nordfrankreich mit verschwindenden Ausnahmen an Ort und Stelle vorhanden waren und ebenso die Aufstellung der Richtlinien für das,
was vom Standpunkte der Kunstpflege aus an Maßnahmen wünschenswert war, bedurfte nur weniger
Wochen. Sie wäre noch rascher geglückt, wenn sie nicht durch eine Reihe praktischer Bergungsmaßnahmen im Gefolge der Sommeschlacht unterbrochen worden wäre, die keinen Aufschub duldeten.

Bei dieser praktischen Tätigkeit gewann ich einen Einblick in die Schwierigkeiten, mit denen
jeder Kunstschutz auf deutscher Seite zu rechnen hatte. Die größte war die Knappheit der Verkehrsund Transportmittel. Niemand, der die Leistungen des deutschen Heeres in den letzten zwei Kriegsjahren auf irgendeinem Gebiet richtig würdigen will, darf an dieser grundlegenden Tatsache vorübergehen. Als unser Kunstschutz einsetzte, Ende 1916, war sowohl das Aufsuchen der Ortschaften und
Schlösser in der Nähe der Front wie auch jeder militärisch nicht dringliche Abtransport gegenüber
dem Jahr 1915 ganz außerordentlich erschwert, weil mit Personen- und Lastwagen stets gespart
werden mußte, und am allermeisten naturgemäß gerade da, wo auch unsere Kunstschutzarbeit am
nötigsten gewesen wäre. Hier von vornherein mit „großzügigen" Forderungen für die Kunst- und
Denkmalpflege aufzutreten, hätte einfach dazu geführt, daß die militärischen Stellen — nicht aus
Kunstfeindschaft, sondern aus pflichtmäßigem Verantwortungsgefühl heraus — ihre Mitwirkung
versagen mußten. Es galt vielmehr, überall an das in der Truppe und bei den Kommandeuren vorhandene Kunstinteresse anzuknüpfen; es galt die militärischen Stellen zu bewegen, sie möchten
— zu ihren überreichlichen Aufgaben hinzu — auch noch für die gefährdeten Kunstwerke in ihrem
Bezirk Fuhrwerk oder Material und Mannschaften — und oft genug alles zusammen — bereit stellen.
Es liegt auf der Hand, daß die Erfüllung solcher Bitten auch beim besten Willen dann abgeschlagen
werden mußte, wenn für die kämpfende Truppe selbst Kräfte und Beförderungsmittel mangelten.

---

1) Meine Tätigkeit beim Stabe des Generalquartiermeisters, die zuerst nur informatorisch gedacht war,
begann Ende Oktober 1916.

Dazu kam ein zweites. Es gibt „ruhigere" Zeiten, die für Bergungsarbeiten an sich sehr geeignet wären. Jetzt könnte eine planmäßige und umfassende Aktion einsetzen. Es könnte aus einer Stadt alles Unersetzliche an Kunstwerken, an wertvollem, altem Mobiliar, an Urkunden und Bücherschätzen weggebracht werden. Aber welche Unruhe wird dadurch in die Zivilbevölkerung hineingetragen! Mehrmals ist es mir in späterer Zeit vorgekommen, daß solche große Bergungsaktionen undurchführbar waren oder doch verschoben werden mußten, weil der Armeeführer in diesem Augenblick unter allen Umständen vermeiden mußte, bei den Franzosen den Eindruck eines bevorstehenden Angriffs, einer geplanten Räumung, hervorzurufen.

Dennoch — diese Hindernisse bei der Durchführung durften nicht davon abhalten, die Dringlichkeit eines Schutzes für die mobilen Kunstwerke zu betonen und die Frage zu klären, was denn nun für sie geschehen könnte.

Wie die maßgebenden Stellen der Heeresverwaltung, so habe auch ich selbst stets den Standpunkt vertreten, daß die beste Lösung in einer Entfernung des gefährdeten Kunstbesitzes aus dem Kriegsgebiet bestehen würde. In Deutschland hätten wir für jede in Betracht kommende Menge die nötigen Magazin- oder Ausstellungsräume, die sachverständige Aufsicht und Pflege, gefunden. Daß dieser Weg nicht beschritten werden konnte, daß man sich mit einem Notbehelf begnügen mußte, der wenigstens der Heeresverwaltung immer als solcher erschien, daran sind — das muß offen ausgesprochen werden — vor allem auch unsere Gegner schuld. Längst hatte jener vergiftende Pressefeldzug eingesetzt, der bei jeder deutschen Maßregel unredliche Absichten witterte, der jede Gelegenheit begierig ergriff, um neue „Beweise" für die deutsche Barbarei und Raubgier zu Tag zu fördern. Es mußte angenommen werden, daß es in diesem Fall nicht bei dem Geschrei der feindlichen Presse bleiben, sondern, daß der vermeintliche „Raub" zu Repressalien vor allem gegen das deutsche Eigentum im Auslande benutzt werden würde. Aus diesem Grunde widersprach das Auswärtige Amt jeder Unterbringung der Kunstschätze jenseits der Landesgrenzen und die Heeresverwaltung mußte dem Rechnung tragen.[1]

So kam es, daß wir für alle französischen Bergungen auf den schmalen Landstreifen angewiesen waren, der zwischen unserer Front und der belgischen Grenze lag, und der naturgemäß, je länger der Krieg dauerte, je größer die eingesetzten Truppenmassen waren, immer mehr für militärische Zwecke im engsten Sinn in Anspruch genommen wurde. Ein Blick auf die Karte zeigt, daß fast alle Städte (Laon, Chauny, Noyon, La Fère, St.-Quentin, Cambrai, Douai, Lens, Lille, Roubaix, Tourcoing) als Zufluchtsorte von vornherein ausschieden, da sie selbst zur gefährdeten Zone gehörten. Im „Hinterland", freilich auch noch bedrohlich nah an der gefährdeten Zone, gab es nur eine einzige Stadt, deren Museum eine nach modernen Begriffen genügende Unterkunft für größere Mengen wertvoller Gegenstände bot, Valenciennes. Die Museen in Sedan und Charleville sind klein und gerade für den wichtigsten Teil der Front auch ungünstig gelegen. In Orten wie Maubeuge mußten wir mit unsern Depots mehrmals umziehen, in anderen Städtchen war jeder größere Raum längst für Lazarette, Erholungsheime und sonstige Heereszwecke belegt. Einsame Schlösser bieten für den Transport wie für die Bewachung allzu große Schwierigkeiten: kurz, die Auswahl der Bergungsstätten war von vornherein äußerst beschränkt. Um so mehr mußte Wert darauf gelegt werden, nicht wahllos zusammenzutragen, was irgendwie und irgendwem der Sicherung wert erschien, sondern zunächst das Augenmerk auf die großen unersetzlichen Schätze im öffentlichen Besitz zu richten. Es wird jetzt soviel darüber geklagt, daß manche alte Schloßbibliothek, manches seit Generationen treu gepflegte Mobiliar dem Krieg zum Opfer gefallen ist: wer gerecht sein will, der muß sich sagen, daß wir auch ohne unsere Transportnot gar nicht daran denken konnten, die Unsummen von kulturell wertvollem Hausgerät in dem reichen und dicht besiedelten Land alle durch Abtransport zu sichern.

Außer dem Wohin? mußte noch eine zweite Frage grundsätzlich geklärt werden. Welcher Unterschied ist zu machen zwischen öffentlichem und privatem Besitz? Sie wurde so entschieden,

---

[1] Schreiben des Generalquartiermeisters an den Preußischen Kultusminister vom 14. Januar 1917:

„ — — Darnach bin ich zu meinem Bedauern nicht in der Lage, eine Rückführung von Kunstschätzen nach Deutschland oder Belgien anzuordnen. Es soll versucht werden, die gefährdeten Stücke an französischen Plätzen unterzubringen."

daß der private Eigentümer im Grundsatz selbst die Heeresverwaltung um Sicherung seiner Kunst-werke ersuchen sollte. Gegen seinen Willen sollte nichts abtransportiert werden. Andererseits be-hielt sich die Heeresverwaltung vor, Gegenstände zurückzuweisen, die nicht wertvoll genug er-schienen und Wichtigerem den Platz weggenommen hätten. (Glücklicherweise mußten wir nur selten von diesem Recht Gebrauch machen.) Und ebenso griff unser Schutz da ein, wo weder der Besitzer noch ein Vertreter mehr zur Stelle war: freilich, hier hätte, wenn wir am Anfang des Krieges be-gonnen und größere Mittel besessen hätten, mehr getan werden können.

Gegenüber dem öffentlichen Besitz war die Verantwortlichkeit der Heeresverwaltung als oberster Landesbehörde größer: selbstverständlich wurden auch hier die berufenen einheimischen Organe gehört, die letzte Entscheidung jedoch, ob ein Abtransport stattfinden sollte oder nicht, der deutschen Instanz vorbehalten, die die Größe der kriegerischen Gefährdung und den Wert oder Unwert örtlicher Sicherungen besser beurteilen konnte als die einheimischen Stellen. Wir werden sehen, daß der Zwang, den sie nicht selten ausübte, dem französischen Kunstbesitz mehr als einmal zum Segen geworden ist.

Und nun — die „Organisation" des Kunstschutzes! Sie war bescheiden, erwuchs allmählich aus den Bedürfnissen und verfügte nur über ein verschwindend geringes eigenes Personal. Es ist nicht meine Aufgabe, dies aus der militärischen Lage im einzelnen zu begründen: jeder, der an der Westfront gewesen ist, weiß, wieviel straffer und intensiver unsere Kriegsführung seit der Somme-schlacht geworden war, wie immer neue Aufgaben des Ersatzes von Menschen und Material an die Heeresleitung herantraten, wie die Transportlage fast dauernd aufs äußerste gespannt war, wie aus allen Formationen das Letzte herausgeholt werden mußte, um den Anforderungen der Stunde zu genügen.

Die Sorge der Obersten Heeresbehörde war daher beim Kunstschutz ebensosehr darauf ge-richtet, der Truppe unnötige Arbeitslast zu ersparen, wie darauf, das wirklich Wesentliche und Uner-setzliche zu schützen. Dies konnte geschehen, wenn die Ausführung im wesentlichen den Armeen überlassen blieb, diese aber von Sachverständigen beraten wurden. Den Fachleuten, als Organen des Armee-Oberkommandos, fiel eine dreifache Aufgabe zu: die Vorschläge zu Bergungen, die Über-wachung und Leitung der angeordneten Maßnahmen, die Sorge für die angelegten Kunstasyle. Der Oberbefehlshaber der Armee gab die letzte Entscheidung über die militärische Zulässigkeit und Dringlichkeit der Bergungen. Der Generalquartiermeister, gleichfalls beraten durch einen Fach-referenten, regelte die grundsätzlichen Fragen und griff bei großen Objekten auch mit Anregungen und Vorschlägen an die Armeen ein.

Diese Richtlinien sind während der letzten zwei Jahre des Krieges festgehalten worden. Ich glaube, daß sie dem Aufbau unseres Heeres richtig angepaßt waren. Selbstverständlich war nach unten hin eine Erweiterung möglich: es konnten Sachverständige auch für kleinere Gebiete und Verbände bestellt werden. Entscheidend blieb aber immer die Stellungnahme der Armeen. Nicht alle sind auf den Gedanken der Denkmalpflege in gleichem Maße eingegangen. Es gab Stellen, die unseren An-sprüchen gern mit einer einmaligen Hilfsaktion entgegenkommen, dann aber die Sache ein für allemal als „erledigt" ansehen wollten. Sie verneinten das Bedürfnis der dauernden Überwachung der Denk-mäler durch einen stets dem Oberkommando zur Verfügung stehenden Sachverständigen, der das Recht eigenen Vortrages beim Oberquartiermeister der Armee hatte. Vor allem war das der Fall in Gegenden ohne bedeutendere Ortschaften und ohne öffentliche Sammlungen. Hier konnte man öfters hören: „Bei uns gibt es überhaupt keine Kunst." Es war nicht leicht, ist aber fast immer gelungen, die Armeebehörden schließlich vom Gegenteil zu überzeugen.

So gewiß dieser Widerstand von seiten einzelner Kommandostellen begreiflich war — alle höheren Stäbe wurden durch das Hinzutreten wirtschaftlicher, technischer und sonstiger Aufgaben mit jedem Monat mehr in Anspruch genommen und ihr Personal schwoll oft beängstigend an —, so wenig konnte doch die Kunstpflege auf die Armee-Sachverständigen verzichten, wenn wirklich etwas Ersprießliches geleistet werden sollte. Bei der französischen Organisation, die spät, dann aber sehr energisch von der Regierung gefördert wurde, verfügten die Leiter des „Service des monuments et d'œuvres d'art" in den drei großen Frontabschnitten Nord, Centre und Est über eigene Beförde-rungsmittel, Personen- und Lastkraftwagen, sowie über eigene Arbeitskräfte in ziemlich bedeutendem Umfang. Das mußte der deutschen Denkmalpflege versagt bleiben: um so größer war ihr Interesse daran, bei jeder Armee ein eigenes Organ zu besitzen, das an die notwendigen Aufgaben erinnern und mit den auftretenden Bedürfnissen sich alsbald an Ort und Stelle vertraut machen konnte. Eine gewisse Ungleichheit in der Behandlung der einzelnen Landesteile ließ sich gleichwohl nicht vermeiden: die wachsende Verkehrsnot erschwerte den wenigen Kräften, die uns zur Verfügung standen, ihre Arbeit ganz bedeutend. Um so mehr darf das, was geleistet worden ist, zu einem erheblichen Teil als persönliches Verdienst der Fachleute gelten. In seiner Verschiedenheit trägt es vielfach das Gepräge der persönlichen Eigenart, mit der sie ihre Aufgabe anfaßten.

Die französische Front gliedert sich für unsere Arbeit in sechs Abschnitte, wobei die im Lauf der Zeit eingetretenen Verschiebungen in den Grenzen der Armeebezirke außer Betracht bleiben können. Ich benenne sie nicht nach den Armeen, sondern nach ihrer geographischen Lage:

1. Zwischen Maas und Mosel — Bergungsort Metz;
2. Verdun—Argonnen — Bergungsort Montmédy u. a.;
3. Nördlich Reims—Rethel—Vouziers — Bergungsorte Charleville—Sedan;
4. Laon: Aisnefront — Bergungsort Fourmies;
5. Noyon—La Fère—St. Quentin — Bergungsort Maubeuge;
6. Cambrai—Douai—Lille — Bergungsort Valenciennes.

Gleich der erste Abschnitt steht unter besonderen Bedingungen. Metz lag außerhalb der französischen Grenzen; aber es war dort die einzige als Zufluchtsstätte sich darbietende Stadt. Und die Arbeit hatte hier begonnen, ja sie war in der Hauptsache schon vollbracht, ehe die Oberste Heeresbehörde ihre Grundsätze für die Sicherung von Kunstwerken aufstellte. Es war der im Kreis der Archäologen wohlbekannte Leiter des Metzer Museums, J. B. Keune, der hier, berufen und unterstützt von den örtlichen Kommandostellen, seit Ende 1914 eine vorbildliche Wirksamkeit entfaltete. Ich brauche an sie, die der Öffentlichkeit nicht unbekannt geblieben ist, hier nur zu erinnern.[1] Vorbildlich war sie vor allem durch den Mut, mit dem die heikelsten Aufgaben zuerst angepackt und gelöst wurden: die Überführung der schwer gefährdeten, aber auch schwer zu entfernenden steinernen Reliefskulpturen in den Kirchen von Etain Hattonchatel und St. Mihiel. Wo das Herauslösen aus der Wand Beschädigungen hätte mit sich führen können, wie bei der schönen Grablegungsgruppe des Ligier Richier der Kirche St. Etienne in St. Mihiel, wurde durch einen örtlichen Einbau mit Sandsäcken, den die dort liegende bayerische Truppe mit Eifer und Verständnis durchführte, wenigstens der Splittergefahr vorgebeugt, die den Bau schon erheblich bedroht hatte. Unmöglich erwies sich ein solcher Schutz bei dem großen steinernen Retabel des späteren 16. Jahrhunderts im Chor derselben Kirche. Der Abtransport ist erwogen und bei der Armee beantragt worden. Er wurde schließlich aufgegeben, da es nicht möglich war, mit den vorhandenen Mitteln das große Denkmal abzubauen und ohne Schaden nach Metz zu bringen. Man kann nur hoffen, daß die letzten Kämpfe, die zur Aufgabe des lange behaupteten Stützpunktes führten, es verschont haben. Keunes Sorge war hier und anderwärts darauf gerichtet, das Gefährdete wenigstens im Bilde sicher festzuhalten. Es versteht sich von selbst, daß auch die mit Sandsäcken eingebaute Steingruppe vorher genau photographisch aufgenommen wurde. Was an Gipsabgüssen vorhandener und längst verschollener Bildwerke in St. Mihiel zu finden war, wanderte als unersetzliche Urkunde gleichfalls nach Metz.[2]

---

1) Ein aktenmäßiger Bericht von Keune selbst: „Kriegsarbeit des Museums zu Metz" als Anlage VIII des „Sechsten Berichtes über die Verwaltung des besetzten Gebietes von Longwy und Briey", auch als Broschüre. Ferner bei Clemen: „Der Zustand der Kunstdenkmäler auf dem westlichen Kriegsschauplatz." Zeitschrift für bildende Kunst 1915 (Sonderabdruck). Für die Bergungsstätte Metz wie für einiges in den folgenden Abschnitten darf auch verwiesen werden auf meine für die Franzosen des besetzten Gebietes geschriebene Darstellung „Asiles d'art" im Almanach der Gazette des Ardennes für das Jahr 1918. (Gute Abbildungen besonders bei Clemen.)

2) Am 1. Mai 1917 wurde noch eine „Bergungsstelle für Kunstschätze und Archive des Gouvernements Metz für das besetzte Gebiet von Longwy und Briey" eingerichtet. Die Arbeit des Kunstschutzes übernahm Ludwig Burchard, der bis zum 1. August 1918 tätig war. Die Abtransporte traten in der späteren Zeit zurück; dagegen wurde durch Inventarisierung und durch Anregung örtlicher Schutzmaßnahmen das ganze Gebiet planmäßig bearbeitet.

Was war natürlicher, als daß diese in Schutzverwahrung genommenen Werke französischer Bildhauerkunst in Metz sorgsam wieder zusammengesetzt und in der kleinen Templerkapelle zu einer Ausstellung vereinigt wurden? Konnte der Zweck der ganzen Hilfsaktion, die Sicherung dieser ehrwürdigen Zeugen lothringischer Renaissance vor dem blinden Zufall kriegerischer Zerstörung, deutlicher betont werden, als wenn sie allen Kunstfreunden nach glücklich vollbrachter Übersiedelung wieder gezeigt wurden? Wir haben es nicht verstanden, daß französische Zeitungen von Rang es fertig brachten, diese deutsche Arbeit für französischen Nationalbesitz in ihren Berichten als eine „Ausstellung gestohlener Kunstwerke", als eine „Plünderung" zu bezeichnen. Aber immerhin — es mochte eine Entgleisung vorliegen, gestützt auf irgendeine mangelhafte, entstellte Darstellung des Tatbestandes. So konnte man sich vor drei Jahren die Sache einigermaßen zurechtlegen. Aber heute? Die französischen Zivilbehörden, die alsbald nach der Räumung Lothringens in Metz einzogen, hatten nichts eiligeres zu tun, als den Leiter des Museums seines Amtes zu entheben und an der Templerkapelle das deutsche Schild: „Museum der Stadt Metz. Schutzverwahrung von Kunst- und Kulturwerken" durch die Inschrift zu ersetzen: „Garde des objets d'art volés par les Allemands". So geschmückt wurde unsere Ausstellung der Frau des Präsidenten Poincaré bei ihrem Besuch vorgeführt, die gewiß dort einen tiefen Eindruck von der deutschen Habgier mitgenommen hat. [1]

Daß die deutschen „Diebe" in Feindesland dieselbe Arbeit unternahmen, wie die Franzosen an ihrer eigenen Front, das anzuerkennen, ist, wie es scheint, für die französischen Zeitungen noch immer eine Unmöglichkeit.

Im ganzen befanden sich in Metz außer der Templerkapelle noch vier verschiedene Sammelstätten für geborgenes Gut. Dabei überwiegen an Zahl naturgemäß die Bibliothekschätze und Urkunden, deren sich besonders der damalige Archivdirektor Dr. Ruppel angenommen hatte. Die Feldgeistlichen hatten hier wie an anderen Teilen der Front aus verlassenen Kirchen eine Menge Kultgegenstände geborgen, die beim Bischof von Metz in Obhut genommen wurden.

Der nördliche Teil der Front von Verdun führt uns ins Gebiet der 5. deutschen Armee, die, ebenso wie die anschließende dritte (an der Champagne-Front), ihre Stellung während der ganzen Dauer der Besetzung im wesentlichen beibehalten hat. Für den Denkmalschutz ist solche „Bodenständigkeit" an sich eine günstige Vorbedingung. Er entwickelte sich bei der 5. Armee, dank der Initiative des dort tätigen Heribert Reiners schon im Jahre 1916 in glücklicher Weise. Das Interesse der militärischen Stellen, insbesondere des Oberquartiermeisters, Oberstleutnant Ehrhardt, der bei der 5. und später bei der 6. Armee mit Tatkraft und Hingebung unsere Sache gefördert hat, muß mit besonderem Dank verzeichnet werden. Auch der Bezirkspräsident von Metz, Freiherr von Gemmingen, der Vorsitzende der Gesellschaft für lothringische Geschichte und Altertumskunde, hat besonders die Anfänge des Kunstschutzes in dieser Gegend durch seine Fürsprache wirksam unterstützt.

Es handelte sich hier nicht um Museen und umfangreiche Abtransporte. Um so mehr konnte dem ganzen Bezirk eine gleichmäßige Überwachung und Fürsorge zuteil werden; manches, was in bewegteren Kampfgebieten ein unerfüllbares Ideal bleiben mußte, ist hier verwirklicht worden, wo dieselbe arbeitsfreudige Persönlichkeit mit kurzer Unterbrechung bis zum Ende der Besetzung weiterwirken konnte.

Ein kurzer Bericht von Reiners selbst gibt wenigstens die Umrisse seiner Tätigkeit:

„Mitte September 1916 wurde ich mit der Bestandsaufnahme der Kunstwerke für die ganze Armee beauftragt. Ich organisierte daraufhin einen Denkmalschutz und habe sämtliche im Armeegebiet vorhandenen Kunstgegenstände vor Verschleppung oder Zerstörung sichergestellt.

Aus den zerstörten und im Feuerbereich gelegenen Kirchen sind die Kunstwerke zurückgeführt worden. Der größte Teil nach Ecouviez, einzelne auch nach Montmédy und nach Stenay. Rodins Bronzestatue des Bastien-Lepage vom Grab des Malers in Damvillers, sowie eine Anzahl Gemälde aus seinem Atelier wurden nach Metz gebracht.

---

1) Erst im Februar 1919, als die in Metz geborgenen Sachen durch Abgesandte beider Nationen geprüft und protokollarisch festgelegt wurden, hat Paul Vitry, der Delegierte des französischen Ministeriums, auf unseren Hinweis hin das Wort „volés" eigenhändig unkenntlich gemacht.

Aus den Kirchen der weiter rückwärts gelegenen und von den Zivilisten zum Teil geräumten Orte wurden die Wertgegenstände dem französischen Pfarrer eines nahebei gelegenen Ortes, wo dies nicht möglich war, der Orts- oder Etappenkommandantur übergeben.

Von den Privatsammlungen, deren Eigentümer noch anwesend waren, wurden genaue Listen angefertigt, um möglichen Verleumdungen und Vorwürfen zu begegnen.

Über alle Gegenstände wurde durch gelegentliche Besichtigungen eine ständige Kontrolle ausgeübt.

Ferner wurden den Generalkommandos Listen übergeben von allen in ihrem Bezirke vorhandenen Kunstgegenständen, die bei einer Gefährdung für die Rückführung in Betracht kamen. Ich bemühte mich, das Interesse der Truppen an den Kunstdenkmälern ihres Gebietes durch Lichtbildervorträge an den verschiedenen Orten zu wecken.

Das Wichtigste war aber wohl die Inventarisation aller Kunstdenkmäler des Armeegebietes. Durch mehrere Architekten habe ich alle Bauten von kunsthistorischer Bedeutung bis in die Details aufnehmen lassen. Sodann wurde ein Bildarchiv eingerichtet, in dem alle photographischen Kopien gesammelt wurden. Wie wertvoll diese Aufnahmen durch Architekten und Photographen sind, zeigt sich jetzt, wo mancher wichtige Bau bei der Oktober-Offensive ganz oder zum Teil zerstört worden ist.

Ich hatte auch für das Nachbargebiet der 3. Armee eine solche systematische Aufnahme eingeleitet und schon viel wertvolles Material beisammen. Mancher der aufgenommenen Bauten ist heute wohl nur noch ein Trümmerhaufen."

In der anschließenden Argonnen- und Champagne-Front lagen die Verhältnisse ähnlich. Nur fehlte hier die ständige Anwesenheit eines Fachmannes. Die Zahl der nach Sedan gebrachten Kunstwerke ist nicht groß; am meisten Beachtung verdient die gut erhaltene Steingruppe einer Grablegung aus Séchault. Es ist aber anzunehmen, daß auch die Verluste an Kunstgut dort nicht allzu schwer sein werden, wenn nicht die Rückzugskämpfe im Oktober und November 1918 noch Zerstörungen verursacht haben.

Die nicht häufigen, aber zum Teil recht stattlichen Schlösser der Gegend mußten, da es an größeren Ortschaften fehlte, dauernd stark belegt werden. Einzelne gute Möbel und Bilder hatte das Oberkommando unter seinen eigenen Schutz genommen, andere werden, wie das bei so langer Dauer des Krieges unvermeidlich ist, Schaden gelitten haben. Man muß sich vergegenwärtigen, welche Menschenmengen auf einem solchen dünn besiedelten Landstrich zusammengedrängt waren. Daß dabei manches vom Besitzer geschonte Stück zum intensiv benützten Gebrauchsmöbel wurde, daß gelegentlich zur Ausstattung leerer Wohnungen der Bestand anderer Häuser herangezogen werden mußte, daß endlich Achtlosigkeit und Unkenntnis des Wertes den Frontsoldaten unsanft mit dem Mobiliar umgehen ließen, obwohl ihm das Gegenteil — schon im Interesse der nach ihm kommenden Kameraden — immer wieder ans Herz gelegt wurde, — das alles könnte als selbstverständlich übergangen werden, wenn nicht heute manchmal Ansprüche an die Denkmalpflege gestellt würden, denen sie niemals wird gerecht werden können. Eine sofort 1914 einsetzende, ständig wiederholte Kontrolle durch Fachleute hätte gewiß manches erhalten, was 1916 schon verloren war: aber auch ihren Erfolg darf man sich nicht zu groß vorstellen. Die Truppe, die von schwerem Kampf in ihre Ruhestellungen kommt, wird immer und überall auf dem einfachsten Weg sich alle Bequemlichkeiten des Hauses zunutze machen.

Weiter nach Westen zu galt die Front nördlich von Reims mit ihrem Hinterland, der weiten kahlen Hochfläche der Champagne und dem oberen Aisnetal, gleichfalls als ein kunstarmes Gebiet. Doch entschloß sich die 1. Armee im Herbst 1917, es durch einen Sachverständigen bereisen zu lassen. Wilhelm Pinder, der mit dieser Aufgabe betraut wurde, hat sie in mustergültiger Weise gelöst. Aus den vergessenen Dorfkirchen förderte er neben ländlich bescheidenen Werken eine Reihe Skulpturen, besonders des späten Mittelalters, zutage, die bisher ebenso der französischen Forschung wie dem „Classement" der Verwaltung entgangen waren.

Was südlich der Retourne gelegen war, wurde sofort geborgen, in der Gegend nördlich dieses

Baches sollte aus militärischen Gründen zunächst von einer Rückführung abgesehen werden.[1] Pinder selbst brachte unter geschicktester Ausnützung aller Transportmöglichkeiten seine Schützlinge unversehrt nach Charleville. Zu dem geplanten Ausbau des Begonnenen in einer Ausstellung, zu einer genaueren Bearbeitung des Gebietes kam es leider nicht; allzu rasch wurde der Sachverständige wieder in den Frontdienst zurückgeholt.

Zahlen bedeuten an sich wenig auf unserem Gebiet, doch mag es von Nutzen sein, sich einmal zu verdeutlichen, was eine solche vorübergehende Hilfsaktion zu leisten vermag, wenn sie sachkundig und energisch betrieben wird. Pinder hat in den wenigen Wochen seiner Kommandierung zur 1. Armee so gut wie sämtliche Städtchen und Dörfer des Operations- und des vorderen Etappengebiets aufgesucht. Sein Gesamtplan bergenswerter Gegenstände, sorgfältig abgestuft nach Wertklassen, umfaßt aus fast 60 Orten, vornehmlich aus den Kirchen, über 200 Werke; dazu kamen aus fünf Schlössern kleine Sammlungen und wertvolles Mobiliar. Durchgeführt wurde von ihm selbst: der Abtransport von 47 Gegenständen aus 26 Ortschaften, vor allem von Statuen und Bildern aus Kirchen, teilweise von bedeutendem Umfang; und außerdem einer umfangreichen Schloßbibliothek.

Eigenes Fuhrwerk stand ihm nicht zur Verfügung, er war darauf angewiesen, es von den örtlichen Stellen zu erbitten und in großem Umfang militärische Fahr- und Transportgelegenheiten für seine Zwecke mitzubenützen.

Selbstverständlich war bei dieser Bergungsarbeit der Wertmaßstab dem Charakter der Gegend anzupassen. Die Kirchen sind sehr stattlich, die Ausstattung oft dürftig. Mit vollem Recht hat Pinder in der vorderen, der Gefahr am meisten ausgesetzten Zone, wenn sich die Gelegenheit bot, auch einzelne künstlerisch unbedeutende Stücke zurückgeführt, um im Fall der Zerstörung des Baues doch ein Andenken zu retten, das mit der alten Geschichte des Dorfes verknüpft war. Die Bevölkerung, soweit sie noch anwesend war, brachte nach anfänglichen Zweifeln der Arbeit ein überraschend großes Verständnis entgegen, mehr als in größeren Städten anderer Fronteile. Hier wie auch sonst geschah alles, um sie aufzuklären. Wo es irgend militärisch zulässig war, wurde angestrebt, daß sich die Heimatgemeinde durch einen Vertreter persönlich davon überzeuge, wo ihr Besitz von der deutschen Militärbehörde untergebracht sei. Das Magazin in Charleville stand, da der Armeesachverständige nicht dauernd verwendet wurde, von Anfang an unter Leitung des französischen Museums-Verwalters.

Mit dem weiteren Verlauf des Aisne-Flusses begann, im Gebiet der 7. Armee, die Front, die in den großen strategischen Rückzug von 1917 einbezogen wurde. Die Eigenart der Aufgabe, die der noch in den Anfängen steckenden Denkmalpflege damit gestellt wurde, der fortwährende Zusammenstoß ihrer Interessen mit denen der militärischen Geheimhaltung und der Ersparung von Transportmitteln, ist schon oben erwähnt worden. Von seiten der 7. Armee geschah alles, um insbesondere die Ortskommandanten zur Erhaltung wertvollen Kunstgutes durch Abtransport anzuhalten. Das Ergebnis, das in der Hauptsache in dem Depot von Fourmies vorliegt, ist dem Umfang nach nicht unbedeutend. Es könnte an Qualität noch größer sein, wenn die Kürze der Zeit gestattet hätte, die Vorschläge der militärischen Ortskommandanten überall durch einen Sachverständigen prüfen zu lassen. Das konnte nur in einigen Schlössern und größeren Ortschaften geschehen. Leider erfolgte schließlich der Rückzug selbst schneller als vorgesehen, und es ist mir mehr als ein Fall bekannt geworden, wo die schon abfahrtbereiten Kunsttransporte schließlich unterbleiben mußten, weil die Fahrzeuge anderweitig gebraucht wurden.[2]

---

[1] In der Tat blieb jener Landstrich noch lange ruhig. Aber leider war dann bei den letzten Kämpfen des Jahres 1918 eine umfassende Hilfsaktion ausgeschlossen. Abbildungen der schönsten geborgenen Stücke im Almanach der Gazette des Ardennes 1918.

[2] Ein Beispiel bietet Schloß Nogent und einige kleinere Landsitze in der Nähe. Was Folembray betrifft, jenes Jagdschlößchen inmitten eines herrlichen Parks, das der Besitzer Graf Brigode bis zum letzten möglichen Termin selbst bewohnte, so hat ihn der dort liegende Stab in der umfangreichsten Weise unterstützt, um die Sachen, die er nicht selbst mitnehmen konnte, zweckmäßig an Ort und Stelle vor Beschießung und Beraubung zu bergen. Es ist zu hoffen, daß gerade die Schloßbesitzer, die die deutsche Besetzung miterlebt haben, mit ihren Erfahrungen nicht zurückhalten werden. Manches Mißverständnis könnte dadurch geklärt, manch voreiliges französisches Urteil in seinem Unwert aufgedeckt werden.

Durch den Rückzug auf die Siegfriedstellung rückte die Front bedeutend näher an den einsam aufragenden Hügel von Laon und seine Kathedrale heran. Während vorher die Stadt, die in der alten Präfektur das Armee-Oberkommando beherbergt hatte, so gut wie völlig verschont geblieben war, trat sie jetzt in den Bereich der französischen Geschütze. Zwar sind die Beschädigungen der Stadt in der deutschen Presse manchmal übertrieben worden: trotz der gelegentlichen Beschießungen ging das Leben dort ruhig weiter; die Bewohner haben weder längere Zeit in den Kellern gewohnt, noch, wie anderwärts, ihre Stadt ganz verlassen müssen. Für die Denkmalpflege war aber eine neue Lage geschaffen. Es war ein großer Fortschritt, daß das Oberkommando dieser durch die Bestellung eines Armeesachverständigen Rechnung trug. Der Tübinger Archäologe Georg Weise, den der Eifer des Forschers nach einer schweren Verwundung wieder auf den westlichen Kriegsschauplatz geführt hatte, entfaltete schon seit längerer Zeit im Aisnegebiet eine eifrige Tätigkeit, die zunächst archäologischen und baugeschichtlichen Studien gewidmet war. Seine genaue Kenntnis des Landes, seine nie ermüdende Energie sind seit 1917 der Bergungsarbeit, in deren Dienst er sich nun stellte, zugute gekommen. Für die Stadt Laon gewann er an Georg Haupt (Posen) noch einen kundigen Mitarbeiter. Ich lasse ihm selbst das Wort:

„Ich wurde im Sommer 1917 durch Befehl des Armee-Oberkommandos VII mit der Ausübung der Kunstsachverständigentätigkeit für das Gebiet der 7. Armee beauftragt. Schon vorher hatte ich im Laufe der Jahre 1916 und 1917 die Kunstdenkmäler des ganzen Gebietes Ort für Ort bereist. Dabei konnte u. a. auch der Denkmälerbestand der Zone am Chemin des Dames vor der Zerstörung wenigstens noch in zahlreichen Aufnahmen festgehalten werden.

Da bereits im Frühjahr 1917 mit einer Zurücknahme unserer Stellungen zu rechnen war, waren zunächst die Kunstwerte in dem dadurch bedrohten Gebiet sicherzustellen. Auf Veranlassung des Armee-Oberkommandos reichten die einzelnen Armeegruppen auf Grund der Angaben ihrer Ortskommandanturen Verzeichnisse der für eine Bergung in Betracht kommenden Gegenstände ein. Diese Listen wurden von mir an Ort und Stelle nachgeprüft und zugleich auf Grund der Ergebnisse meiner früheren Reisen erweitert. So konnte noch manches auf dem Lande verstreute Stück geborgen werden, wie Reste mittelalterlicher Plastik aus den Kirchen zu Veslud und Vivaise bei Laon, ein Tafelgemälde der Kirche zu Mons-en-Laonnois usw. Aus Crécy-sur-Serre wurde der wertvollere Bestand der archäologischen Sammlung Delvincourt abtransportiert, ebenso Teile einer Privatsammlung in Fourdrain bei Laon. Zahlreiche der in den Meldungen der Ortskommandanturen genannten Gegenstände erwiesen sich allerdings als von zu geringer Qualität, als daß sie für einen Abtransport hätten in Frage kommen können.

In den Vordergrund trat die Frage der Sicherung der in Laon befindlichen Kunstwerke durch die Sachlage, wie sie Ende Oktober 1917 der erfolgreiche Vorstoß der Franzosen auf Pinon und Fort Malmaison und die Räumung des Chemin des Dames geschaffen hatte. Auf Befehl des Armee-Oberkommandos sollten die in Laon befindlichen Kunstwerte unverzüglich geborgen werden. Auf Grund von Listen, die Professor Haupt angefertigt hatte, wurden die wertvolleren Gemälde und sonstigen Gegenstände des Museums unter Leitung der Herren der einheimischen Museumskommission verpackt. Dazu kamen noch die sämtlichen Gemälde der Sammlung Berthauld und ebenso eine Reihe älterer Möbel aus dem Besitze dieses Herrn. Um auch allen wertvollen Bestand an Kunstgegenständen aus sonstigem privaten Besitz zu sichern, wurde mehrfach der Einwohnerschaft durch die Bürgermeisterei bekannt gegeben, daß alle Objekte, auf deren Sicherung Wert gelegt würde, der Ortskommandantur zum Abtransport angemeldet werden könnten. Nach eingehender Sichtung wurden abtransportiert u. a.:

Gemälde und Möbel aus dem Besitz der Mad. Turquin,
Plastiken und ältere Druckwerke aus dem Besitz des Archiprêtre M. Marchand,
Tapisserien von M. Carrière,
Gemälde aus dem Besitz des Bürgermeisters usw.

Alle Gegenstände gingen unter Begleitung einheimischer Persönlichkeiten an das Museum zu Valenciennes ab. Angeschlossen wurden auch noch die Inkunabeln der städtischen Bibliothek

(die Handschriften waren schon früher abtransportiert worden), mehrere Kisten mit dorthin ge-
flüchteten Gegenständen aus dem Schloß Pinon, und die Tapisserien der Kathedrale. Für die zum
Abtransport ungeeigneten Gegenstände konnte insofern Vorkehrung getroffen werden, als die
Ortskommandantur den Keller im Hause des M. Berthauld zur Aufnahme von Kunstgegenständen
aus Privatbesitz zur Verfügung stellte und durch Verbottafel sicherte. Für die im Museum befindlichen Gegenstände geringeren Wertes sollte die Museumskommission ebenfalls durch Bergung
in Kellern Fürsorge tragen, wozu ihr von der Ortskommandantur jedwede Hilfe zugesagt war.
Ebenso wurden mit Unterstützung der Ortskommandantur die wichtigeren Archivalien des Palais de
Justice in den Souterrains der Bank Lefèvre geborgen, wobei einheimische Herren die Auswahl besorgten. Für die Sicherung des städtischen Archivs waren die Keller der Mairie vorgeschlagen worden.

Eine Aufgabe für sich hätte die Sicherung der alten [1] Glasfenster der Kathedrale gestellt.
Leider ließ sich für sie nichts unternehmen. Im Herbst 1917 waren schon einmal Gerüste zu ihrem
Ausbau errichtet worden. Aber Gerüste und Kisten wurden von der Truppe als Brennmaterial
verbraucht, ehe die Arbeit begonnen hatte. Bei der Enge der Räumlichkeiten in der Stadt mußte
die Kathedrale gelegentlich als Massenquartier, auch als Lazarett in Anspruch genommen werden.
Jetzt, im Sommer 1918, bei dem erneuten Herannahen der Front, ließ sich aus Mangel an Zeit,
geeigneten Arbeitskräften und den nötigen Transportmitteln die Herausnahme der Scheiben wiederum
nicht vornehmen.

Ausbau und Abtransport war von Professor Lehner [2] auch für das große Orpheusmosaik
aus Blanzy-lez-Fismes vorgeschlagen worden, das eine Wand des oberen Saales der städtischen
Bibliothek einnimmt. Der Frage seiner Sicherung wurde auf Grund der von Professor Lehner
dem Generalquartiermeister eingereichten Vorschläge unter Zuziehung einheimischer Sachverständiger noch einmal näher getreten. Der Ausbau erwies sich mit den vorhandenen Kräften
unmöglich, die Heranziehung eigener Fachleute aus Deutschland war durch die mittlerweile begonnene Beschießung der Stadt und durch die neugetroffenen Bestimmungen über die Einreise
von Zivilpersonen unmöglich gemacht. Es blieb nur die Möglichkeit einer Sicherung durch Sandsäcke. Aber auch diese mußte unterbleiben auf das Gutachten des städtischen Architekten, M.
Marquiset, hin, da der schwache Fußboden des oberen Museumssaales eine derartige Belastung
nicht ertragen hätte.

Durch die Beschießung der Stadt im Frühjahr 1918 hatte von wichtigeren Denkmälern nur
die Martinskirche gelitten, die zwei Treffer erhielt. Der eine davon hatte die Sakristei beschädigt,
der andere das Langhaus am westlichen Ende der Oberlichtswände des Mittelschiffes getroffen.
Es wurde den in Betracht kommenden Persönlichkeiten der Einwohnerschaft Gelegenheit gegeben,
die nötigen Aufräumungsarbeiten vorzunehmen und alle wichtigeren Reste der zerstörten Holz-
vertäfelungen usw. in den Kellern der Kathedrale zu bergen. Zugleich wurde der städtische Architekt,
M. Marquiset, zugezogen für die Frage, welche Vorkehrungen gegen einen eventuellen Einsturz der westlichen Langhausgewölbe getroffen werden könnten und ob für die Skulpturen des
Portals Gefahr bestünde. Es wurde für genügend und einzig durchführbar befunden, die beiden
nahe dem Portal befindlichen mittelalterlichen Tumben durch einen schützenden Überbau aus
Stein zu sichern.

Bereitwilligkeit zu helfen bestand auch, als die Mairie, gestützt auf ein Gutachten des M. Marquiset, im Laufe des Sommers 1918 an mich herantrat wegen Vornahme von Sicherungsarbeiten an
der Kathedrale. Notwendig geworden waren diese teils durch den Umstand, daß der Krieg die
im Gang befindlichen Restaurierungsarbeiten am Querschiff und der Vierung unterbrochen hatte,
teils durch die Wegnahme eines Teiles der Bedachung und der Abflußröhren, die als Sparmetall
beschlagnahmt worden waren. Es wurde mit der Etappen-Kommandantur verabredet, daß diese
Arbeiten unter Leitung des M. Marquiset durch einheimische Arbeitskräfte ausgeführt werden

---

1) Gemeint sind die Chorfenster, die freilich auch im 19. Jahrhundert nicht unbedeutende Ergänzungen
erfahren haben.

2) Professor Dr. Lehner (Bonn) hatte im Auftrag des Archäologischen Instituts die Westfront bereist, um
Anregungen für den Schutz archäologischer Denkmäler zu geben.

sollten, die zur Verfügung zu stellen seien. Zugleich wurden die nötigen Ersatzröhren usw. angefordert. Leider verzögerte sich durch die militärischen Ereignisse der Monate Juni und Juli deren Heranschaffung, so daß die geplanten Arbeiten vor Aufgabe der Stadt nicht mehr begonnen werden konnten."

Weises Bericht zeigt, wie er bestrebt war, überall die Mitarbeit der Einheimischen sich zu sichern. Daß dies in Laon mehr als anderswo gelang, liegt wohl daran, daß die maßgebenden Persönlichkeiten in der Stadt zurückgeblieben waren. In dem Senator Ermant fand sich ein Stadtoberhaupt, der, weitschauender und objektiver als viele seiner Kollegen, unsere deutsche Schutzarbeit stets mit Verständnis aufnahm, und der, selbst ein Mann von hohem Verantwortlichkeitsgefühl, auch uns jenes selbstverständliche Maß von Vertrauen entgegenbrachte, das im Dienst der Wissenschaft üblich ist.

In La Fère hatte vor der durch den Siegfried-Rückzug notwendig gewordenen Räumung die Stadt auf Anregung der Kommandantur die Verpackung ihres wertvollen Besitzes, vor allem der wichtigsten Bilder des kleinen Musée Aboville selbständig besorgt. Bei meinem Besuch der Stadt fand ich den Abtransport schon vollendet. Privatbesitz war sehr wenig mitgekommen. Leider hat sich nachher herausgestellt, daß man bei dem größten Teil der Gemälde die Rahmen, wohl weil sie von geringem Wert erschienen, zurückgelassen hatte.

Noyon, diese Perle der Pikardie, war trotz seiner Lage nahe der Front, bis zum Frühjahr 1917 fast unberührt geblieben. Manches wertvolle Stück aus der Umgebung war dorthin geschafft und dem Bürgermeister übergeben worden; freilich fehlte es dem Depot im Rathaus an Ordnung und Pflege. Bei unserem Rückzuge 1917 ging das Kleinod dieses Stadtbildes mit seiner Kathedrale und der reizvollen Stille seiner Patrizierhäuser unversehrt an die Franzosen über. Daraus erklärt es sich, daß in Noyon, ebenso wie in Ham, auf jede Rückführung verzichtet wurde: beide Städte lagen so weit von unserer neuen Front ab, daß mit einer Beschießung nicht zu rechnen war.

Die jammervolle Zerstörung Noyons ist bekanntlich ein Werk der Franzosen, die im Frühjahr 1918 zum zweitenmal aus der Stadt vertrieben wurden. Bei einem Besuch nach unserer Offensive fanden wir in der völlig ausgestorbenen Stadt außer der kleinen Kapitelsbibliothek in dem wie durch ein Wunder geretteten alten Fachwerkhaus neben der Kathedrale kaum mehr etwas Rettenswertes vor. Auch der Abtransport dieser Bücher war bei den überaus schwierigen Verkehrsverhältnissen zunächst unmöglich; die Maßregeln, die der Sachverständige der 18. Armee, der Archäologe Peter Goeßler (Stuttgart) vorbereitet hatte, sind nur zum Teil noch ausgeführt worden; der Gegenangriff hat uns die Stadt, wie bekannt, bald wieder entrissen. Im übrigen mußte auch angenommen werden, daß die Franzosen während des ganzen Jahres 1917/18 Zeit gefunden hätten, alles Wertvolle durch ihren eigenen Sicherheitsdienst zu bergen. Dies war aber anscheinend nicht der Fall. Um so erfreulicher ist es, daß in einer Sendung kirchlicher Gewänder aus der Kathedrale, die unsere Feldgeistlichen im April 1918 nach Maubeuge zurückbrachten und dort dem Doyen der Kirche anvertrauten, auch das berühmte Evangeliar von Morienval enthalten war.

Die Stadt St. Quentin bildete in der Siegfriedstellung eine Art vorspringendes Bollwerk, ihre reich mit Landschlössern und Ortschaften besetzte westliche und südliche Umgebung wurde zum Vorfeld unserer Stellungen. Die Räumung des ganzen Geländestreifens stellte die Denkmalpflege Anfang 1917 vor eine Aufgabe von der höchsten Bedeutung. Noch einmal sei es gesagt, was im Grunde selbstverständlich ist, aber beim Urteil leicht vergessen wird: die Vertreter der Kunst wurden nicht früher als jeder andere in die Pläne der Heeresleitung eingeweiht; sie mußten ihre Arbeit tun in der letzten Zeit vor und nach der Evakuation, in den Wochen, wo nicht nur die Bevölkerung, sondern auch die Armee mit ihrem ganzen unendlich verzweigten Apparat umzog. Es ist heute müßig, darüber zu reden, ob man nicht einen Schatz wie die Latour'schen Pastelle schon am Anfang des Krieges hätte fortschaffen können. Sicher ist soviel, daß die Stadtverwaltung, die 1914 sich geweigert hatte, die Latour-Sammlung nach Paris zu schicken, noch jetzt, im Anfang des Jahres 1917, gegen einen Abtransport die lebhaftesten Einwendungen erhob. Sicher ist ebenso, daß man gerade Pastelle niemals ohne zwingende Notwendigkeit den Erschütterungen einer Reise aussetzen wird, die ja für sie ein weit größeres Risiko bedeutet, als für alle Bilder mit festerem Bindemittel. Es blieb also nichts übrig, als jetzt, da die schwerste Gefährdung der Stadt unvermeidlich geworden war, mit den vorhandenen Mitteln den Umzug zu wagen.

Wie er vor sich ging, und wie aus den geborgenen Schätzen das erste Bergungsmuseum an der Westfront entstand, hat der Leiter dieses ganzen Unternehmens, Detlev Freiherr von Hadeln, der seit Dezember 1916 als Kunstsachverständiger bei der 2. Armee wirkte, selbst in folgenden Worten geschildert:

„Es war vorauszusehen, welches Schicksal die feindliche Artillerie St. Quentin nach Rückverlegung unserer Linie bis an die Tore der Stadt bereiten werde, und deshalb wurde vom Armee-Oberkommando beizeiten die Sicherung des wertvollen städtischen Kunstbesitzes angeordnet.

Begonnen wurde mit dem Wichtigsten: die in ihrer Art einzige Sammlung der Pastellbildnisse von La Tour wurde mit der größten Vorsicht nach Maubeuge überführt. Die Sorge, so zart empfindliche Kunstwerke, wie es Pastelle nun einmal sind, könnten unter der Erschütterung während der Reise leiden, hat sich glücklicherweise nicht erfüllt. Unverändert, wie sie in St. Quentin von den Wänden des Museums Lécuyer heruntergenommen worden waren, langten die Gemälde in Maubeuge an. Nach Bergung der La Tour-Sammlung wurde mit dem Verpacken der übrigen Bestände des Museums Lécuyer fortgefahren, in dessen unteren Räumen in wenig erfreulicher

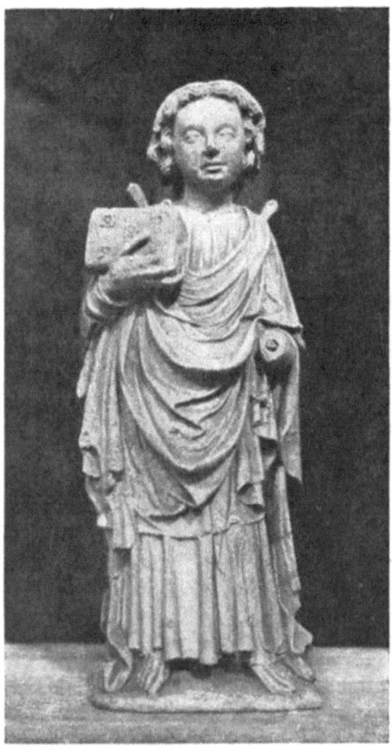

Museum zu Maubeuge
Französischer Meister des 14. Jahrhunderts
Marmorstatue des hl. Quintinus von der Kathedrale von St. Quentin

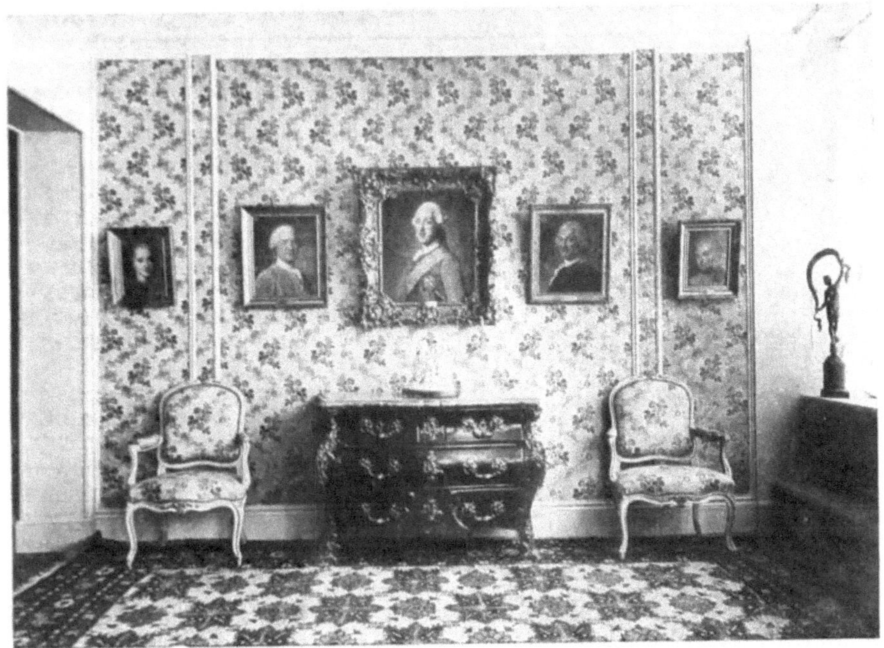

Raum im Museum zu Maubeuge mit Bildern von M. Q. de La Tour und Rokokomöbeln

Überfülle Bilder, Stiche, Miniaturen, Bronzen, Elfenbeinschnitzereien und die verschiedensten Kleinarbeiten des Kunstgewerbes aufgehäuft waren. Manche Stücke in dieser Menge besaßen nur untergeordneten künstlerischen Wert, aber es erschien angezeigt, hier keinen zu strengen und einseitig künstlerischen Maßstab anzulegen, vielmehr auch auf Werte der Lokalgeschichte und Familienerinnerung Rücksicht zu nehmen und so wurde reichlich Dreiviertel dieser Sammlung in Sicherheit gebracht.

Darauf wurde mit den Bergungsarbeiten im Justizpalast begonnen. Auch hier war eine städtische Sammlung, das sog. Museum Fervaques, untergebracht: wiederum Gemälde, Werke der verschiedensten Zweige des Kunstgewerbes, eine Insektensammlung von wissenschaftlich hohem Wert und schließlich die Stadtbibliothek. Die Gemälde waren hier von so unterschiedlicher Güte und zum Teil von so großem Umfange, daß eine etwas strengere Auswahl getroffen werden mußte, zumal nun auch die Zeit drängte. Rund 50 Bilder und Zeichnungen wurden hier verpackt, eine große Anzahl Fayencen und Porzellane, Gobelins und Möbel und schließlich die erwähnte Insektensammlung. In der Bibliothek konnte es sich auch nur um eine Auswahl unter den schätzungsweise 30 000 Bänden handeln. Diese wurde getroffen nach dem Gesichtspunkte französischer Interessen: nächst einer größeren Anzahl wertvoller alter Drucke wurde die Quentiner Lokalliteratur, ferner Quellenwerke zur französischen Geschichte, eine lange Reihe von Chroniken und Memoiren, Werke französischer Historiker und die Gesamtausgaben der französischen Klassiker ausgesucht.

Wie berechtigt, ja wie notwendig diese Maßnahmen waren, hat dann bald der Gegner erwiesen. Bereits am 3. April 1917, noch während der Bergungsarbeiten, erhielt der Justizpalast seinen ersten Volltreffer. Am Tage darauf wurde das Museum Lécuyer durch den Einschlag einer Granate beschädigt. Heute sind beide Gebäude nur noch Trümmerstätten.

Die Bergung des mobilen Kunstbesitzes in Nordfrankreich

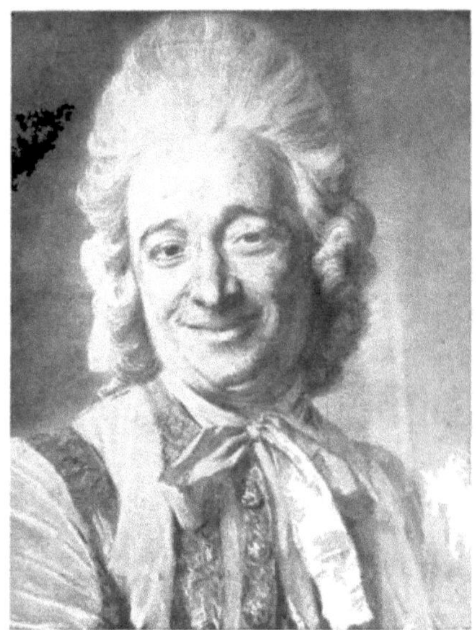

La Tour, Bildnisstudie des Sängers Manelli

Neben den Museen galt die Sorge den Kunstwerken in der Basilika von St. Quentin, vornehmlich den unschätzbaren Glasmalereien mehrerer Fenster. Das Armee-Oberkommando ließ aus der Heimat einen erfahrenen Techniker kommen, der mit ebenso großer Sorgfalt wie Behendigkeit zunächst die frühgotischen Fenster der Marienkapelle, dann die am besten erhaltenen großen Heiligenfiguren aus dem hohen Chor und ferner die beiden großen Renaissancefenster mit den Darstellungen der Katharina- und Barbaralegende im Norden des zweiten Querschiffes ausbaute. Gleichzeitig mit diesen Glasmalereien wurden die bedeutendsten Skulpturen der Basilika nach Maubeuge überführt.

Die Beschießung der Stadt St. Quentin durch die Engländer und Franzosen war während der Osterfeiertage so heftig geworden, daß die Bergungsarbeiten nunmehr abgeschlossen werden mußten. Nicht unerwähnt soll aber bleiben, daß Pioniere einer in St. Quentin liegenden Division ruhigere Stunden benutzt haben, um mit der sichernden Herausnahme der alten Glasfenster erfolgreich fortzufahren.

Ist hiermit in großen Zügen geschildert, was auf Befehl des Armee-Oberkommandos für den öffentlichen Kunstbesitz geschah, so bleibt noch kurz zu bemerken, daß französischen Bewohnern St. Quentins und Umgegend bereitwillig die Bitte erfüllt wurde, Gegenstände von künstlerischer Bedeutung zu retten, und so wurde denn auf Antrag der Besitzer eine recht beträchtliche Menge von privatem Kunstbesitz ebenfalls geborgen.

Es entstand nun die Frage, wie die geretteten Kunstwerke am besten aufzubewahren seien. Hierbei konnte man nicht summarisch verfahren. Die in ihre einzelnen Teile zerlegten Glasmalereien blieben zweifellos am besten mit Stroh umhüllt in ihren Kisten. Ein Herausnehmen hätte sie unnützerweise der Gefahr des Zerspringens oder der Lösung ihrer alten Bleifassung ausgesetzt,

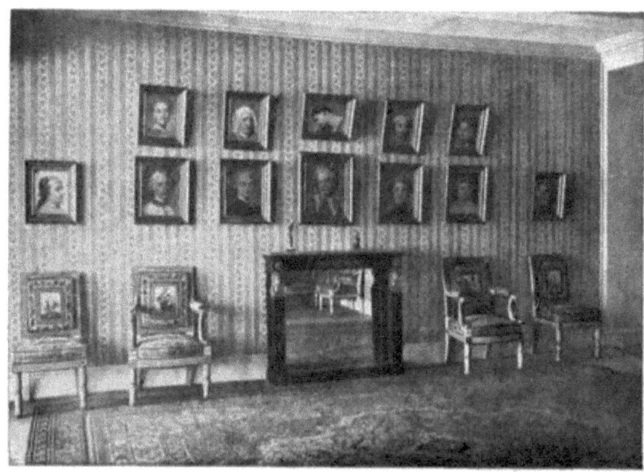

Museum Maubeuge, Rosa-Zimmer

unnützerweise, denn an eine Zusammensetzung und Aufstellung der zum Teil mehr als 10 m hohen Fenster war in Maubeuge nicht zu denken.

Anders die Gemälde; sie mußten baldmöglichst aus den Kisten heraus, umsomehr, als die Gefahren einer solchen Aufbewahrung gerade für die Pastelle von La Tour bereits praktisch erwiesen worden waren: im August 1914 nämlich hatten die französischen Verwalter der Sammlung es für geraten befunden, die Gemälde von La Tour in Kisten zu packen und in den Museumskeller zu schaffen; als dann auf deutsche Veranlassung hin die Bildnisse nach drei Monaten wieder ausgestellt wurden, zeigten sich auf der Oberfläche mehrerer Pastelle nicht unerhebliche Schimmelbildungen, die inzwischen unter der Einwirkung von Licht und trockener Luft zwar zurückgegangen, deren Spuren aber sichtbar geblieben sind und schwerlich jemals wieder verschwinden werden.

Die Pastelle von La Tour wurden deshalb gleich nach ihrer Ankunft in Maubeuge aus ihren Kisten herausgenommen und nun hieß es, einen Raum finden, der allen berechtigten Ansprüchen der Konservierung wie der öffentlichen Ausstellung genüge. Erschien diese doch wünschenswert, einmal um ganz unberechtigten französischen Argwohn zum

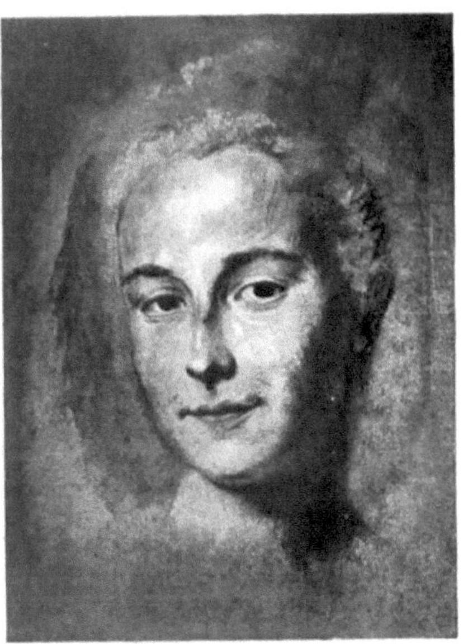

La Tour, Bildnisstudie der Tänzerin Camargo
Aus dem Museum von St. Quentin

Schweigen zu bringen, dann aber auch, um deutschen Soldaten eine Gelegenheit edler Erholung zu geben.

Die Etappen-Kommandantur stellte zu diesem Zwecke das auf dem Hauptplatz gelegene ehemalige Warenhaus „Au pauvre Diable" zur Verfügung. Gewisse günstige Vorbedingungen waren hier gegeben: verhältnismäßig große Sicherheit durch isolierte Lage und andererseits befriedigende Lichtverhältnisse der Innenräume. Immerhin war es keine ganz leichte Aufgabe, aus dem einigermaßen herabgekommenen „Armen Teufel" ein kleines, schmuckes Museum zu machen.

Leutnant d. R. Keller hat in wenigen Wochen diese Aufgabe sehr glücklich gelöst. Er hat

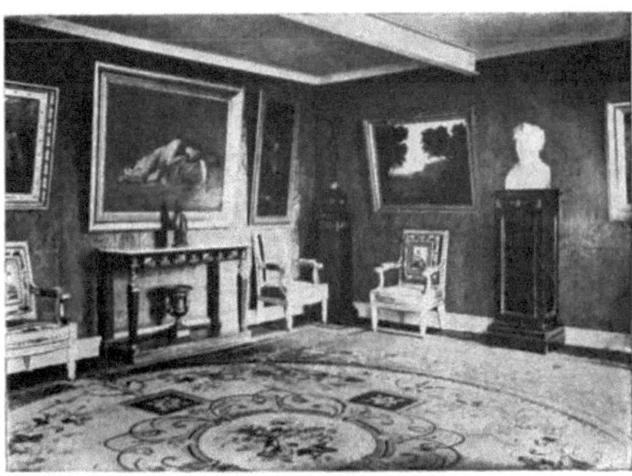

Museum zu Maubeuge: Empire-Saal

die Fehler des Gebäudes, seine Winkligkeit, die sehr geringe Höhe der Stockwerke mit einfachen
Mitteln in Vorzüge verwandelt und den ausgestellten Kunstwerken, vornehmlich den Pastellen
von La Tour eine Umgebung geschaffen, die in ihrer Intimität dem besonderen Wesen dieser Werke
entspricht. Wer heute das kleine Museum besucht, wird freilich die Einteilung und Ausmessung
der Räume als etwas Gegebenes ansehen, darum sei als ein Beispiel auf die räumliche und farbige
Folge des rosa, weißen und grünen Saales im Oberstock hingewiesen, die aus einem einzigen Ver-
kaufsladen von höchst unglücklichen Verhältnissen durch einfaches Einziehen von zwei Wänden
zu drei festlichen Zimmern wurden. Die Umbauten und sauberen Ausstattungsarbeiten haben
deutsche Soldaten ausgeführt.

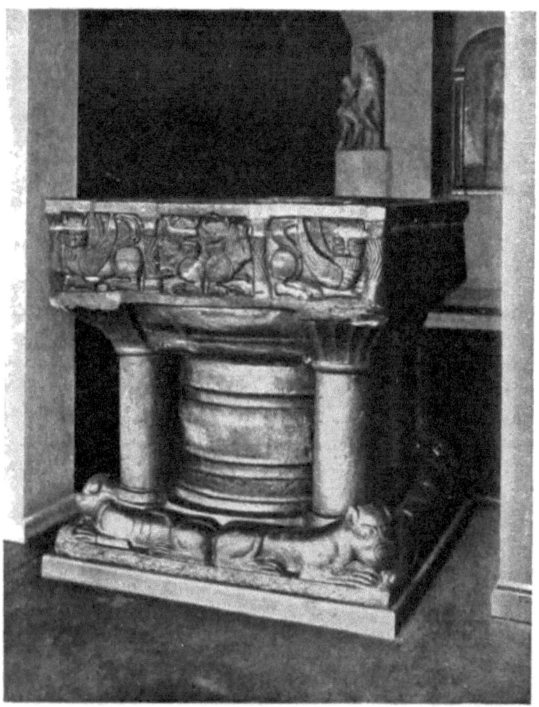

Romanischer Taufstein aus Vermand (geborgen nach Maubeuge)

Daß die Bildnisse von La Tour in Zimmer von mäßigen Ausmessungen gehören und dort
am vollsten zu der ihnen eigentümlichen Wirkung kommen, liegt auf der Hand. Sie sind gedacht
und erschaffen für die intime Betrachtung in wohnlichen Räumen, nicht als weit sichtbarer Schmuck
großer Säle. Aber sie sind auch nicht geschaffen als Kunstwerke an sich, sondern als Glieder, wenn-
gleich auch als Höhepunkte einer Wohnungsausstattung von erlesenem Reichtum. Die Aufstellung
der Pastelle in St. Quentin war über die Maßen nüchtern, abstrakt und schematisch, für die Gemälde unvorteilhaft, ermüdend für den Beschauer. Dort hing gleichförmig und eng, neben- und
übereinander, ganz gleich, ob auf kräftiges Scharlachrot oder auf lichtes Weiß gestimmt, ob auf
sattes Kobaltblau oder zartschillernde Perlmuttertöne, Bild für Bild auf dem toten Dunkelbraun
eines gleichen Anstrichs. In Maubeuge ist versucht worden, der Individualität der einzelnen Gemälde mehr gerecht zu werden. Sie wurden lockerer gehängt, ihre farbige Haltung ist bei der

mannigfachen Wandbespannung nach Möglichkeit berücksichtigt worden, und soweit angängig, wurde danach gestrebt, die besondere Charakterart des Bildes zur Geltung zu bringen.

In Galerieräume einige Skulpturen und Möbel zu stellen, um der Gefahr steifer Öde zu begegnen, ist keine neue Idee. Sie ist zuerst im Kaiser-Friedrich-Museum zu Berlin durchgeführt worden. Eine ganze Reihe von Gründen legte es nahe, diesem Beispiel zu folgen: Fast 80 Pastellbildnisse von einer Hand — und mag es auch die Hand eines sehr großen Künstlers sein — müssen den Beschauer vorschnell ermüden, wenn ihm nicht hin und wieder eine Abwechselung geboten wird. Hinzu kam, daß die besondere Art der Gemälde La Tours, wie schon gesagt wurde, eine wohnlich-festliche Umgebung verlangt. Und schließlich war aus öffentlichem und privatem Besitz

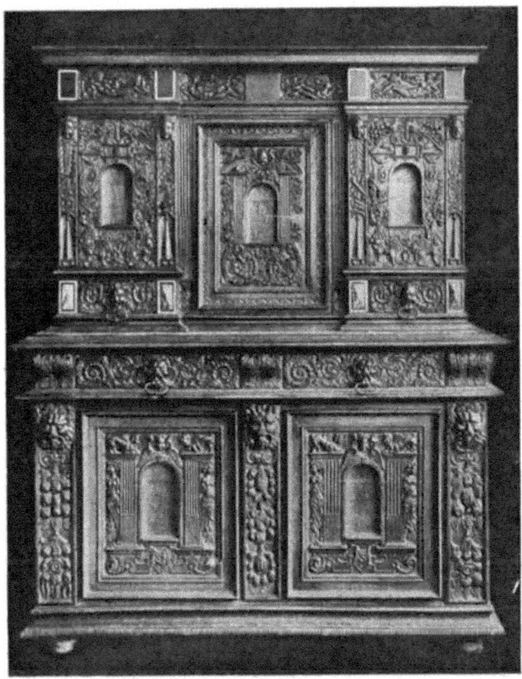

Französischer Schrank vom Ende des 16. Jahrh. Aus Schloß Grand Priel (geborgen nach Maubeuge)

eine größere Menge von Möbeln geborgen worden, die schon an sich, als kunstgewerbliche Leistungen würdig waren, ausgestellt zu werden. In erster Linie gilt das für die Empiregarnitur aus dem Besitze des Herzogs von Vicenza in Schloß Caulaincourt. — Die Grenzen, die mit den nicht allzu weitläufigen Ausstellungsräumen gesetzt waren, gestatteten nur das Beste und Wertvollste hier zu zeigen: Außer den La Tour-Pastellen einige andere gute Bilder und Skulpturen aus den Quentiner Museen, dem Museum von Péronne und privatem Besitz. Der zahlenmäßig überwiegende Teil des Geborgenen wurde magaziniert, die Gemälde wurden zu sachgemäßer Konservierung trocken und luftig aufgehängt, die zahlreichen kleineren Arbeiten des Kunstgewerbes dagegen in ihren Kisten belassen, in denen sie am besten gegen irgendwelche Beschädigungen geschützt sein werden."[1]

---

[1] Aus der Vorrede des Katalogs: „Das Museum Au pauvre Diable zu Maubeuge. Ausstellung der aus St. Quentin und Umgebung geretteten Kunstwerke. Im Auftrage eines Armee-Oberkommandos herausgegeben von D. Freiherr von Hadeln, Lt. d. R." — Stuttgart, Verlag von Julius Hoffmann. 1917.

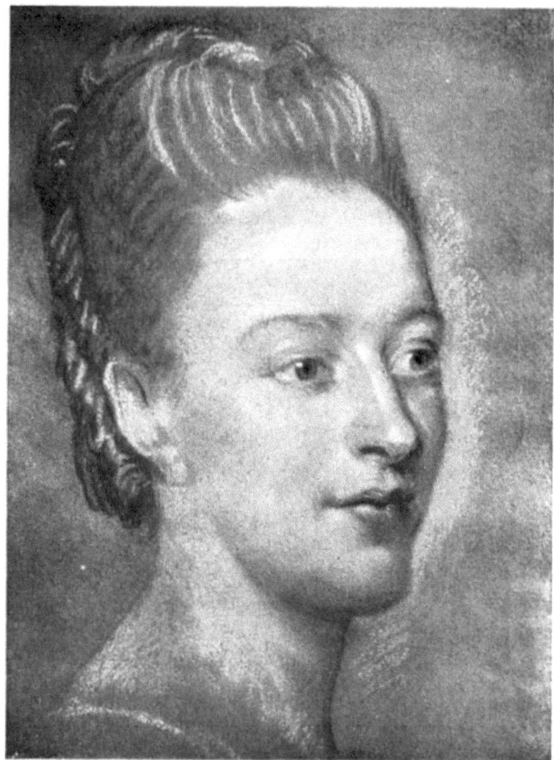

La Tour, Studienkopf. Aus dem Museum von St. Quentin

Bis vor dem Rückzug 1917 war St. Quentin zwar von Fliegern häufig heimgesucht, aber sonst, seit der Vormarsch zum Stehen gekommen war, unbeschädigt geblieben. So wurde es zum natürlichen Zufluchtsort für geflüchtetes Gut aus dem Kampfgelände. Aus Manancourt und anderen Schlössern hatte man bis 1916 Bilder und Bibliotheksschätze, aus zahlreichen Kirchen Kultgeräte dorthin geschafft; die ersteren waren dem Museum, die letzteren dem Erzpriester der Basilika übergeben worden. In der Sommeschlacht, während schweres Feuer auf Péronne lag, versuchten deutsche Truppenteile aus dem kleinen nicht unbedeutenden Museum dort zu bergen, was noch möglich war. Auch diese Reste kamen nach St. Quentin. Sie sind bei dem Auszug nach Maubeuge nicht sämtlich mitgekommen; das Wertlose und stark Entwertete wurde ausgeschieden, weil unsere Transportmöglichkeiten beschränkt waren, die Rettung von Wichtigerem sonst gefährdet worden wäre. [1]

---

1) Der Absicht der deutschen Truppe kann nur das höchste Lob gezollt werden, und man darf mit Recht fragen, ob die Franzosen sich im gleichen Fall unserer Museumsschätze noch angenommen hätten. Aber die Durchführung mußte darunter leiden, daß alles in Hast, wahrscheinlich sogar bei Nacht, vor sich ging und weder geeignetes Packmaterial noch geschulte Kräfte zum Verladen vorhanden sein konnten. Eine genau überlegte Auswahl war ebenfalls unmöglich, man hatte offenbar an Gemälden, Skulpturen, Gipsabgüssen, Fayencen, Büchern und Münzen das genommen, was eben zur Hand war. Der Fall beweist, daß die Leitung durch Sachverständige und daß ein Mindestmaß von Zeit und Ruhe für solche Bergungen unentbehrlich ist. Für Péronne, wo das Unheil so plötzlich und unvermutet hereinbrach, kamen leider die deutschen Schutzeinrichtungen schon zu spät. Meine erste Reise zur 2. Armee, die ich sofort nach meinem Eintreffen im Gr. Hauptquartier aufsuchte, fällt Ende Oktober 1916, also in eine Zeit, wo diese Rettungsarbeiten schon mehrere Wochen zurücklagen.

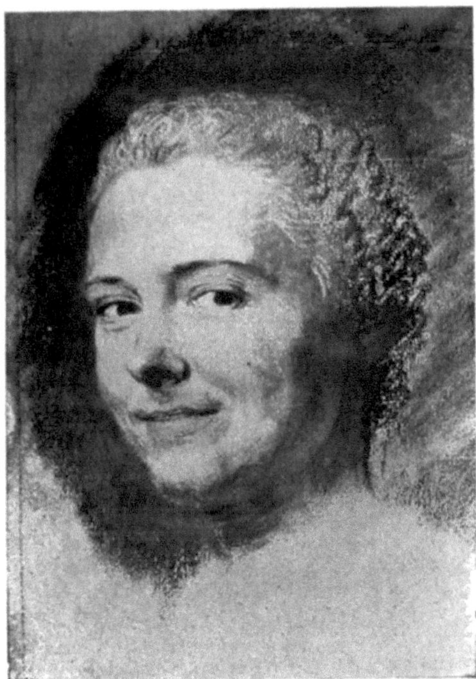

La Tour, Madame Dongeville. Aus dem Museum von St. Quentin

Schwierig war die Frage zu entscheiden, was mit den frühgeschichtlichen Funden im Quentiner Museum geschehen solle. Ihre Rückführung ist erwogen, aber schließlich aufgegeben worden, weil der Konservator Eck, der greise Vorstand des Museums, der gerade auf diesem Gebiet als Kenner und Sammler Bescheid wußte, dringend davon abriet. Eck selbst, der wegen hohen Alters und wegen Kränklichkeit gebeten hatte, den Bergungsarbeiten fernbleiben zu dürfen, wäre der einzige gewesen, der sie einwandfrei hätte verpacken können, ohne den Zusammenhang der Funde zu gefährden. Da er nicht zur Verfügung stand, und selbst den wissenschaftlichen und materiellen Wert dieses Teils der Sammlungen als gering bezeichnete, so wurde zugunsten anderer Gegenstände auf eine Versendung der äußerst zerbrechlichen Stücke verzichtet. [1] Leider war, als die Bergungsarbeiten im Sommer nochmals aufgenommen werden sollten, die Zerstörung des Hauses so vollständig, daß nichts mehr vorgefunden wurde.

In der Kathedrale ist zu unserer besonderen Genugtuung die schwierige Herausnahme der prachtvollen Scheiben, die auch deutsche Kenner kurz vorher noch als undurchführbar bezeichnet hatten, in letzter Stunde gelungen. Nimmt man hinzu, daß auch von den Skulpturen fast alles, was wirklich alt war, abtransportiert werden konnte, so darf man sagen, daß wenigstens beim öffentlichen Besitz die Sicherung der „mobilen" Kunstwerke soweit ausgedehnt wurde, als es unter den tragischen Umständen geschehen konnte.

Die Franzosen (ich denke natürlich nicht an die Einwohner der unglücklichen Stadt) verschweigen heute noch, wenn sie um ihre zerstörten Kathedralen und Städte klagen, geflissentlich den Namen

---

1) Auch in Lille sind wir später wiederholt vor dieser Frage gestanden, haben uns aber auch durch den Augenschein und durch die Erfahrung der örtlichen Kenner überzeugen lassen, daß der Transport das größte Risiko für die verhältnismäßig leicht im Keller zu bergenden Sachen darstelle.

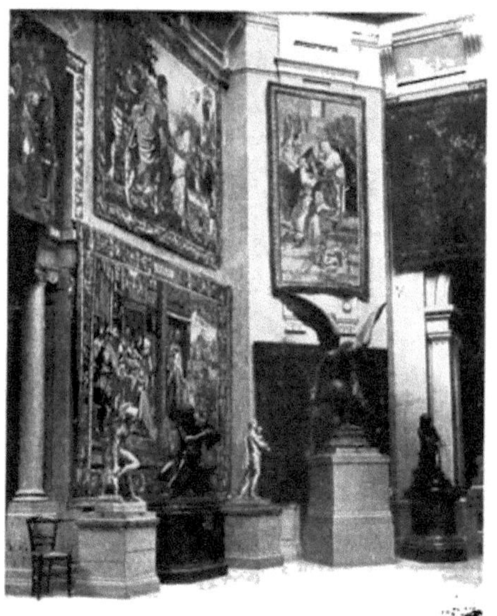

St. Quentin. Sie fühlen wohl, daß er zu manchen naheliegenden Vergleichen einlädt, die den großen Worten über deutsche Zerstörungswut und französische Kunstfürsorge Abbruch tun könnten.

Als ich jüngst im März 1919 das Maubeuger Museum wiedersah, das mit geringen Veränderungen noch erhalten und auch dem Besuch geöffnet war, hatte man mit höchster Sorgfalt jedes deutsche Wort, jede Erinnerung an uns ausgetilgt. Kein französischer oder amerikanischer Besuch konnte auf die gefährliche Idee kommen, daß es Deutsche seien, die diese Räume eingerichtet, den mächtigen romanischen Taufstein aus Vermand herbeigeschleppt und wieder zusammengesetzt, die Möbel, Teppiche, Bilder, Bronzen und Porzellane aus dem Kampfgebiet geholt und das alles mit einer Liebe und einem Geschmack aufgebaut hatten, den früher einmal sogar das „Journal des Débats" anerkannte. [1]

Heute scheint es, als sei unter den Franzosen die Parole ausgegeben, unter keinen Umständen eine deutsche Leistung zu erwähnen, und wenn es ganz unvermeidlich ist, dann doch nur die etwaigen Flecken und Mängel daran herauszusuchen. [2] Hat eine siegreiche Nation solche kleine Mittel nötig?

Aus dem Mittelsaal des Bergungsmuseums Valenciennes

Der letzte Abschnitt der französischen Front ist für die Kunst bei weitem der wichtigste und reichste. Von den drei Städten Lille, Douai, Cambrai war Lille (mit seinen Schwesterstädten Roubaix und Tourcoing) fast dauernd im Operationsgebiet; es lag bis zu unserer Offensive 1918 immer im Bereich der gegnerischen Artillerie. Sein Museum, das beste und bekannteste unter allen in der französischen Provinz, hatte in den Kämpfen des Jahres 1914 erheblichen Gebäudeschaden erlitten. Die Bilder hatte der Direktor Théodore zum größten Teil noch rechtzeitig aus dem Obergeschoß entfernen können. Bei einer Explosion im Januar 1916 waren im Erdgeschoß durch den Luftdruck die Schränke eines Saales umgestürzt und eine erhebliche Anzahl von Fayencen und Porzellanen ver

1) Anläßlich der Eröffnung wurde dort ein Artikel Herbert Hoffmanns aus der „Woche" abgedruckt und ihnzugefügt: „— — — ce musée occupe, sur la place du Marché, une ancienne boutique dont la transformation fait le plus grand honneur aux hommes de goût, qui l'ont aménagée."

2) Der Eifer, mit dem bei unserer Verhandlung am 1. März 1919 die Pastelle in Maubeuge auf Schäden untersucht wurden, war erstaunlich; er war wirklich in einigen Fällen von Erfolg gekrönt; und es war eine Erleichterung, als Paul Vitry endlich das Wort fand: Eh bien, nous avons trouvé quelques petites dégradations, mais en somme, peu de chose! Wenn die paar Blasen im Papier wirklich Transportschäden sind, was durchaus nicht feststeht, wird man dann auf französischer Seite wirklich den Mut finden, daraus Entschädigungsansprüche herzuleiten? Wo wären die 88 Pastelle heute, wenn wir dem Protest der Stadtverwaltung nachgegeben und sie in St. Quentin gelassen hätten?

Für den Geist, in dem die Presse gerade jetzt unsere Arbeit behandelt, ist der am 12. März 1919 von Lyon uasgegangene (für Amerika bestimmte) Funkspruch zu bezeichnend, um übergangen zu werden:

„Frankreich bekommt die von Deutschen gestohlenen Kunstschätze wieder. Die Museen, in denen die Deutschen in Brüssel den Inhalt der Schiffe untergebracht hatten, die sie mit den aus den Museen und Schlössern Nordfrankreichs gestohlenen Sachen beladen hatten, werden allmählich von diesen Schätzen geleert. Der „Temps" erhielt die Nachricht, daß Lille soeben drei Güterwagen bekommen hat, die mit Gemälden, die aus dem städtischen Museum gestohlen waren, beladen waren, zwei Wagen waren voll von allerlei Arten Gut, das

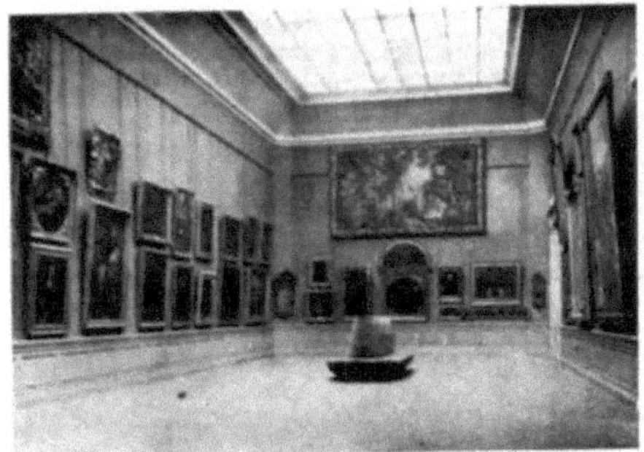

Der Italienersaal im Bergungsmuseum in Valenciennes

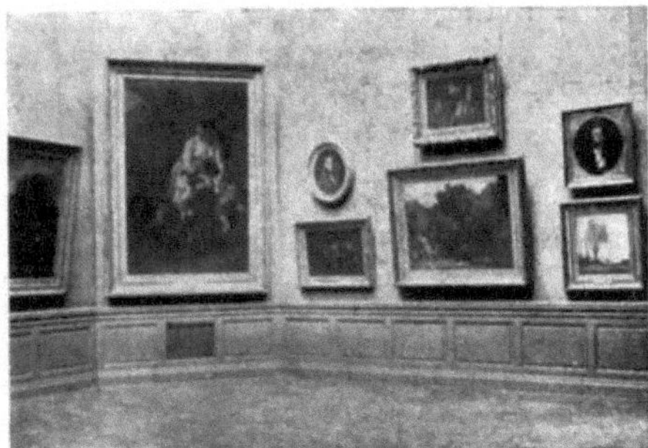

Saal des Delacroix im Bergungsmuseum Valenciennes

nichtet worden. Die Materialnot des Krieges gestattete nur eine behelfsmäßige Reparatur des Gebäudes, bei der die Kommandantur Lille den Direktor nach Kräften unterstützte. Das Obergeschoß blieb zur Hälfte unbenutzbar; auf eine Ausstellung der vielen ausgezeichneten Gemälde wollte man ohnehin angesichts der Nähe der Front verzichten: nur die minderwertigen Stücke waren auf ein paar Säle verteilt worden.

Dies der Zustand, den ich Ende 1916 antraf. Es ist klar, daß die Frage, ob und wie hier eingegriffen werden solle, aufs ernsteste zu überlegen war.

Niemand, und ein Museumsbeamter am allerwenigsten, wird an den Abtransport solcher Schätze gern herangehen. Die Materialien, die geschulten Leute, die vielerlei Sicherungen des Transports, über die man im Frieden verfügt, fehlten fast ganz. Die einheimischen Stellen, der Direktor und die Stadtverwaltung widersprachen jeder Ortsveränderung, im Hinblick auf die Tatsache, daß die Alliierten Lille, wenigstens die innere Stadt, bisher stets geschont hatten, und dann, weil sie nach ihrer Anschauung verpflichtet waren, sich einem Abtransport zu widersetzen, für dessen Folgen sie sonst der Staat später hätte haftbar machen können.[1]

Demgegenüber handelte es sich für uns einfach um die Frage: Sind die Kunstwerke im Liller Museum gegen die Kriegsgefahr jetzt und in Zukunft sicher genug untergebracht? Für den Augenblick mochte die Frage bejaht werden, obwohl die Aufbewahrung der Gemälde auf dem kalten Steinfußboden des Erdgeschosses gegen Feuchtigkeit keinen genügenden Schutz bot und einzelnen Bildern auch tatsächlich geschadet hat. Wie aber, wenn eine Änderung der Kriegslage eintrat? Der Keller, der vollkommen feucht war, kam für einen längeren Aufenthalt von Gemälden nicht in Frage.[2]

---

in der Gegend von Laon oder in der Stadt selbst gestohlen worden war, und das in diese Stadt geschickt worden war. Zehn weitere Wagen wurden in Valenciennes abgeladen, und die Kisten, die sie enthielten, in den Gewölben des Museums hinterlegt.

Der Inhalt dieser Kisten wird demnächst in Gegenwart der deutschen Delegierten von Delegierten der französischen Regierung nachgeprüft werden. Dieser Inhalt umfaßt neben seltenen und wertvollen Dingen die wertvollsten Manuskripte aus den Museen und Archiven Nordfrankreichs, ferner die in Holz geschnitzten Medaillons, die aus der Kirche Saint George gestohlen sind, die aus dem Rathaus von Cambrai gestohlenen Glocken, sowie einige herrliche Möbel, die dem Fürsten von Monaco, dem Marquis von Havrincourt und einigen andern reichern Bewohnern der Gegend gehören.

Die Gemälde und Statuen, die aus den Museen von Douai, Valenciennes und Lille gestohlen wurden, werden demnächst von Brüssel zurückgeschickt."

1) Für einen großen Teil der Gemälde ist die Stadt nicht Besitzerin, sondern nur dauernde Depositärin des Staates. Auch der Direktor ist Staatsbeamter.

2) Ein kleiner Teil des Kellergeschosses ist davon auszunehmen; die dort befindlichen Kunstwerke, u. a. die bekannte italienische Wachsbüste eines Mädchens, sind daher während des ganzen Krieges an Ort und Stelle verblieben.

Im Erdgeschoß konnte nach militärischem Urteil ein einziger Treffer aus einem schweren Geschütz, ja selbst die Splitter eines Geschosses, das vor dem Fenster krepierte, unter den eng aufeinander gestapelten Bildern und Handzeichnungen die furchtbarsten Verheerungen anrichten. Nur dann, wenn ein Angriff auf die Stadt völlig außer dem Bereich des Wahrscheinlichen lag, konnte die Belassung der Gemälde verantwortet werden. Daß die Alliierten den Stadtbezirk unter allen Umständen schonen würden, war aus ihrem sonstigen Vorgehen nicht zu erschließen. St. Quentin und spätere Fälle wie Noyon sprechen auch dagegen. Konnte man aber eine

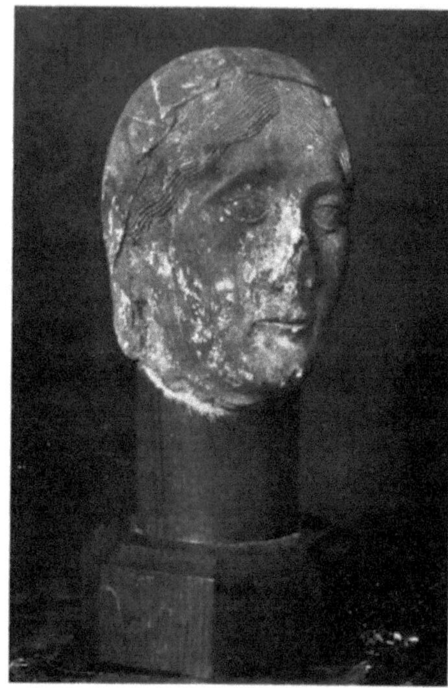

Weiblicher Kopf des 13. Jahrhunderts
Fragment aus der alten Kathedrale von Cambrai in Lille

Änderung der Kriegslage in Ruhe abwarten? Ein Transport wie der Liller war unter keinen Umständen in kurzer Zeit zu erledigen. Wenn durch einen geglückten Vorstoß der Alliierten die Stadt vollends in die vorderste Linie gerückt und, als Bollwerk unserer Verteidigung, zum Schauplatz schwerer Kämpfe geworden wäre, dann schwand jede Möglichkeit, die kostbaren Schätze wegzubringen. Und glaubt man wirklich, daß uns dann das Urteil der Franzosen und das der Geschichte von der Verantwortung für das Museum freigesprochen hätte?

Aus diesen Erwägungen heraus hat der Oberbefehlshaber der 6. Armee im Frühjahr 1917 entschieden, daß der jetzige Zustand sich nicht mehr rechtfertigen lasse und daß die wertvollsten Teile des Museums zu ihrem Schutz in einen weiter rückwärts gelegenen Ort, nach Valenciennes, zu überführen seien.

Die Ausführung des Befehls nahm geraume Zeit in Anspruch; die Leitung hatte anfangs ich selbst, dann die nacheinander als Kunstsachverständige bei der 6. Armee fungierenden Fachgenossen Detlev Freiherr von Hadeln und Adolf Feulner.

Der einzigartige Schatz von Handzeichnungen alter Meister, den das Museum in der Sammlung Wicar besitzt, wurde als erster Transport vollzählig nach Valenciennes gebracht. Es folgten allmählich über 400 Gemälde, wobei naturgemäß die Vlamen und Holländer des 17. Jahrhunderts, in denen die Stärke der Sammlung beruht, vorangestellt wurden, während unter den modernen Bildern nur eine kleinere Auswahl mitging. Der Transport ist, obwohl unsere Hilfsmittel überaus bescheiden waren, mit einer einzigen, unbedeutenden Ausnahme ohne Unfall verlaufen. Die im Erdgeschoß untergebrachte Sammlung von Plastiken und altem Kunstgewerbe sollte ursprünglich ganz in Lille verbleiben, weil sie vor der Gefahr einer Beschießung verhältnismäßig leicht im Hause selbst in Deckung zu bringen war. Im Jahre 1918 ist dann doch noch eine Auswahl nach Valenciennes und Brüssel geflüchtet worden.

Bekanntlich ist der Stadt Lille bei den Endkämpfen das Schicksal einer zweiten Beschießung, den Einwohnern eine Evakuation erspart geblieben. Wie berechtigt aber unsere Vorsicht war, beweist nichts besser als das Schicksal der Städte Cambrai und Douai. Namentlich in Douai hielten die Einwohner 1917 jede Hereinziehung der Stadt ins Kampfgelände für ausgeschlossen. Unser Angebot (kurz nach den Kämpfen bei Arras am 9. April 1917), allen künstlerisch wertvollen Privatbesitz nach Valenciennes zu bringen und dort dem Museum zu übergeben, fand

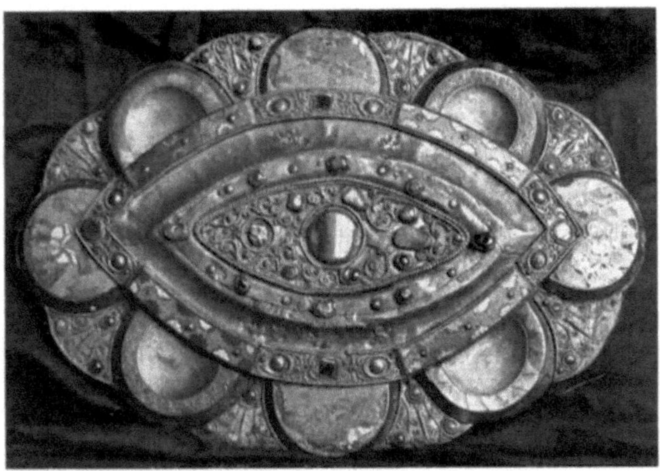

Phylacterium. Arbeit der Maasschule um 1180. Aus dem Museum von Lille

keinerlei Gegenliebe. Es scheint, daß von irgendeiner Seite das Mißtrauen gegen die deutschen Absichten geschürt wurde.

Aus dem Museumsgebäude wurde, wiederum auf Grund einer Entscheidung der Armee, nacheinander eine kleine Anzahl von Bildern, wenige Plastiken und kunstgewerblichen Arbeiten, später eine von Dr. Foy (Köln) getroffene Auswahl ethnographischer Gegenstände nach Valenciennes gebracht. Die Bedeutung der Sammlungen entspricht in Douai nicht ganz ihrem außerordentlichen Umfang, für den selbst das stattliche Gebäude mit seinen drei Flügeln nicht auszureichen schien. Aber auch aus einem anderen Grund konnte man sich auf das Wichtigste beschränken: im Unterschied von Lille boten hier die Kellergewölbe unter dem ältesten Teil des Baues eine lange Reihe trockener, heizbarer Magazinräume, wo außer den Beständen des Museums auch noch allerlei Privatbesitz Unterschlupf fand. Für schwer zu bewegende Steindenkmäler, insbesondere die figürlichen Grabplatten im Erdgeschoß, wurde ein Schutz durch Umbauten geschaffen.

Eine Reihe von Sicherungen in den Kirchen (Schutzverkleidung eines Marmorgrabmals von Allegrain, Herabnahme von dekorativen Schnitzereien einer Orgelbühne) wurde der Stadt empfohlen, sie entzog sich jedoch der Ausführung. Das wichtigste und umfassendste Denkmal der alten einheimischen Malerei, der neunteilige Altar des Jean Bellegambe aus der Abtei Anchin, dessen verschleuderte Teile der Sammler Dr. Escallier im 19. Jahrhundert wieder zusammengebracht und der Kirche Notre Dame vermacht hatte, war in der Sakristei dieses ganz modernisierten Baues wenig glücklich aufgestellt; der stark geheizte Raum hat nicht gut auf die Erhaltung der Flügelbilder gewirkt. Ein Werk dieses Ranges konnte nicht auf längere Dauer im Museumskeller bleiben, wohin es anfangs gebracht worden war. Es kam im August 1917 nach Valenciennes, wo es ausgestellt und ständig überwacht werden konnte.

Der Schutz der Kunstwerke in Douai blieb so bis zuletzt fast ganz auf den öffentlichen Besitz beschränkt. In Cambrai war die Lage etwas anders. Dort hatte 1916/17 Hermann Burg, teils als Kunstsachverständiger der 1. Armee, teils in anderer Stellung gewirkt, sich mit der Kunstgeschichte der Stadt befaßt und dabei doch manche maßgebenden Persönlichkeiten von der Zweckmäßigkeit größerer Schutzmaßregeln überzeugt.[1] In Cambrai gab es in dem ganz unbe-

---

[1] Die Durchführung schützender Einbauten und sonstiger vorbeugenden Maßregeln in den Kirchen zu Cambrai ist ebenfalls auf Burg zurückzuführen.

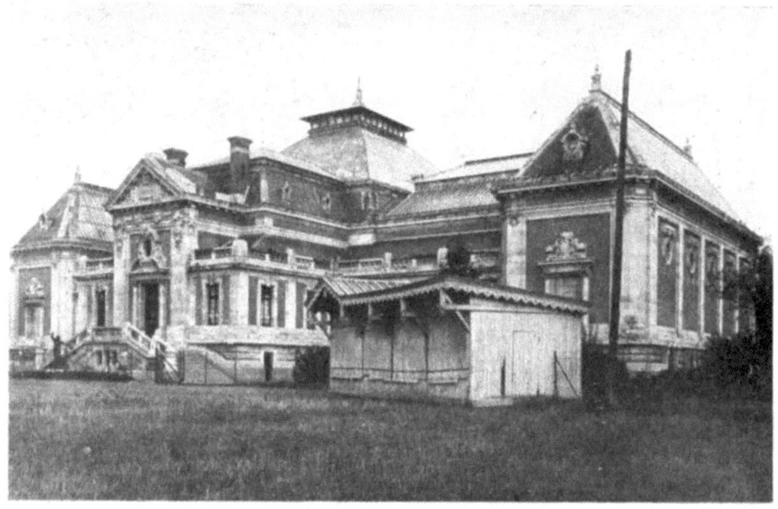

Das Museum in Valenciennes (Stadtseite)

deutenden Museum nur wenig zu schützen (die besten erhaltenen Fragmente aus der von der Revolution barbarisch zerstörten alten Kathedrale befinden sich in der Liller Sammlung); um so mehr
in manchen wohlhabenden Privathäusern. Freilich wollten auch hier, so lange die Gefahr nicht
greifbar nahe lag, die anwesenden Besitzer sich nicht von ihren Sachen trennen. Erst der plötzliche
Angriff der Engländer vom Anfang November 1917, der bis an die Tore der Stadt kam, die immer
stärkere militärische Belegung der Häuser, auch manche Vorkommnisse bei der Metallbeschlagnahme, schufen eine Stimmung, in der man mehr auf unsere Warnungen und Ratschläge hörte.
Trotz alledem kann von einer planmäßigen und umfassenden Bergung des wertvollen Privatbesitzes
nicht gesprochen werden. So wenig dabei überragende Kunstwerke vom Untergang gerettet worden
wären, so gewiß hätte doch von dem charakteristischen Reichtum der Bürgerhäuser an gutem Mobiliar, an schönen Standuhren, an Stichen, Tapisserien und allerlei Familienwerten ein größerer
Bestand unversehrt erhalten werden können. Oft genug haben wir Denkmalpfleger die Hand dazu
geboten. [1] Der Transport war an sich aus beiden Städten nicht schwer. Aber als endlich der Augenblick kam, wo jeder gerne seine Habe in Sicherheit bringen wollte, da war es zu spät: Wagen, Wege
und Menschenkräfte begannen zu versagen, kaum das Nötigste konnte geschehen und das Wünschens-
werte mußte zurücktreten.

Im September 1918 ergab sich die Notwendigkeit, Cambrai und Douai, beide in wenigen Tagen
(und ohne Vorbereitungszeit, wie seinerzeit St. Quentin), von den Bewohnern zu räumen. Daß die
Denkmalpflege in solchen Augenblicken, wenn sie nicht über bedeutende eigene Verkehrsmittel und
Mannschaften verfügt, fast machtlos dem hereinbrechenden Unheil seinen Lauf lassen muß, versteht sich von selbst. Eine offizielle Unterstützung mit Lastfuhrwerk während des erzwungenen
Rückzuges war ausgeschlossen. Wir mußten froh sein, mit Hilfe der wirtschaftlichen Formationen,
denen das Sammeln kriegswirtschaftlich wichtigen Materials oblag, überhaupt in die Städte hinein-
zukommen. Daß es Hermann Burg gelang, unter den schwierigsten Verhältnissen noch eine

---

1) Vor allem natürlich der am Ort anwesende Dr. Burg. Auch ich selbst hatte Gelegenheit, im Mai 1917
dem stellvertretenden Bürgermeister in Gegenwart einer größeren Anzahl von Mitgliedern der Stadtverwaltung
Grundsätze und Absichten unseres Kunstschutzes auseinanderzusetzen und ihnen für den Abtransport ihres wertvollen Besitzes die Hilfe der Armee anzubieten.

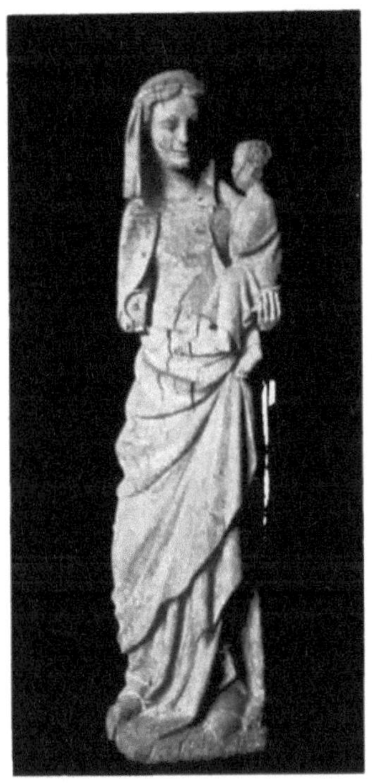

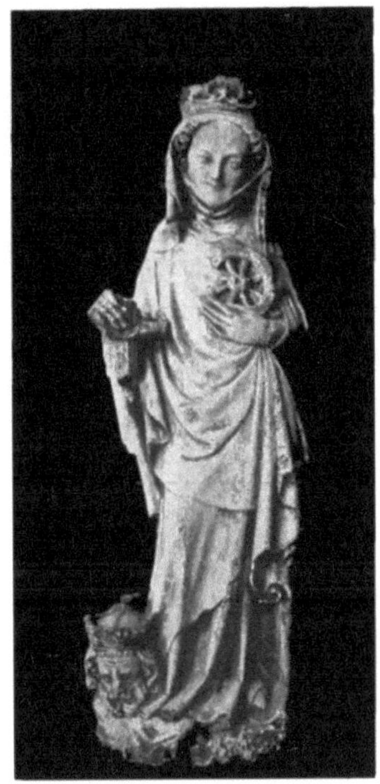

Holzstatue der Madonna
Nordfranzösisch, um 1300. Aus dem Museum in Douai

Steinfigur der hl. Katharina
Nordfranzösisch, Ende 14. Jahrh. Aus dem Museum in Lille

Anzahl Lastwagen voll Privatbesitz nach Valenciennes und eine Kahnladung aus dem Museum in Douai nach Blaton zu bringen, ist mehr als man nach Lage der Dinge in jenen Tagen erwarten konnte. [1]

Man wird die Frage stellen, ob es nicht richtiger war, in dieser vorgeruckten Stunde auf alle Bergungen zu verzichten und sich auf eine strenge Bewachung der öffentlichen Gebäude bis zum Abzug unserer Truppen zu beschränken. Das ist nur in der Theorie richtig. Tatsächlich ist es eine Unmöglichkeit, in einer von den Bewohnern verlassenen Stadt die Wertobjekte einwandfrei durch Bewachungskommandos zu schützen. Der Rückzug nach dem über vierjährigen Krieg, das Bewußtsein der Übermacht des nachdrängenden Feindes, und viele andere Faktoren, die ich hier nicht zu schildern brauche, konnten nicht ohne Einwirkung auf die Disziplin der Truppe bleiben. Auch in Douai wurde zwar das Museum durch eine Wache geschützt, aber diese war nicht imstande, schließlich, als die Beschießung heftiger wurde, wohl auch nicht mehr willens, jedem Unbefugten den Eintritt zu wehren. Man darf nicht vergessen, daß dem einfachen Soldaten der Sinn eines solchen Schutzes bei der ja schon beginnenden Zerstörung durch feindliches Feuer, bei der Unmöglichkeit, ausbrechende Brände in der Stadt wirksam zu bekämpfen, schwer begreiflich zu machen ist. Wir haben darum

---

11 Auch der Kunstsachverständige der 17. Armee, Stoecklein, der erst kurz vorher sein Amt angetreten hatte, versuchte, aus dem Museum in Douai noch zurückgebliebenes Kunstgut zu bergen. In seinem Auftrag belud der Maler und Sammler Goetz unter den größten Hemmnissen noch einen Kahn, mit dem er nach über vierwöchiger Fahrt am 11. November in Brüssel anlangte. Große Werte befanden sich nicht mehr dabei.

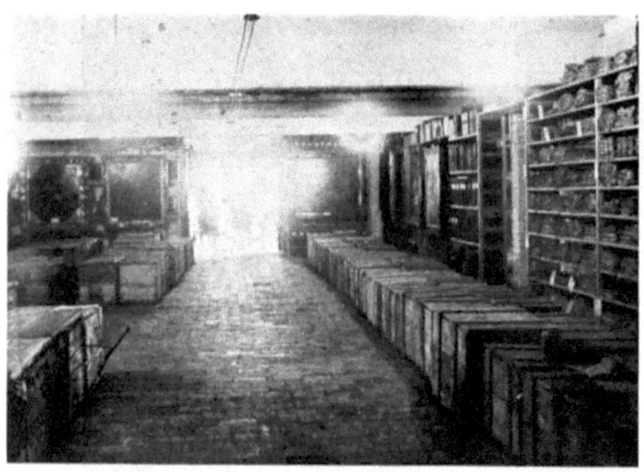

Archivalien und Handschriften in den Depoträumen des Bergungsmuseums Valenciennes

auch in ruhigen Zeiten den Franzosen niemals einen Zweifel darüber gelassen, daß gegen die bei einer Evakuation drohenden Gefahren nur der rechtzeitige Abtransport eine Garantie bietet. Deshalb war es richtig, daß auch jetzt noch das Menschenmögliche versucht wurde, um gerade solche Gegenstände zu flüchten, die leicht die Begehrlichkeit auf sich ziehen.

Die Zufluchtsstätte für den ganzen Norden der französischen Front war Valenciennes. Das im Jahre 1908 eröffnete Museum am Boulevard Watteau, am Rand der inneren Stadt frei gelegen, bot in seinem geräumigen Untergeschoß, von dem allmählich der größte Teil uns zur Verfügung gestellt wurde, die geeigneten Magazinräume; durch Pflasterung des Fußbodens und durch elektrische Beleuchtung ließ sich noch eine wesentliche Verbesserung erzielen. Hier war auch französisches Aufsichtspersonal vorhanden, das von der Stadt bereitwillig durch zuverlässige Arbeitskräfte zum Entladen, Auspacken und Umräumen vermehrt wurde. Die Stadtverwaltung und ihre Vertreter, der Konservator Bauchond und der Archivar Hénault, blieben bei allen Arbeiten, insbesondere beim Aufstellen der Listen, beteiligt und sorgten für die Bewachung des Hauses; die Oberleitung und Kontrolle des umfangreichen Betriebes mußte, schon wegen der Korrespondenz mit den Heeresbehörden und wegen der zahlreichen deutschen Besucher, in deutsche Hand gelegt werden. Hermann Burg, der nach der Verlegung der 1. Armee in die Champagne Sachverständiger bei der 2. Armee geworden war, nahm seinen Sitz seit dem Frühjahr 1917 in Valenciennes und besorgte unter Oberaufsicht der Etappen-Inspektion bzw. des Chefs der Zivilverwaltung, Geh. Oberregierungsrats Dr. Busse, die Verwaltungsgeschäfte. Die Eingänge an Kunstgut vermehrten sich bald derart, daß das Museumsgebäude entlastet werden mußte. Für die zahlreichen Gemeinde- und Notariatsakten, die aus dem Sommegebiet von der Heeresverwaltung hierher geflüchtet worden waren, ebenso für die Kultgegenstände ohne Kunstwert wurden eigene Depots in der Stadt errichtet, für Privatbesitz außerdem noch die nahe gelegene Kapelle Jeanne d'Arc herangezogen.

Das Untergeschoß des Museums hatte außer den Bilderbeständen vor allem umfangreiche Schätze an Handschriften und alten Drucken aufzunehmen. Es sei hier zusammenfassend erwähnt, daß eine Bergung der Handschriften und Inkunabeln aus den öffentlichen Bibliotheken der nahe an der Front gelegenen Städte von Anfang an in Aussicht genommen war. Die reichsten und wichtigsten Sammlungen, gespeist aus den säkularisierten Klöstern der Umgebung, finden sich in Laon, Cambrai, Douai und in Valenciennes selbst. Sie wurden nach und nach alle im Valencienner Museum zentralisiert. Die Stadt Cambrai hatte ihre Sammlung schon 1916 auf deutsche Anregung hin in verzinkte Kisten verpacken lassen. Aus Douai wurde anfangs nur eine Auswahl, der Rest bei der Evakuation im September 1918 nach Valenciennes gebracht.

Eine Bergung aller wertvollen Bücherbestände ließ sich nicht durchführen. In St. Quentin und Cambrai wurde wenigstens eine Auswahl abtransportiert; außerdem sind eine Anzahl von Privatbibliotheken, namentlich aus Schlössern, ganz oder teilweise gerettet worden. Kein Zweifel, daß auf diesem Gebiet nicht unerhebliche Verluste zu beklagen sind. Allein die Material-, Magazin- und Transportnot setzte hier unerbittlich enge Grenzen für die Bergungstätigkeit, und so mußte darauf hingearbeitet werden, wenigstens die Handschriften und Wiegendrucke so vollständig zu erfassen wie möglich.[1]

Der Wert der in Valenciennes geborgenen Bilder, Teppiche und Skulpturen ließ sehr bald den Gedanken einer Ausstellung des Besten in den Museumssälen entstehen und im Laufe des Jahres 1917 feste Form annehmen. Am Anfang des Krieges hatte die Stadt von ihrem eigenen Besitz alle hervorragenden Bilder in das Untergeschoß bringen lassen. Im Frühjahr 1917 regte der damalige Etappen-Inspekteur Generalleutnant Franke an,

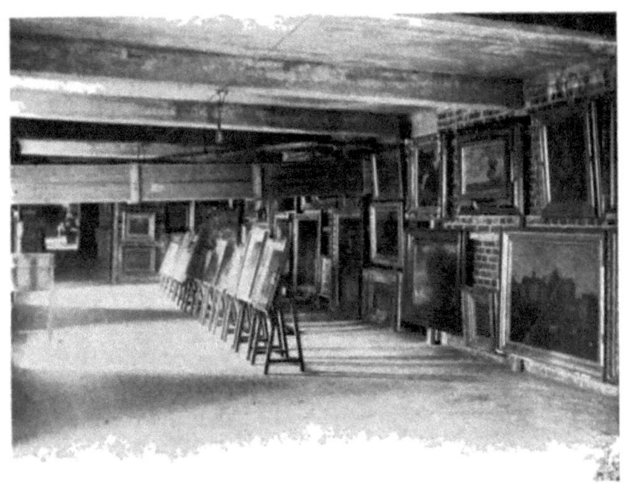

Aus den Depoträumen des Bergungsmuseums Valenciennes

diese Schätze zu heben und wieder zugänglich zu machen. In der Tat bietet ja z. B. gegen Fliegerbomben der Keller nur dann einen gewissen Schutz, wenn er starke Gewölbe oder eine größere Zahl von Stockwerken über sich hat.[2] Es kommt hinzu, daß die Aufhängung in hellen Sälen die Kontrolle der Bilder, die Übersicht über den Bestand und den Schutz vor Beschädigungen ganz anders gewährleistet, als ihre Zusammendrängung in künstlich beleuchteten niedrigen Magazinen.

Seit die großen und wertvollen Transporte aus Lille und anderen Orten angekommen waren, traten auch ideelle Gründe hinzu. Die öffentliche Ausstellung gerade der schönsten Stücke des nordfranzösischen Kunstbesitzes mußte, so dachten wir, am schlagendsten die Verdächtigungen abwehren, denen immer wieder die Absichten der Heeresverwaltung ausgesetzt waren. Sie mußte ferner bei den vielen Besuchern aus dem deutschen Heer Interesse für das Bergungswerk, und Freude am Gelingen dieser friedlichen Kriegsarbeit wecken.

In dieser letzteren Beziehung haben wir uns nicht getäuscht. Das Interesse bei den Heeresangehörigen war ungemein rege, schon während der Monate, wo die Aufstellung noch nicht vollendet war. Es steigerte sich bis zum Schluß, und bedauerlich bleibt nur, daß die Drucklegung des reich illustrierten Kataloges und Führers, zu dessen Herausgabe sich die Armee am Ende des Jahres entschloß, durch die leidigen Schwierigkeiten der Papierbeschaffung und andere Kriegsnöte bis zum Juli 1918 dauerte.[3]

Daß auch die Wirkung auf die Franzosen nicht ausgeblieben ist, beweist der Bericht M. Bauchonds im Journal des Débats vom 20. Dezember 1918.[4] Der ruhige, von jeder Übertreibung und

---

1) Die Entsendung eines besonderen Bibliotheksachverständigen, die im April 1915 vom Preußischen Kultusminister angeregt war, hat der Generalquartiermeister abgelehnt, nachdem die Armeen fast einstimmig das Bedürfnis hierzu verneint hatten.

2) In Metz hat eine Fliegerbombe die Stockwerke des städt. Museums glatt durchschlagen und ist im Untergeschoß, in der Wohnung des Kastellans, explodiert. Der dort angerichtete Schaden war bedeutend, oben war er minimal.

3) „Kunstwerke aus dem besetzten Nordfrankreich, ausgestellt im Museum zu Valenciennes". Herausgegeben vom Armee-Oberkommando 2. Bearbeitet von Theodor Demmler, in Verbindung mit Adolf Feulner und Hermann Burg. München, 1918. Verlag von F. Bruckmann A.-G.

4) „Les œuvres d'art des collections publiques et particulières du Département du Nord qui pendant longtemps avaient été déposées au musée de Valenciennes, se trouvent maintenant en sécurité à Bruxelles, partie au palais de justice, partie au musée de Cinquantenaire, partie aux archives de l'État. Elles ont été confiées par

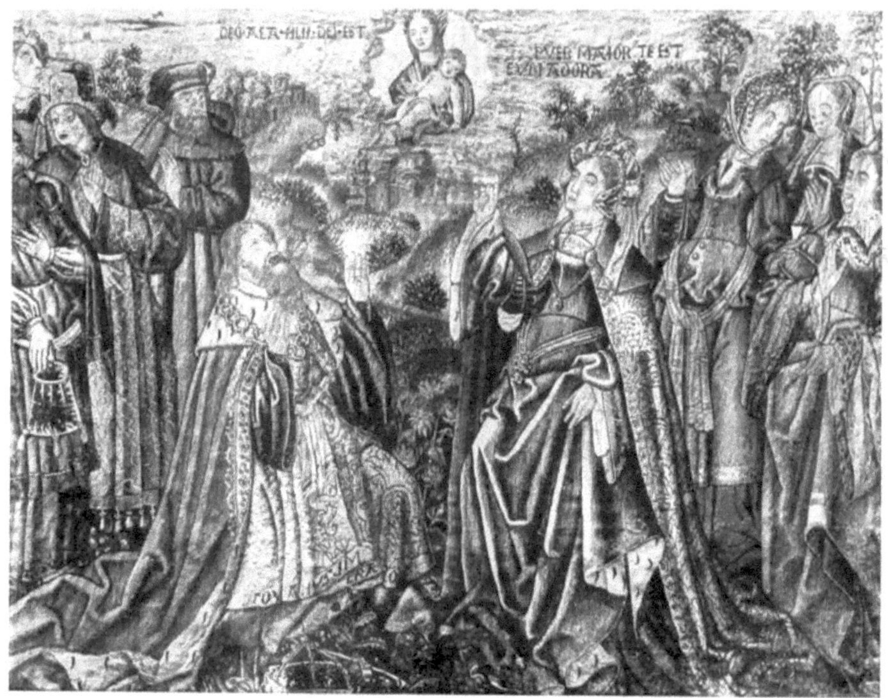

Augustus und die Sibylle. Wirkteppich um 1500. Aus dem Museum in Lille

Entstellung freie Bericht dieses Mannes, der zwei Jahre lang Zeuge unserer Arbeit im Valencienner Museum war, ist vielleicht ein Zeichen, daß auch in Frankreich Vernunft und Billigkeit sich Gehör verschaffen und schließlich die Stimmen zum Schweigen bringen werden, wie sie noch jüngst in dem oben S. 94 zitierten Funkspruch zum Ausdruck gekommen sind.

l'autorité allemande au gouvernement belge sous la direction de M. Fiérens-Gévaert, le savant administrateur des musées royaux, et nous croyons savoir qu'il se prépare, dans la capitale amie, une exposition des principales œuvres.

C'est en octobre 1916 que les Allemands commencèrent à confier à la ville de Valenciennes des objets d'art et nous reçûmes alors une collection de tableaux et de pendules appartenant à Mme. la marquise d'Aoust de Saint-Léger qui nous furent envoyés après expertise de M. Rauch, professeur d'histoire de l'art à l'Université de Giessen. Depuis ce moment, les envois furent très fréquents et nous pouvons citer parmi les principaux les collections particulières de M. le marquis d'Havrincourt, de M. le comte de Franqueville à Bourlon, de S. A. le prince de Monaco, dont nous reçûmes les magnifiques tapisseries du château de Marchais; les tableaux et sculptures des musées de Lille, Cambrai, Douai, La Fère; les manuscrits et incunables des bibliothèques de Cambrai, Douai, Laon. Il nous fut adressé aussi des sculptures de monuments, notamment les merveilleuses pierres romanes de l'abbaye d'Honnecourt, soigneusement démontées.

Nous parvenaient aussi de nombreux objets d'église: vases sacrés, calices ostensoirs . . ., en particulier une série de pièces en vermeil trouvées à Croisilles en creusant une tranchée, comme aussi des caisses de minutes de notaires et d'archives, de communes.

Le tout fut d'abord placé dans les sous-sols du musée des Beaux-Arts, puis, ceux-ci devenant trop exigus, les objets d'église furent confiés à M. le doyen de Saint-Géry et les archives transportées dans un magasin voisin.

Chaque envoi faisait l'objet d'un reçu remis à la commandanture et dont un double nous restait, reçu signé par le maire et par moi, attribuant le dépôt à la ville avec obligation de le restituer après la guerre aux ayants droit.

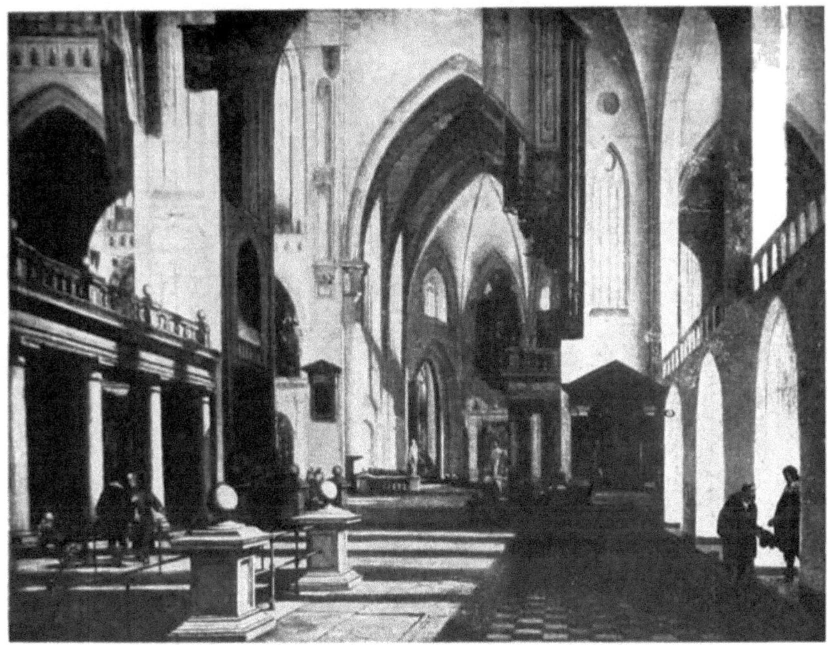

De Witte, Kircheninneres. Aus dem Museum in La Fère

Ich muß es mir versagen, hier einen Rundgang durch das Museum anzuschließen, das auch dem wissenschaftlichen Beobachter durch die Vereinigung getrennter und zum Teil schwer zugänglicher Werke Anregung genug geboten hat. Trotz der Belassung des größten Teils der Sammlung Carpeaux und der schwer beweglichen großen Gipsabgüsse im mittleren Kuppelraum, war es doch gelungen, die besten Bilder aus Valenciennes selbst zu einem harmonischen Ganzen zu vereinigen

En mai 1917, un conservateur allemand, le Docteur Burg, qui eut aussi pour mission la déconsignation des objets d'art anciens et artistiques en bronze et cuivre, fut placé à la direction de ces dépôts et en même temps l'autorité occupante décidait d'exposer les plus belles œuvres d'art tant de Valenciennes que des autres villes du Nord, dans les salles du musée. L'ordre fut donné en ce sens par le général commandant d'étape que M. M. Hénault, archiviste de la ville et moi conservâmes nos fonctions comme par le passé, mais notre rôle se borna alors à surveiller les œuvres déposées et en faire l'inventaire.

On comprend sans peine l'éclat d'un musée qui renfermait alors, outre l'apport Valenciennes, les richesses artistiques du Nord occupé: Les Rubens, les Jordaens, les van Dyck, les Boilly, les Goya, les Corot, les bois gothiques, les dessins du legs Wicar, du musée de Lille, les Bellegambe du musée de l'église Notre-Dame de Douai; les tâpisseries du prince de Monaco et du comte de Franqueville. Aussi fut-il très visité et très admiré.

En septembre 1918 parut un catalogue heureusement édité et abondamment illustré dû à la collaboration du Docteur Demmler de Berlin, du docteur Feulner de Munich, du docteur Burg de Vienne, mais quelques exemplaires seulement furent mis en vente.

La victoire des armées alliées se précipitait avec éclat. Les villes de Cambrai et de Douai étaient évacuées, on sentait l'approche des d'événements graves à Valenciennes.

Les principales collections publiques et privées de Cambrai nous avaient déjà été envoyées depuis plusieurs mois. Le docteur Burg ramena encore de cette ville, à ce moment, plusieurs camions automobiles de tableaux, meubles, sculptures, comme aussi de Douai dont les caves avaient servi de refuge aux collections particulières de la ville.

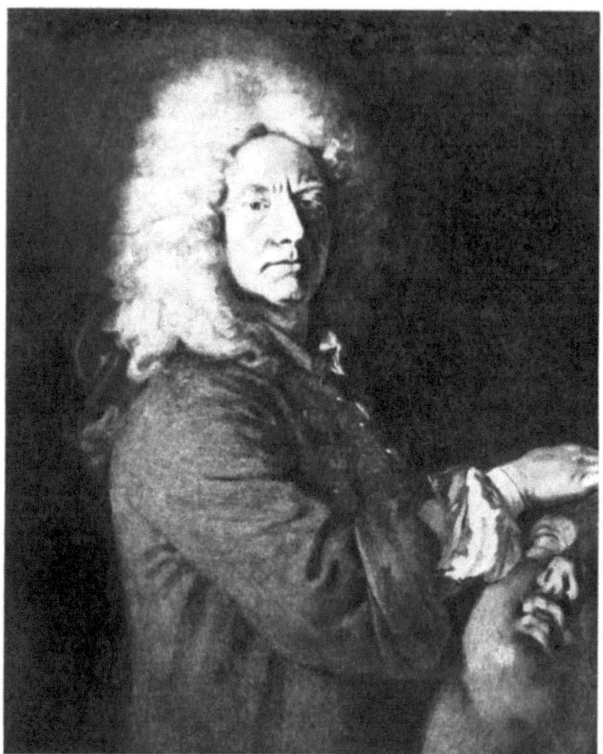

Watteau, Der Bildhauer Pater. Aus dem Museum in Valenciennes

mit einer reichen Auswahl aus den Museen und dem Privatbesitz Nordfrankreichs. [1] Man gewann
einen Überblick über die großen Zeiten der Kunstgeschichte in Französisch-Flandern, über die bevor-
zugten Sammelgebiete der Kunstliebhaber, und endlich auch über die mannigfachen Zweige der
Bergungstätigkeit selbst. Die Reichtümer der Schlösser, die vielleicht von manchem in ihrem Wert

Le 11 septembre, l'autorité allemande réunit les représentants des villes de Douai, Cambrai, Valenciennes
et fit pressentir les risques que pouvaient courir les œuvres d'art concentrées ici. Elle offrait de les envoyer à
Bruxelles, mais dans le cas seulement où une demande lui en serait adressée.

Après mure réflexion cette demande fut faite. Les tableaux furent décrochés, les manuscrits emballés, les
sculptures, les faiences, les porcelaines mises en caisses et le tout sous notre surveillance fut expédie en plusieurs
bâteaux sur Bruxelles où un ou deux représentants des villes devaient administrer le dépôt.

M. Hénault et moi venions de surveiller les derniers départs quand le 10 octobre, l'évacuation générale et
forcée de la ville fut ordonnée, évacuation qui ne devint facultative que le 15 octobre, à la suite d'un nouvel ordre,
alors que la majeure partie de la population avait dé à quitté Valenciennes.

Nos musées, comme bâtiments, tant celui de la Place Verte que celui de l'hôtel de ville, ont beaucoup souffert
du bombardement. Nous espérons que des réfections rapides permettront de le reconstituer sans trop tarder." —
Journal des Débats vom 20. XII. 1918.

1) An der Aufstellung hatte neben den Herausgebern des Katalogs D. Freiherr von Hadeln besonders großen
Anteil. Eine kurze Beschreibung ist versucht im Almanach der Gazette des Ardennes 1918, in Velhagen und Kla-
sings Monatsheften (einem Artikel, der im Juli 1918 geschrieben wurde und, ohne mein Verschulden, erst im No-
vemberheft erschien, also zu einer Zeit, wo all die Schätze des Museums Valenciennes hatten verlassen müssen!).

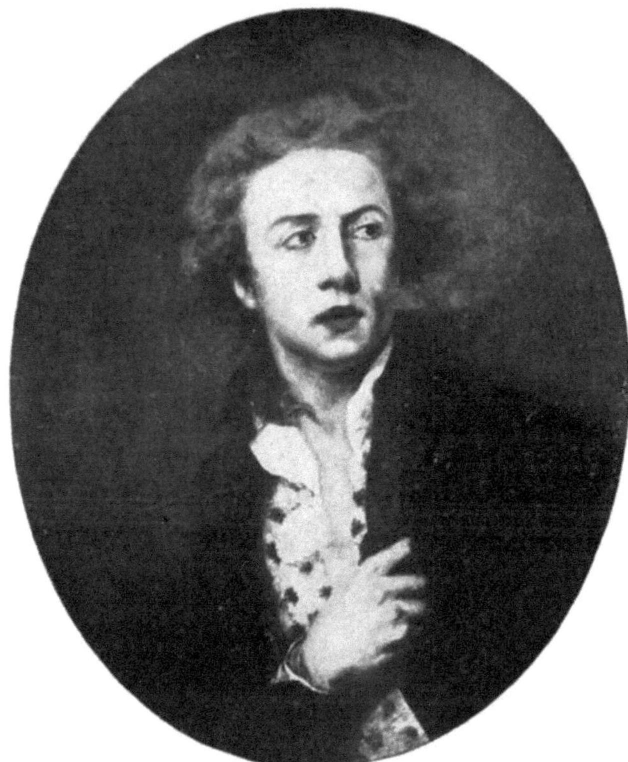

Donvé, Selbstbildnis. Aus dem Museum in Lille

etwas überschätzt werden, waren hier durch die schönen Teppiche aus Marchais, aus Arrancy und Bourlon pompös vertreten und gaben dem nüchternen Mittelraum einen festlich warmen Glanz. Die wenigen Stücke kirchlicher Großplastik, unter denen die romanischen Portalskulpturen aus Honnecourt eine besonders erfolgreiche Rettungsarbeit bedeuteten, erinnerten an die ungeheuren Verluste, die der Denkmälerbestand des Landes durch die Revolution erlitten; die prächtige Vereinigung der großen vlämischen Stücke aus Lille und Valenciennes gaben dem herrlichen Stefanusaltar des Rubens eine Umgebung, wie er sie stolzer nie gesehen hatte. Das fast völlige Fehlen der großen französischen Maler seit Manet konnte den deutschen Beschauer überraschen, denn es lud zu Vergleichen mit Sammlungen deutscher Mittelstädte ein, in denen jene Meister längst ein Heimatrecht haben, das ihnen in der französischen Provinz nur von wenigen Privatsammlungen eingeräumt wird. Auf Möbel hatte man nicht ganz verzichtet, doch duldeten die feierlichen Säle sie viel seltener, als die improvisierten kleinen Räume in Maubeuge.

Wir hatten gehofft, alle unsere Bergungsstätten unversehrt nach dem Krieg den Franzosen übergeben zu dürfen. Aber gerade die größte, Valenciennes, traf am Ende ein hartes schmerzliches Kriegsschicksal. Schon im Sommer 1918 mehrten sich die Fliegerangriffe auf die Stadt, einige Bomben fielen in bedenklicher Nähe des Museums nieder. Noch war kein Schaden verursacht; es konnte sich um unglückliche Zufälle handeln; dennoch mußte sich die Frage erheben: dürfen wir mit dieser

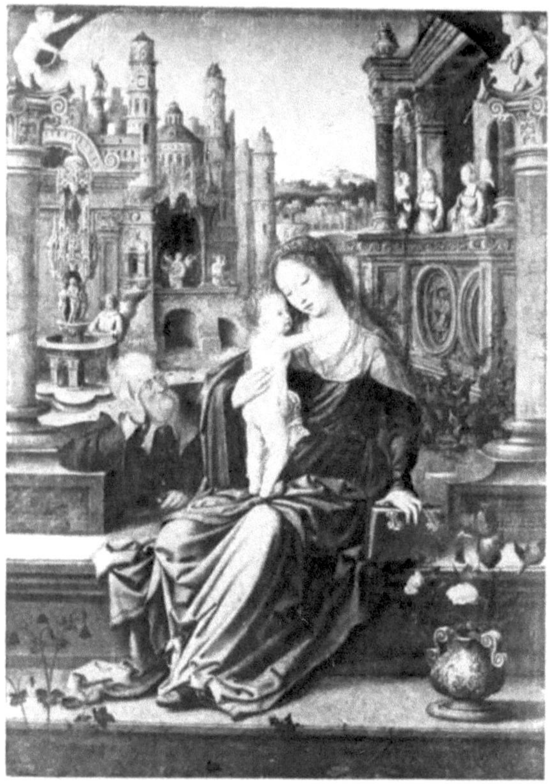

Isenbrandt (?), Hl. Familie. Aus dem Besitz der Marquise d'Aoust

Anhäufung unersetzlicher Werte hierbleiben? Eine gewichtige Stimme aus der Heimat erbat die Verlegung des Museums.[1] Wenn der Generalquartiermeister nach eingehender Prüfung schließlich zu einer Ablehnung kam, so war dies nur die folgerichtige Anwendung der im Februar 1917 festgelegten Grundsätze, die aus politischen und rechtlichen Erwägungen heraus die — militärisch nur erwünschte — Entfernung der Kunstschätze aus Frankreich untersagt hatten. Ein wirklicher Notstand, der zum Aufgeben jener Grundsätze gezwungen hätte, lag nicht vor — noch nicht, sagen wir heute. Damals aber war unsere Offensive im glücklichen Fortschreiten, und die Hoffnung, die im ganzen Heer lebendig war, sie weiter vorzutragen, berechtigte zu der Erwartung, daß gerade die Fliegergefahr in Valenciennes ihren Höhepunkt überschritten habe.

Es ist anders gekommen. Nicht der Fliegerangriff, sondern die Wendung in der ganzen Kriegslage, die sich seit Mitte Juli ankündete, hat schließlich Gefahren für Valenciennes heraufbeschworen, die damals nicht zu ahnen waren. Ende August, als noch mit einem Halten der Hindenburglinie zu rechnen war, wurden Vorbereitungen zur Verlegung angeordnet, am 29. September der Abtransport nach Brüssel befohlen, nachdem auch die Vertreter der Städte selbst eine dahingehende Bitte ausgesprochen hatten. Unterdessen hatten die Ereignisse mit verhängnisvoller Schnelle die Lage in Valenciennes verändert. Die Armeegrenzen wechselten, die neuen Behörden waren im

---

1) Schreiben der Berliner Akademie der Wissenschaften vom 14. Juni 1918 an den Chef des Generalstabs des Feldheeres. Die vom Generalquartiermeister am 4. Juli erteilte Antwort hat folgenden Wortlaut:

„Das an den Chef des Generalstabes des Feldheeres gerichtete Schreiben vom 14. Juni 18 ist an mich zur Erledigung abgegeben worden. Ich bedaure jedoch, dem Wunsche, die in Valenciennes aufbewahrten Kunstschätze nach einem andern Ort zu überführen, nicht entsprechen zu können. Im besetzten Frankreich dürfte ein Ort, der geeigneter als Valenciennes wäre, nicht in Frage kommen. Gerade Valenciennes hat ein deutscher Gelehrter, der im Frühjahr dieses Jahres die besetzten Gebiete bereiste, auch zur Unterbringung für Kunstschätze, die jetzt in anderen Städten aufbewahrt werden, in Vorschlag gebracht. Es könnte deshalb nur die Verbringung an Orte, die außerhalb des besetzten Frankreichs liegen, in Erwägung gezogen werden. Dem stehen aber erhebliche Bedenken entgegen. Die Verbringung von französischen Kunstschätzen an Orte außerhalb des besetzten Frankreichs ist schon einmal Gegenstand eingehender Verhandlungen mit den heimischen Dienststellen gewesen. Dabei ist mit Recht darauf hingewiesen worden, daß es im feindlichen und neutralen Auslande nicht geglaubt würde, daß diese Maßnahme nur die Erhaltung der Kunstwerke bezwecke, daß vielmehr Absicht der Aneignung oder des Faustpfandes angenommen würde. Auch wurde befürchtet, daß diese Maßnahme nicht nur Anlaß zu unerwünschtem Lärm über deutsches Barbarentum geben würde, sondern auch

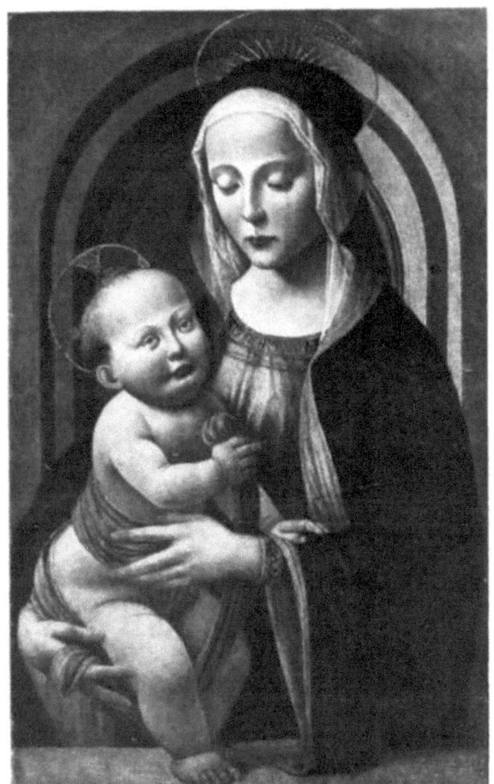

Schule des Andrea Verocchio, Maria mit dem Jesuskinde
Aus dem Museum in Lille

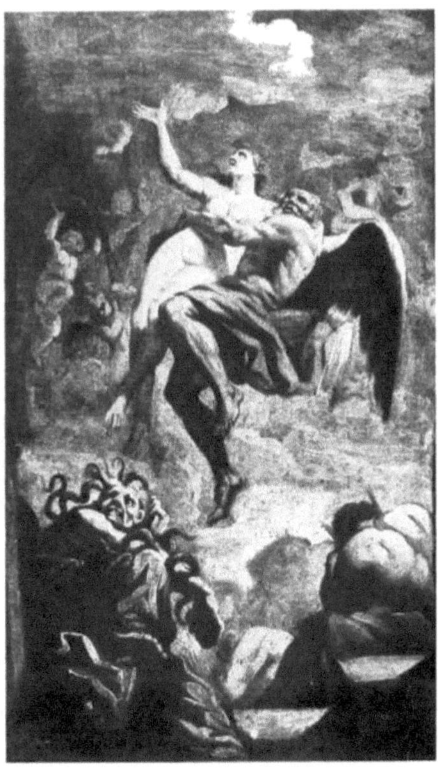

Poussin, Skizze zu dem Gemälde im Louvre
Aus dem Museum in Lille

Umzug nach weit rückwärts gelegenen Orten begriffen; schlimmer aber war, daß noch während des Verladegeschäfts, das von Hermann Burg geleitet wurde, die Stadt vom größten Teil ihrer Bewohner geräumt werden mußte, so daß die ohnehin überhasteten Arbeiten mit einem außerordentlichen Mangel an Personal und an Fahrzeugen zu kämpfen hatten. Trotzdem gelang es, fast den ganzen Inhalt des Museums teils verpackt, teils unverpackt in Kähne zu bringen, die dann in der zweiten Oktoberwoche in letzter Stunde die Fahrt auf dem Kanal antraten.[1]

höchstwahrscheinlich Gegenmaßregeln auf feindlicher Seite hervorrufen würde. In der Tat hat denn auch die vorübergehende Überführung von Kunstwerken nach Deutschland zu gehässigen Pressenachrichten auf französischer Seite geführt.

Überdies mußte den Eigentümern der in Valenciennes untergebrachten Kunstschätze ausdrücklich zugesichert werden, daß die Gegenstände in Frankreich bleiben sollten. Eine anderweitige Unterbringung wäre daher nur mit ihrem Einverständnis möglich. Aus diesen Gründen vermag ich der dortigen Anregung nicht Folge zu geben, wobei ich noch bemerke, daß in letzter Zeit die Fliegerangriffe auf Valenciennes nachgelassen haben und auch früher ihr Ziel im allgemeinen nur die Bahnhofsgegend war."

1) Es handelt sich (die Zahlen sind in Brüssel nach Ankunft der Objekte festgestellt) um 796 Kisten mit Handschriften, Büchern und kleinen Museumsgegenständen, 753 Kisten mit Privatbesitz, außerdem um nachfolgende unverpackt transportierte Gegenstände: 1992 Gemälde, 365 Handzeichnungen in Rahmen (Sammlung Wicar), 327 Skulpturen, 132 gerahmte und über 2000 ungerahmte Stiche, Radierungen usw., 66 sonstige Gegenstände.

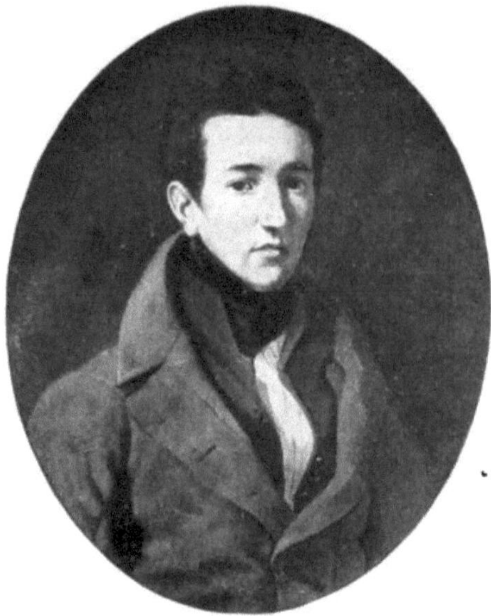

Delacroix, Bildnis des Herrn Bellinger. Aus dem Museum in Douai

Das Mißgeschick war noch nicht zu Ende. Die Fahrt der Lastkähne (Eisenbahntransport war bei der Überfüllung dieses Verkehrsweges ausgeschlossen) sollte neun Tage dauern. Allein die kriegerischen Vorgänge behinderten auch den Verkehr auf dem Wasserweg aufs stärkste, so daß es vor den Schleusen immer wieder zu tagelangem Stilliegen kam und mehr als einmal mit der Gefahr eines endgültigen Steckenbleibens gerechnet werden mußte.[1] Zwei Kähne kamen um den 22. Oktober in Brüssel an, die letzten erst am 12. November! Unterdessen hatten (am 10. November) in Brüssel revolutionäre Umtriebe begonnen, die zu Straßenkämpfen zwischen Deutschen und Belgiern führten. Die Entladungsarbeiten stockten. Die deutschen Beauftragten[2], die die Kunstgüter in Brüssel den belgischen Museumsbehörden übergeben sollten, konnten ihre Arbeit nicht zu Ende führen. Vor allem war es unmöglich, ein genaues Inventar der Gegenstände aufzustellen, was mindestens zwei bis drei Wochen in Anspruch genommen hätte. Inzwischen war der Waffenstillstand abgeschlossen und ein längeres Verbleiben für Deutsche in Brüssel unmöglich geworden. Am 14. November fand daher eine Versammlung statt, an der von französischer Seite mehrere in Brüssel befindliche Vertreter der evakuierten Städte, von seiten der belgischen Museumsverwaltung und der Stadt Brüssel der Generalsekretär der K. Museen, Fierens-Gevaert, und als deutscher Vertreter Hermann Burg teilnahm. Das Bergungsgut wurde der Obhut der Brüsseler Museums- und Stadtverwaltung übergeben, die es übernahmen, die Entladung und Unterbringung zu vollenden (teils im Justizpalast, teils im Neuen Museum), sowie genaue Bestandsverzeichnisse aufzustellen. Ein Vertreter der holländischen Gesandtschaft wohnte der Verhandlung bei.

---

1) Der Weg führt entweder scheldeabwärts über Gent oder über Ath auf der Dender; in Dendermonde wird die Richtung nach Brüssel eingeschlagen. Der Weg über Charleroi hätte alle Nachteile einer Umladung unterwegs mit sich geführt; der über Ath erschien bei der Abfahrt der Lastkähne als der sicherste. Aber ihm rückte freilich während der langen Fahrtdauer der Kampf näher und näher.

2) Außer Burg waren noch Feulner und ich anwesend, von seiten der deutschen Behörden in Brüssel (Verwaltungschef Flandern) Gerhard Bersu.

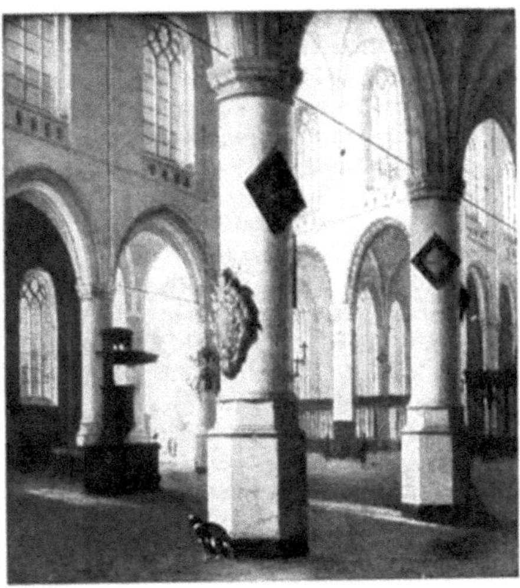

Houckgeest, Kircheninneres. Aus dem Besitz der Marquise d'Aoust

Am 1. und 6. Februar 1919 unterzeichneten Burg und ich, nunmehr als Beauftragte der deutschen Waffenstillstandskommission, die Protokolle über den Zustand und die Anzahl der in Brüssel geborgenen Objekte. Die französische Regierung erteilte dann durch ihre Beauftragten (Paul Vitry für die Kunstwerke, Gaston Rouvier für Bücher, Handschriften und Archivalien) der deutschen Regierung Entlastung für alle in Brüssel vorgefundenen Gegenstände.

Erwägt man die Ungunst der Verhältnisse, unter der dieser letzte und größte deutsche Bergungstransport vor sich gehen mußte, und die hier nur angedeutet, nicht ausführlich geschildert werden kann, so darf man mit dem Ergebnis zufrieden sein. Gewiß konnte es ohne Unfälle nicht abgehen bei der Masse der Objekte, der Eile der Verladung am Abgangsort, der Behelfsmäßigkeit aller Einrichtungen. Aber soweit wir bis jetzt sehen, ist kein wesentlicher Verlust zu beklagen, keine Beschädigung, die nicht zu reparieren wäre. Das Valencienner Museum wurde bei den Kämpfen so stark beschädigt, daß der Oberstock heute unbenutzbar ist; in den unteren Räumen wurde schon während der letzten Arbeiten unseres Auszuges ein Lazarett eingerichtet. Man kann sich unschwer vorstellen, welche Folgen es gehabt hätte, wenn die Überführung nicht gewagt worden wäre.

Die übrigen Depots (in Metz, Sedan, Charleville, Fourmies, Maubeuge), die sich freilich mit dem Valencienner an Bedeutung nicht messen können, sind den Franzosen an Ort und Stelle übergeben worden.

Die Arbeit des Kunstschutzes in Nordfrankreich ist zu Ende. Sie ist noch nicht liquidiert. Viele Kriegsverluste an privatem Kunstgut werden erst im Lauf der Zeit zutage kommen. Auch in den öffentlichen Sammlungen sind Lücken während des Krieges entstanden, fast durchweg in der Zeit vor Beginn unserer Tätigkeit. Aber auf keinen Fall sind sie auch nur annähernd von der Bedeutung, die ihnen in voreiligen französischen Presseäußerungen zugeschrieben wurde. Mit den Verlusten an edlen Kirchenbauten und ihrem Schmuck sind sie überhaupt nicht zu vergleichen.

Ich habe mich bemüht, genau die Bedingungen zu umschreiben, unter denen wir arbeiteten; — nicht um irgendwelche Versäumnisse oder Fehlgriffe zu entschuldigen, sondern um ein gerechtes Urteil zu ermöglichen. Aber auch die innere Geschichte dieses Krieges, die Hoffnungen und Enttäuschungen, die uns alle bewegten, konnten nicht ohne Einfluß bleiben auf die Entscheidungen unseres in dem ganzen Weltgeschehen so kleinen und nebensächlichen Gebietes. Vielleicht haben wir zu wenig an die Möglichkeit eines Rückzugs gedacht, zu spät erst unser Vertrauen auf den Sieg erschüttern lassen. Wird man uns daraus einen Vorwurf machen?

Zu erkennen, was der Denkmalpflege im Kriege nottut, ist nicht schwer. Radikale Mittel sind es, die allein auf die Dauer helfen: was unersetzlich ist an beweglichem Gut, muß auswandern, muß weit ins Hinterland, bis dorthin, wo es weder Truppenansammlungen noch Fliegergefahr gibt. Nicht umsonst sind die Franzosen, als sie den Ernst des Problems erkannten, mit dem Louvre gleich nach Toulouse gezogen.

Aber kann man dem Kunstschutz diese radikalen Mittel in die Hand geben? In allen Ländern, auch wo die Verhältnisse unvergleichlich günstiger lagen als für uns, fanden seine Vertreter auf ihrem Weg militärische, politische, rechtliche Interessen vor. Ein Ausgleich mit ihnen ist notwendig. Er muß herbeigeführt werden von Menschen, die selbst nicht parteilos über der Sache schweben, sondern als Glieder ihres Volkes empfinden, das in einen Kampf auf Leben und Tod verwickelt ist. Und dieser Ausgleich kann nur wenig starre bindende Formeln geben. Das meiste muß an Ort und Stelle im Augenblick der Gefahr entschieden werden.

In Nordfrankreich kam unser deutscher Bergungsdienst spät, aber für das Wichtigste nicht zu spät. Er mußte oft mehr improvisieren als organisieren. Aber er hat gearbeitet. Nicht für den Dank Frankreichs, nicht für egoistische Pläne Deutschlands, sondern für die Sache der Kunst.

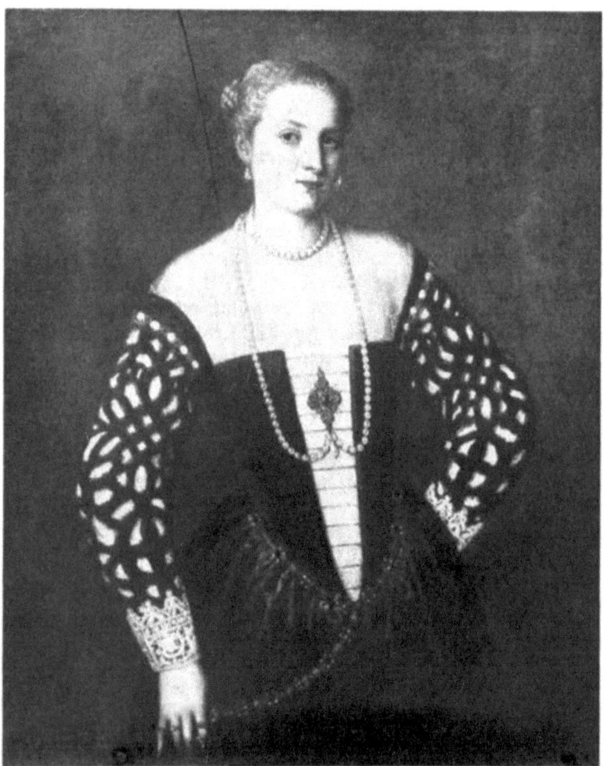

Paolo Veronese, Damenbildnis. Aus dem Museum in Douai

VI.

Die Denkmalpflege im Urteil des Auslandes

Von Otto Grautoff

Von den ersten Wochen des Krieges an haben unsere Feinde uns Kunstvandalismus vorgeworfen und dieser allgemeinen Zerstörungslust der Deutschen ihre eigene Liebe und Begeisterung für die Baudenkmäler der Vergangenheit gegenübergestellt. Belgier, Franzosen und Italiener wären die berufenen Hüter der Schönheit, hieß es, ihre Völker die einzigen, in denen die Achtung vor dem künstlerischen Reichtum der Vorzeiten fest verankert sei, die Regierung des republikanischen Frankreichs diejenige, die allein Verantwortungsgefühl vor den Kunstschätzen im Lande besäße.

Auch wir Deutsche wissen, daß Frankreich auf dem Gebiete der Denkmalpflege im Laufe des 19. Jahrhunderts Bedeutendes, teilweise Vorbildliches geleistet hat. Schon vor vielen Jahren, als bei uns selbst noch vieles im argen lag, hat Paul Clemen[1] in einer besonderen Schrift auf die rühmenswerten Taten der „Commission des monuments historiques" hingewiesen, die unter der Julimonarchie ins Leben gerufen worden ist.

Eine zusammenfassende Darstellung der Denkmalpflege von 1789 bis zur Gegenwart hat zum ersten Male in seinen „Monuments historiques" Paul Léon[2] gegeben, ein Freund des verstorbenen radikalsozialistischen Unterstaatssekretärs Dujardin-Beaumetz, unter dessen Amtsführung er zehn Jahre lang die Architekturverwaltung leitete. Paul Léon ist als langjähriger Beamter eines radikalsozialistischen Ministers gewiß unverdächtig[3]. Seine Arbeit gründet sich auf reiches Aktenmaterial, das noch niemals so vollständig und übersichtlich verarbeitet worden ist, und stützt sich auf die geschichtlichen Tatsachen und historischen Schriften, die mit ruhiger Sachlichkeit und in parteiloser Objektivität interpretiert worden sind. Aus seinem sachlichen Tatsachenmaterial ergibt sich, daß Frankreich keinesfalls immer das Land war, das sich durch besonders mustergültige Handhabung von Kunstschutz und Denkmalpflege ausgezeichnet hat. Der Verfasser schildert in wenig geschminkter Form die ungeheuren Zerstörungen, die die französische Revolution offiziell durchführte[4]. Er stellt fest, daß Vitet und Mérimée um die Mitte des Jahrhunderts unausgesetzt über den Kunstvandalismus der Stadtbehörden, der Industrien, der staatlichen und Militärbehörden zu klagen hatten[5]. Er berichtet, daß keine Behörde gegen die Ankäufe von Amerikanern protestierte. Die Gitter der Kathedrale von Troyes, die Statuen „Le Roi de Bourges, L'Ange du Lude", das ganze Kloster von Mariac, die Maison du Roi von Abbéville, wurden nach Amerika verkauft. Léon wirft der Kunstverwaltung vor, daß sie nicht fürsorglich genug die Wetterschäden an den Kunstdenkmälern ausbessern und die Pariser Hotels des Adels verwahrlosen ließ und prägt den scharfen Satz: „Le vandalisme cultuel comme le vandalisme administratif, a dénaturé l'aspect des églises, en y adossant des bâtiments parasites." Er findet scharfe Worte gegen die Freilegung von Kirchen in Paris und in der Provinz[6], durch die viele Stadtbilder ihren Charakter verloren haben, und stellt schonungslos

---

1) Paul Clemen, Denkmalpflege in Frankreich. Berlin 1898, Ernst und Sohn.

2) Paul Léon, les monuments historiques; conservation, restauration, avec 268 gravures. Paris 1917, Henri Laurens.

3) Für die Bedeutung Paul Léons ist folgendes aus der Kammerverhandlung vom 12. III. 1918, Journal officiel vom 13. III., p. 885, interessant: Claude Cochin . . . „Répondons à ces ouvrages par des livres collectifs publiés sous le patronage du Gouvernement français et sous la direction d'un homme de goût et de science qui pourrait être M. Paul Léon." (Très bien! Très bien!)

M. Albert Dalimier . . . „Je voudrais d'un mot, affirmer que, dans le passé, des efforts d'organisation ont été faits sous la direction de M. Paul Léon, à qui l'on rendait tout à l'heure un hommage si mérité, non seulement pour la protection des monuments sur le front, mais pour le retrait de toutes les œuvres d'art qui pouvaient être exposées à un danger quelconque et qui ont été ramenées à l'intérieur du pays."

4) Paul Léon, Les monuments historiques etc. S. 24/38.

5) Ebendort S. 68, 82, 308, 83, 144, 154, 191.

6) Ebendort S. 191/211.

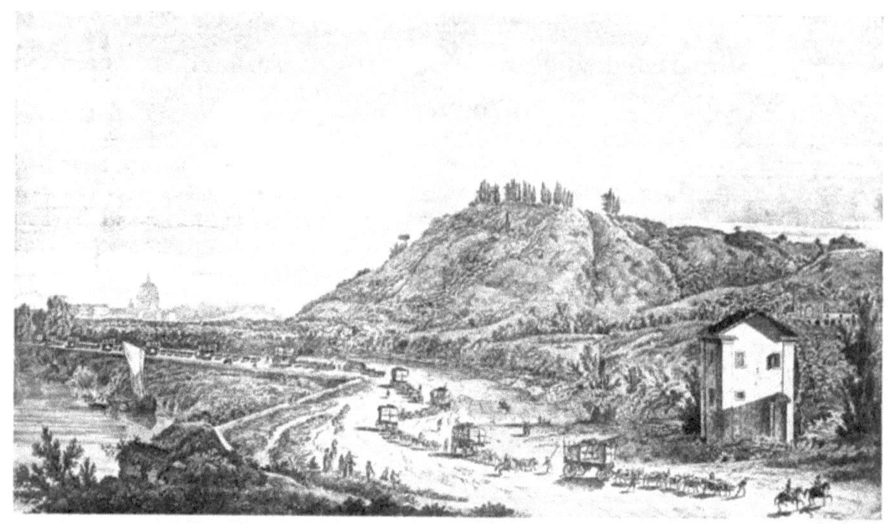

Die Abfahrt der von den Franzosen geraubten Kunstwerke aus Rom
Aus: Charles Saunier, Les conquêtes artistiques de la révolution et de l'empire. Paris 1902

die Restaurationen der Baudenkmäler, vornehmlich unter Viollet-le-Duc an den Pranger. Die Gegenüberstellungen von Abbildungen der Kirche St. Laurent in Paris[1], der Kirche Saint-Rémi in Reims vor und nach der Restauration, von Notre-Dame in Châlons, von der Kathedrale in Quimper und von dem Schlosse Pierrefonds sind allerdings ein schlagendes Beispiel für den Kunstvandalismus der französischen Regierung. Bittere Klagen führt Léon über die berüchtigte Verwüstung des päpstlichen Palastes in Avignon, über die willkürlichen modernen Änderungen des Hospitals in Beaune. Ein hartes Urteil Renans über den Kunstsinn der Franzosen wird als berechtigt zitiert: „De nos jours enfin, il semble qu'on s'efforce de détruire jusqu'aux vestiges des fondations anciennes, de rendre toute image du passé impossible et de dérouter jusqu'aux souvenirs[2]."

Wenn ein Deutscher sich erkühnen würde, dergleichen auszusprechen, so würde er als Verleumder gebrandmarkt werden. Das von Paul Léon 1917 erschienene Werk ist erfüllt von derartigen Zitaten und belegt solche Aussprüche obendrein mit bisher unveröffentlichten historischen Dokumenten aus französischen Akten. Aber Paul Léon steht keineswegs allein. Der Professor für Revolutionsgeschichte vom katholischen Institut in Paris, Gustave Gautherot, hat unmittelbar vor dem Kriege ein Buch veröffentlicht: „Le vandalisme jacobin. Destructions administratives d'archives, d'objets d'art, de monuments religieux à l'époque révolutionnaire[3]," das ganz ähnliche Schlußfolgerungen enthält.

In der Einleitung seines Buches gibt Gautherot einen Überblick über die Zerstörungen von Kunstwerken vor der großen Revolution, aus dem zum mindesten hervorgeht, daß das französische Volk in früheren Jahrhunderten für das Verständnis und die Pflege der Kunst keineswegs besonders begabt war. Das wird in dem zweiten Kapitel, in dem Gautherot aus historischen Dokumenten die

---

1) Ebendort S. 177/178, 214/215, 256/257, 258/259, 266/267, 336/337.

2) Ebendort S. 320.

3) Paris 1914. Gabriel Beauchesne. Das Buch hat einen Vorgänger in dem Werk von Eugène Despois, Le vandalisme revolutionnaire, fondations littéraires scientifiques et artistiques de la convention. Paris 1868. Gegen die Überschätzung der Verdienste der Revolutionsmänner über die Kunst wendet sich Louis Courajod, Alexandre Lenoir, son journal et le musée des monuments français, Paris 1878, I.

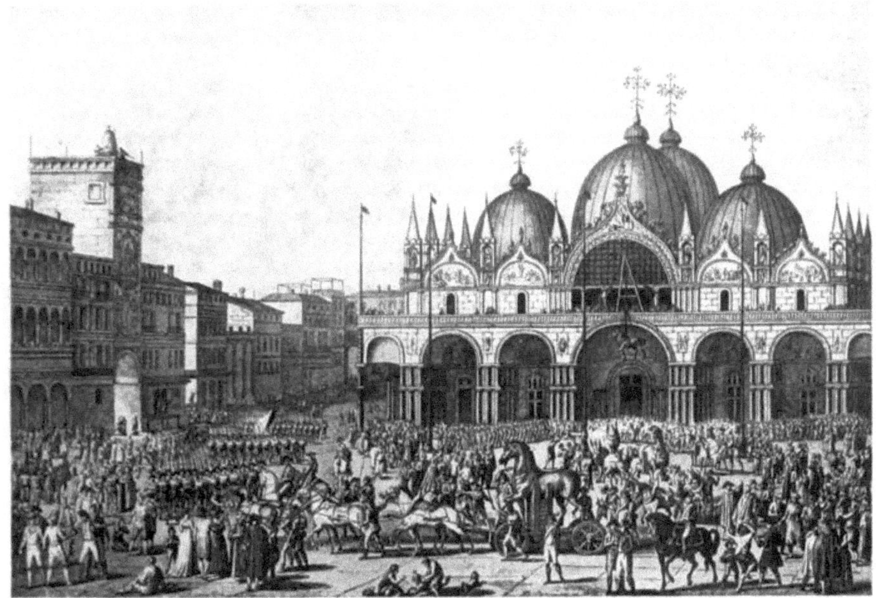

Die Franzosen ziehen mit den geraubten Kunstschätzen aus Venedig aus
Aus dem Buch von Charles Saunier

Richtlinien der Kunstpolitik von 1790 entwickelt, vollauf bestätigt. Lameth, Noailles und Montmorency erklärten, es sei eine Ruhmestat des Volkes, daß es kein Denkmal stehen lasse, das an die kirchlichen Ideale erinnere[1]. Das reich illustrierte Buch veröffentlicht als erste Abbildung die Wiedergabe eines Plakates vom 25. April 1795: „Cathédrale de Metz à louer." Am 4. Juli 1793 wurde, wie Gautherot den Archiven entnimmt, eine Künstlerkommission zur Überwachung der Zerstörungen aller königlichen Attribute an den Baudenkmälern eingesetzt, damit die Zerstörungen systematisch betrieben würden. „Der Patriotismus der Künstler ist bekannt genug. Sie werden sich unmittelbar nach dem Feste beeilen, diese Embleme abzuschlagen und sie durch andere Ornamente zu ersetzen." So äußerten sich öffentlich diejenigen Beamten, die mit dem Denkmälerschutz beauftragt waren, schreibt Gautherot. Poirier präsidierte im August 1792 zusammen mit dem Maler Gossard einer Kommission, die die Zerstörung der Königsdenkmäler in Saint-Denis leitete. Derselbe Poirier, der zwei Jahre vorher den Plan entwickelt hatte, in Saint-Denis alle Königsgräber zusammenzulegen. Die Bilder von Boucher, Pierre und Vanloo wurden als zu weibisch für den männlichen Geist der Republik erachtet und daher eine Reinigung des Nationalmuseums von diesen Meistern angeordnet. Das Comité de l'instruction publique bat das Comité de salut publique, die Zerstörung der Kunstwerke als Hauptaktion eines Nationalfestes zu veranstalten. Die Commission des monuments hat sich nicht mit der Erhaltung, sondern nur mit der Ausraubung der Sainte Chapelle beschäftigt[2]. In ihrer Sitzung vom 3. Juli 1792 ersuchte sie Pajou, Mouchy und Boizot, einen Bericht darüber aufzusetzen, was in der Sainte Chapelle noch übriggeblieben wäre. Bis zum Zeitalter der Restauration blieb die Sainte Chapelle wie ein Körper ohne Kopf, nachdem ihre Turmspitzen abgeschlagen war. Lasalle ließ aus

---

1) Gautherot, S. 20, 21, 26, 27, 33, 35; vgl. ferner dazu Charles Saunier, Les conquêtes artistiques de la révolution et de l'empire. Paris 1902. Ernst Steinmann, Raffael im Musée Napoléon, Monatshefte für Kunstwissenschaft, 1917, Heft 1, S. 8.

2) Ebendort S. 99, 103.

122 Straßen 782 Heiligenstatuen verschwinden. Delpech kassierte in 61 Straßen 446 Standbilder,
Boulanger schlug zur Beschleunigung dieser „Reinigungsarbeiten" vor, man solle an allen Straßen
gleichzeitig Arbeiter gegen die Skulpturen vorgehen lassen[1]. Ausführlich schildert Gautherot die
Zerstörung von Notre-Dame in Paris[2]. Im Außenbau von Notre-Dame zerstörte Varin im ganzen
78 große Statuen und 12 kleinere, ohne die Säulen und die Architekturteile zu zählen. Im Inneren
des Baues wurden — immer im Auftrag der Denkmalskommission — im ganzen 6258 Embleme zer-
stört, die an das Königtum erinnerten. Der Zerstörung der Pariser Königsdenkmäler während der
Revolution entspricht die Vernichtung der deutschen Kaiserdenkmäler im Jahre 1918 im befreiten
Elsaß. In Reims wurden 12 Kirchen versteigert. Die übrigen wurden ausgeraubt, zerstört und in
Kasernen verwandelt. Die Fahnen der Kathedralen wurden verbrannt. Der Leichnam des Heiligen
Remigius wurde verschleppt und in einem Soldatengrab beigesetzt, der Kirchenschatz geraubt.
Ähnlich, schreibt Gautherot, hat die Kommune 1871 gehaust. Nur dem Pflichtgefühl der Konser-
vatoren ist es zu danken, daß der Louvre 1871 nicht in Flammen aufging.

Trotz aller Fortschritte, die während der dritten Republik in der Denkmalpflege und in der
Verbreitung des Kunstsinnes bei den Massen zu verzeichnen sind, ist in der Zeit bis zum Kriege
keineswegs ein Idealzustand erreicht worden. Man braucht aus den letzten Jahrzehnten nur die
Bände der von Charles Normand seit 1887 herausgegebenen Zeitschrift L'ami des monuments durch-
zusehen, in der sich eine ständige Rubrik unter dem Titel „Le vandalisme dans les départements"
findet, die ein schier endloses Register aufstellt und der Zentralverwaltung unerbittlich ihre Fehler
und vor allem ihre unbezweiflichen Unterlassungssünden vorhält.

In einer Aufsatzreihe im Correspondant der Jahre 1910 und 1911 hat Max Doumic unter
dem Titel „Nos églises en danger[3]" noch aus den letzten Jahren ein trauriges Bild von der Verwahrlosung der Landkirchen Frankreichs entworfen. Doumics Klagen über die mangelnde Fürsorge der
Regierung für die kirchlichen Baudenkmäler Frankreichs stehen aber keineswegs vereinzelt da.
Joseph Péladan[4] hat die gleichen Vorwürfe gegen die Regierung erhoben. Er schreibt in seinem Buche
L'art et la guerre: „Keine drei Meilen kann man auf unserem gesegneten Boden gehen, ohne auf
ein Meisterwerk aus Stein zu treffen. Unglücklicherweise bleiben Erziehung und selbst der Unterricht
auf diesem Gebiete lückenhaft. Die Zeit ist noch nicht gekommen, in der die große Masse das Wesen
des klassischen Architekten erfaßt[5]", und auf der folgenden Seite: „Wir gingen wohl nach Nürnberg,
um seine malerischen Reize zu bewundern, aber, seien wir offen, nach Arras gingen wir nicht . . .
Gestehen wir unsere Reue ein, daß wir Arras nicht genug geliebt haben . . .“[6] „Alle Franzosen leiden
unter dem Einfall (der Deutschen), aber nur wenige empfinden das Unglück der Baudenkmäler, die
Schmach der Meisterwerke." Jedoch man sollte glauben, daß wenigstens die Beamten den Kunstsinn, den alle französischen Journalisten dem ganzen Volke zuschreiben, besitzen und vor den
Baudenkmälern ihrer Vergangenheit das Verantwortungsgefühl haben, das der Stolz auf die Werke
der Väter jedem mitgeben sollte. Aber man lese, wie Péladan über die Fürsorge urteilt, die die
staatlichen und städtischen Behörden den Kunstwerken zuteil werden lassen: „In der Stadt läßt man
die Meisterwerke verkommen aus Furcht vor Verantwortung und auch aus administrativer Unent-
schlossenheit." „Man versichert, daß die Stadtbehörden für die Rettung der Kunstwerke die Unterstützung des Staates verweigert haben." Paul Vitry, der Direktor der Skulpturensammlung des
Louvre, hat in seinen Zeitschriften: „Musées et monuments" und „Bulletin des musées de France"
vielfältig die Unzulänglichkeit der französischen Denkmalpflege kritisiert. Seine mutige Offenheit

---

1) Ebendort S. 119.

2) Gautherot, S. 224/239, 268, 345. — Ernst Steinmann, Die Zerstörung der Königsdenkmäler in Paris,
Monatshefte für Kunstwissenschaft, 1917, Heft 10/12, S. 337.

3) Correspondant, T. 243, 1911. S. 900 – 916. T. 244, 1911. S. 104 – 117. T. 245, 1911. S. 466 – 478. T. 247,
1912. S. 940 – 952.

4) Joseph Péladan, L'Art et la guerre. Paris 1916, Boccard. Siehe auch die ältere Schrift von Péladan,
Nos églises artistiques et historiques. Paris, Fontemoing, 1913.

5) Péladan, S. 322.

6) Ebendort S. 240, 272, 273, 323.

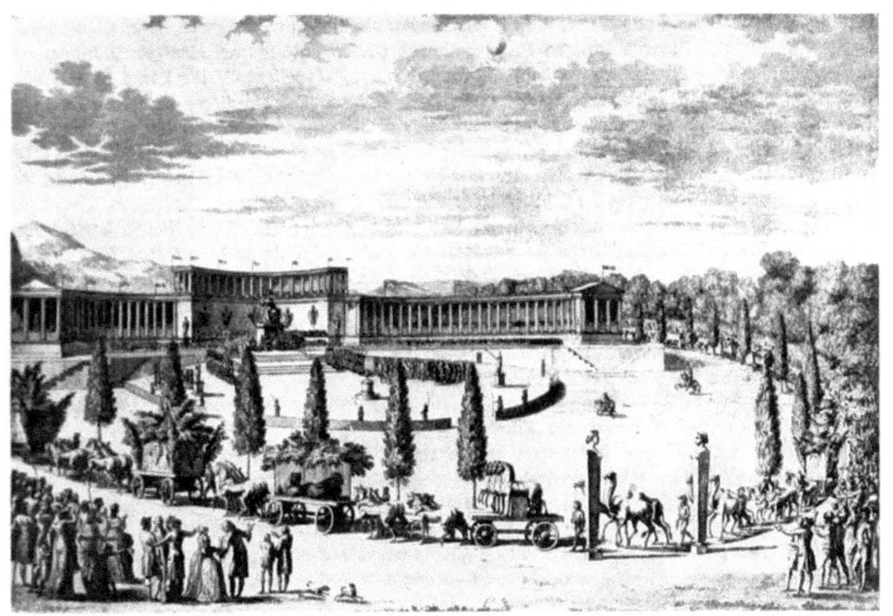

Die Denkmäler der Kunst und Wissenschaft werden im Triumph durch Frankreich geführt
Aus dem Buch von Charles Saunier

wurde seinerzeit in Paris besonders anerkannt[1]. Der radikalsozialistische Senator A. Monis,
der einmal Ministerpräsident war, erklärte um die gleiche Zeit: „Es ist gut, uns unserer Kirchen
anzunehmen, weil die Richtung unserer Zeit und unserer Ideen für die Erhaltung einiger unter ihnen
eine sehr schwierige Lage geschaffen hat[2]." Der Kunstschriftsteller André Hallays, der jahre-
lang im Journal des Débats unter dem Titel „En Flânant"[3] Aufsätze über halb vergessene oder schwer
zugängliche Kunstdenkmäler seines Landes veröffentlichte, hat vielfältig den Vandalismus der zivilen
und militärischen Verwaltungsbehörden Frankreichs an den Pranger gestellt. Vor allem aber hat
der französische Dichter, Kunstgelehrte und Politiker Maurice Barrès durch sein Buch „La grande
pitié des églises de France"[4], das in der ganzen Welt Verbreitung gefunden hat, die Aufmerksamkeit
aller Länder auf die Verwahrlosung der französischen Kirchen gelenkt. Am 25. XI. 1913 rief Maurice
Barrès in einer leidenschaftlichen Kammerrede[5] die Regierung zum Schutz der Baudenkmäler auf.
Er begann mit folgenden Worten:

„Vor zwei Jahren hat die Kammer den kritischen Zustand unserer Kirchen geprüft. Seit diesen
beiden Jahren hat sich die Situation wesentlich verschlimmert. Und diese Erhöhung der Gefahr ist
einzig und allein die Folge der Gesetzgebung Frankreichs . . . . . Ich habe eine Liste von 1200 —

1) Vgl. Réau, l'Organisation des musées, S. 15.

2) Barrès, La grande pitié. S. 412.

3) André Hallays, siehe vor allem: En Flânant, Provence S. 61. Autour de Paris, S. 97—100, 201, 210, 215,
310/311.

4) Maurice Barrès, La grande pitié des églises de France, 37e éd. Paris, Emile Paul, 1914.

5) In dieser Kammersitzung erklärte der Abgeordnete Beauquier: „Da Gott allmächtig ist, muß er dafür
sorgen, daß seine Kirchen nicht zusammenstürzen und sie selbst ausbessern . . . Wenn er dieses Wunder nicht
vollbringt, so will er nicht, daß es geschieht, und wenn er es nicht will, müssen wir uns seinem Willen beugen."
Aus Barrès, La grande pitié. Diesem bequemen Fatalismus ist man bisher nur in der Türkei begegnet.

zwölfhundert! — Kirchen aufgesetzt, die die Gemeinden als Eigentümerinnen nicht erhalten können oder wollen, die aber einer sofortigen Restauration bedürfen. Diese monotone Aufzählung von Dächern, Plafonds, Fassaden, Gewölben, Schiffen, Chören, Kapellen, die ihr Elend in alle Welt schreien, ist eines der tragischsten Kapitel unseres Landes. Wie viele dieser Kirchen sind heute nichts anderes als Kadaver und sterben verlassen von den Menschen. Durchwandert nur einige Provinzen Frankreichs! Auf Schritt und Tritt werdet ihr verfallene Gewölbe finden, in die durch Erlaß des Bürgermeisters der Eintritt verboten ist. Der Kultus ist aufgehoben, die Kirche ausgeräumt, der Priester ist fort ... O trauervolles Schicksal der Kirchen Frankreichs!"

Im gleichen Jahre veröffentlichte Barrès[1] eine Liste der im Verfall begriffenen Landkirchen Frankreichs. Sie umfaßt 1081 Kirchen, ist jedoch nicht als endgültig zu betrachten. Man braucht nur die wissenschaftliche Beschreibung zu vergleichen, die Doumic von vier Départements gibt, um zu ermessen, wie unvollständig Barrès gearbeitet hat. Er hat in vielen Diözesen nur mündliche Umfrage gehalten, deren Verbürgtheit natürlich mehr als zweifelhaft ist. Für andere Kirchspiele fehlen jede Angaben. Um ein Beispiel zu nennen, erwähne ich die Kirche von Martinpuich, in der Diözese Arras, deren Turm 1912 einstürzte. Amiens fehlt als Diözese vollständig. Und trotz dieser vielen Lücken ergibt sich ein Bild jammervollsten Verfalls im ganzen Lande — eines Verfalls, der lange vor dem Kriege als eine Schmach für Frankreich galt.

Auch Auguste Rodin hat ergreifende Klagen über die Kunstpflege des offiziellen Frankreichs erhoben und heftige Vorwürfe gegen die Gleichgültigkeit der republikanischen Regierung den Baudenkmälern gegenüber gefunden. „Griechenland", schreibt Rodin, „ist verstümmelt worden, aber ohne daß seine Schmerzen und Wunden es entehren. Frankreich ist beleidigt und verleumdet worden. Dieses wunderbare Steinkleid, durch das es vor der Zukunft gerechtfertigt worden wäre, ist in Stücke zerrissen und zu den Antiquaren getragen, und diese schamlose Tatsache überrascht und erbittert niemanden ...[2]"

„... Sie (die Kathedralen) starben und in ihnen stirbt das Land, geschlagen und beschimpft durch seine eigenen Söhne ..." „... Wie könnte man ehrlich das moderne Verbrechen: die Vernachlässigung der Kathedralen entschuldigen und erklären? Schlimmer noch: ihre Mörder und ihre Verunstaltung. Wir sind die gewissenlosen Vollstrecker unserer eigenen Verurteilung. Das Schicksal entzieht uns die großen Ruhmestitel, weil wir sie nicht mehr verdienen und — der Gipfel der Scham ist, daß es uns selbst mit der Züchtigung beauftragt ..." „... Sind die Juden nicht stolz auf ihre Bibel, die Protestanten auf ihre Moral, die Muselmänner auf ihre Moschee? Verteidigen sie nicht alle die Zeugen ihres Glaubens und ihrer Geschichte? Wir sind von dieser Treue nicht durchdrungen, wir, die wir unsere Kathedralen nicht verteidigen. Und was würden wir in ihnen verteidigen? Unsere Blödheit erlaubt uns nicht zu sehen, daß sie wunderbar sind und warum und wieso sie es sind. Sind wir denn barbarischer als die Araber? Sie beugen sich in Achtung vor den Denkmälern der Vergangenheit. Was sie aus indifferentem Geiste heraus tun, könntet ihr es nicht aus Pflichtgefühl tun, da euch die gotischen Denkmäler überliefert worden sind? Man wagt nicht zu fragen: Könntet ihr es nicht aus Liebe und freudigen Herzens tun? ..."

„... Die Franzosen stellen sich den Schätzen der Schönheit, die den Ruhm ihrer Rasse krönen, feindlich gegenüber und ohne daß jemand sich dagegen auflehnt, zerschlagen sie sie, zerstören sie aus Haß, aus Dummheit, aus Borniertheit, oder sie schänden sie unter dem Vorwand, sie restaurieren zu wollen.

(Werft mir nicht vor, alles das schon einmal gesagt zu haben, ich möchte es unaufhörlich wiederholen, solange das Übel besteht.)

„O, wie ich mich meiner Heimat schäme."

Gegen den Kunstvandalismus im Zeitalter der Revolution hat der frühere Bischof von Blois

1) Maurice Barrès, Tableau des églises rurales, qui s'écroulent. Paris 1913, Poussielgue. Abgedruckt in Joseph Sauer, Die Zerstörung von Kirchen und Kunstdenkmälern an der Westfront. Freiburg, Herder 1917. S. 109—128.

2) Rodin, Les Cathédrales. Paris, Colin 1914. S. 7, 9, 43, 44, 81.

und Konventsdeputierte Henri Grégoire[1] von öffentlicher Tribüne herab und in Berichten die schwersten Anschuldigungen ausgesprochen. Seine warnende Stimme verhallte aber im Leeren. Am 7. Mai 1796 richtete das Direktorium an Bonaparte ein Schreiben, in dem es heißt: „Wir fordern euch daher auf, Bürgergeneral, einen oder mehrere Künstler auszuwählen, die in ganz Italien die Kunstwerke zu suchen, zu sammeln und nach Paris zu senden haben[2]." Schon vorher waren in den Rheinlanden und in Belgien Kunstwerke verschleppt worden und zwar widerrechtlich und in einer Art und Weise, die den französischen Departementschef Herlaurelle im Jahre 1881 zu der Äußerung veranlaßte: „Jeder anständige Mensch möchte diese Verwüstungen aus seiner Erinnerung und Frankreich sie aus seiner Geschichte auslöschen[3]." Am 2. Juli 1796 berichtete Bonaparte aus Bologna[4]: „Die Künstlerkommissionen, die Ihr gesandt habt, führen sich sehr gut auf und sind eifrig an der Arbeit. Sie haben genommen:

15 Gemälde in Parma
20 „ „ Modena
25 „ „ Mailand
40 „ „ Bologna
10 „ „ Ferrara
zusammen: 110."

Im Friedensvertrag[5] vom 19. Februar 1797 wurde der napoleonische Kunstraub in Rom, der hundert Gemälde, Büsten, Vasen und Statuen und 500 Manuskripte aus dem Besitz des Vatikans umfaßte, bestätigt. Für Einzelheiten der bonapartischen Kunsträubereien ist hier nicht der Platz. Die Tatsachen selbst sollen nur ins Gedächtnis gerufen werden.

Nicht alle Franzosen haben der Kunstraubpolitik Bonapartes gegen Italien zugestimmt. Der französische Architekt Quatremère de Quincy[6]) sandte im Jahre 1796 Napoleon einen Protest gegen die Plünderung italienischer Städte nach. „Mit einem Ernst," schreibt Ernst Steinmann[7]), „einer Ehrlichkeit, einem Freimut, einer Wärme, die Sympathie und Bewunderung wecken, beschwört Quatremère den damals schon allmächtigen und unbesiegbaren Genius Frankreichs, an sich selbst und an anderen, an Italien und an Frankreich nicht unsühnbares Unrecht zu begehen. Er beginnt von einer Republik in Europa zu sprechen, die von den Künsten und Wissenschaften gegründet sei und alle Menschen zu Brüdern mache." „Diese glückliche Gesinnung", schreibt Quatremère de

---

1) Rapport de Henri Grégoire . . . sur les excès du vandalisme par un bibliophile normand, Paris 1897. Vgl. ferner: Mémoires de Grégoire éd. Carnot Paris 1837, in denen es in Band I auf S. 346 heißt: On m'aurait jeté à bas de la tribune, si j'avais révélé toutes leurs turpitudes.

2) Frolard, Eugène, Pélérinage aux champs de bataille français et d'Italie. De Montenotte au Pont d'Arcole 2ème éd. Paris 1893 I 266.

3) Piot, Charles, Rapport à M. le Ministre de l'Intérieur sur les tableaux enlevés à la Belgique en 1794 et restitués en 1815. Bruxelles 1883. S. 255.

4) Correspondance de Napoléon Ier. Paris 1858. T. I, S. 558. Nr. 710. Louis Réau schreibt in seinem Buch: L'organisation des musées S. 25. — Les Musées ne s'enrichissent normalement que par des acquisitions et des donations: mais quelques-uns doivent leurs trésors les plus précieux à la confiscation pure et simple des œuvres d'art. Ce troisième procédé, qui a l'avantage d'être peu onéreux, est aussi le moins recommandable. On sait que la Revolution française, en sécularisant les couvents, mit les Musées et les Bibliothèques en possession d'un nombre considérable de tableaux et de manuscrits. Un peu plus tard pour enrichir le Louvre, les armées napoléoniennes firent des razzias de tableaux en Italie, en Allemagne et dans les Pays-Bas: grâce à ce pillage organisé, le Musée Napoléon fut pendant quelques années la plus prodigieuse réunion de Chefs-d'œuvre, le véritable Musée central de l'Europe. Bien que la majeure partie de ce butin ait été restituée en 1815, la plupart de nos Musées de province, que les Alliés n'eurent pas le temps d'inventorier, en conservent encore des bribes très précieuses. — Les Pérugin de Caen et de Lyon, les Mantegna du Musée de Tours, le beau Rubens du Musée de Grenoble n'ont pas d'autre origine.

5) Correspondance de Napoléon. Bd. I. Nr. 676. S. 529.

6) Lettres sur le préjudice qu'occasionneroient aux Arts et à la Science le déplacement des monuments de l'art de l'Italie etc.

7) Ernst Steinmann, Die Plünderung Roms durch Bonaparte: Internationale Monatsschrift XI. Heft 6 u. 7. S. 645.

Quincy, „kann selbst nicht durch die blutigen Uneinigkeiten erstickt werden, welche die Nationen verleiten, sich untereinander zu zerfleischen. Fluch über den Grausamen, den Toren, der die heilige Flamme der Menschenliebe und der Menschlichkeit auslöschen wollte, welche die Liebe zu Kunst und Wissenschaft noch in einigen Menschen unterhält."

Diesen Protesten Quatremère de Quincys folgte noch eine Bittschrift französischer Künstler an Bonaparte, die u. a. von David, Fontaine, Girodet, Lesueur, Moreau und Robert unterzeichnet wurde. Bonaparte aber ließ sich in seiner Kunstraubpolitik nicht beirren. „Tausend Dinge", so beginnt der zweite Brief, „haben dazu beigetragen, Italien zum großen Museum Europas zu machen." Er schildert das Verantwortungsgefühl der Päpste, die Jahrhunderte lang bemüht gewesen sind, die heiligen Reliquien ihrer Stadt zu sammeln, zu erhalten, wieder herzustellen. Er ist erstaunt, daß man nicht mehr in Europa getan habe, die Päpste zu unterstützen, wo doch Europa vollen Anteil hatte an den Segnungen der Kultur, die von Rom über die Welt verbreitet wurden. „Was würde man aber von einer Nation sagen," ruft er aus, „die, statt solche Bestrebungen zu fördern, es wagen wollte, die Quellen auszutrocknen, durch die die Welt befruchtet wird?"

„Und immer dringlicher, immer beredter wurden seine Beschwörungen in den nächsten Briefen. Er fleht Minerva und Apollo an, den Raub nicht zuzulassen. Er bestand darauf, daß es außer Rom keine Stadt in der Welt gäbe, die würdig sei, ein Tempel jener Heiligtümer zu sein, die zu ihr gehörten, wie das Licht zur Sonne: Rom ist eine Welt!"

Ernst Steinmann, der den Raubzug Bonapartes nach den italienischen und französischen Quellen neu bearbeitet hat, schreibt:

„Beschützt vom Waffenruhm Bonapartes, getragen von dem Machtgefühl der Sieger, gingen die Abgesandten der Republik unentwegt ihrem Ziele entgegen. Geschmückt mit ihren dreifarbigen Kokarden, sah man sie durch die Straßen Roms spazieren."

Ein Zeitgenosse Bonapartes, Thouin[1]), der die Plünderungen der Franzosen in Italien mit erlebte, hat den Transport der geraubten Kunstschätze durch Italien geschildert. „Man kann sich das Aufsehen nicht vorstellen, das diese Wagenzüge erregt haben," schreibt Thouin, nachdem er mit dem zweiten Wagenzug in Livorno angekommen war. „Zwölf Wagen von besonderer Struktur, alle neu, rot angestrichen, mit riesigen Ballen beladen, die die Aufschrift trugen: A la République Française, au Ministre des Relations Extérieurs, fuhren voraus, und ihnen folgte ein dreizehnter, der die ungeheuren Kisten trug mit den Gemälden Raffaels und der übrigen italienischen Meister. Es folgten vier kleinere Wagen, die mit Reisegeräten und einer Kiste beladen waren, die alle Utensilien und Handwerkszeuge zur Ausbesserung der Wagen, der Kisten und auch der Wege barg. Alle diese Wagen wurden gezogen von 120 Büffeln und 60 riesigen Ochsen mit mächtigen Hörnern. Einige Pferde, etwa 100 Römer, Arbeiter, Handwerker, Soldaten und endlich ein französischer Kommissar begleiteten den Zug, der sich langsam fast über eine Viertelmeile dahinbewegte."

Wenn wir angesichts der maßlosen Angriffe, die unsere Feinde während des ganzen Krieges gegen uns gerichtet haben, solche Dinge in die Erinnerung zurückrufen und davon reden, daß die französische Revolution mehr historische Bauwerke und Denkmäler in Frankreich zerstört hat, als die Kriege dreier Jahrhunderte es vermocht haben, wenn wir das Andenken an die Kunstraubpolitik Napoleons auffrischen, so soll das nicht in pharisäerhaftem Geist geschehen, sondern vielmehr in der Erwartung, daß Freund und Feind durch die Tatsachen des Kunstvandalismus der Franzosen veranlaßt werden, Kunstzerstörungen, die während des gegenwärtigen Krieges geschehen sind, mit größerer Gerechtigkeit zu beurteilen.

Es liegt uns fern, unsere Kriegszerstörungen zu leugnen oder zu beschönigen. Sie sind geschehen unter der harten Botmäßigkeit des Krieges, wie sie in allen Kriegen vor 1914 von allen Parteien geschahen. Was über das Maß der militärischen Zerstörungen hinausging, ist vollbracht im Unverstand Ungebildeter, in der Hysterie des Kampfes, aus Not und manches Mal aus der Psychose überhitzter Menschen heraus, deren entfesselte Triebe zur Auslösung drängten. Diese Zerstörungen

---

[1]) Magasin encyclopédique III, 2 (1797), S. 411—415: Schreiben an das Direktorium aus Livorno vom 28 prairial an 5 (16. Juni 1797).

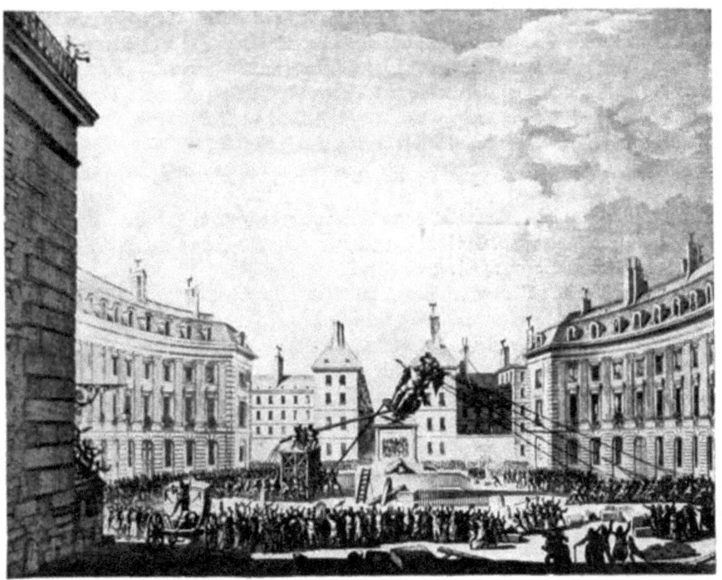

Niederlegung der Statue Ludwigs XIV. auf der Place des Victoires

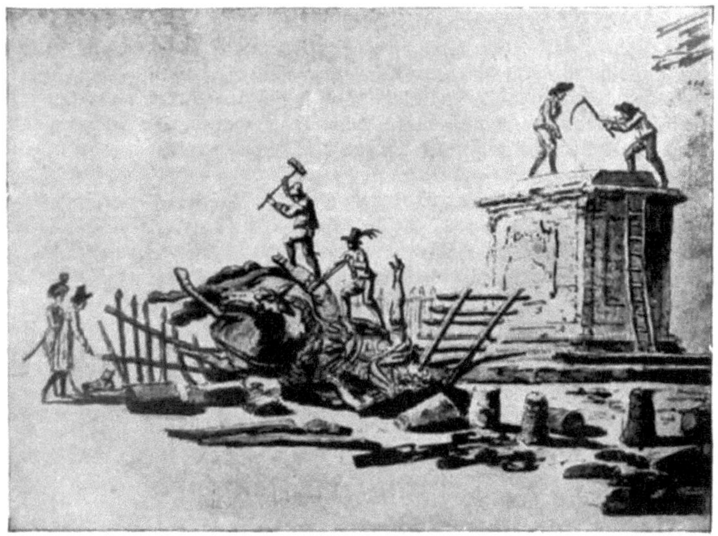

Jacques Bertaux: Zerstörung der Statue Ludwigs XIV. auf der Place Vendôme

sind von unseren Soldaten begangen worden, wie die Soldaten aller Länder sie begingen. Wir erheben aber Protest dagegen, daß das ganze deutsche Volk als ein Volk von mutwilligen Zerstörern hingestellt wird, das obendrein im Vernichten noch Schadenfreude empfinden soll. Wenn wir auch keineswegs nötig haben, uns unsere Gesinnung gewissermaßen bescheinigen zu lassen, so wollen wir angesichts der Verleumdungen der Franzosen daran erinnern, daß in den Jahrzehnten und letzten Jahren vor dem Kriege viele Franzosen, darunter vor allem: Emile Bertaux, Jean Chantavoine, Louis Courajod, Pascal Forthuny, Emile Mâle, Louis Réau[1], Jacques J. Schnerb, A. Storez[2], Léandre Vaillat u. a. ohne nationalistische Befangenheit gerade dem Kunstsinn und der Kunstpflege in Deutschland ihre Anerkennung gezollt haben.

„Vor dem Kriege hat doch niemals jemand etwas davon gemerkt, daß die Deutschen barbarisch und grausam wären," schrieb am 1. Oktober 1915 der Neapler Gelehrte Benedetto Croce[3]. Und Auguste Rodin[4] erklärte im November 1914 einem italienischen Publizisten:

„Warum schleudert die Welt den Bannfluch gegen die Deutschen, welche die Bauwerke eines früheren Genies mit der groben Sprache ihrer Geschosse grüßen? Die Welt müßte doch wissen, daß lange vorher die Kunst von dem kleinbürgerlichen, trivialen Geist des neunzehnten Jahrhunderts zu Tode getroffen ward. Nichts, gar nichts wurde geschont. In Brüssel hat der junge König Albert, um sich als modernen Menschen und als Gegner jeder Liebe für das Alte zu zeigen, sogar die altehrwürdigen Stadtviertel des 17. Jahrhunderts niederreißen lassen. Abscheuliches geschah lange vor dem Kriege, in Paris, aber auch in Venedig, in Florenz, in Genua."

Die schärfsten und hemmungslosesten Beschimpfungen der deutschen Kunstwissenschaft leistete sich der Dichter Edmond Haraucourt[5], dem die Leitung des Cluny-Museums in Paris untersteht. Dieser Dichter ist schon vor dem Kriege von den Deutschen geärgert worden. Deutsche Museumsbeamte und Gelehrte haben Edmond Haraucourt mehrfach aus seinen dichterischen Arbeiten aufgeschreckt und Auskünfte von ihm über die herrlichen Sammlungen des Cluny-Museums erbeten. Den Zorn über diese Störungen und manche Verlegenheiten, die dem Dichter die Fragen der Gelehrten bereiteten, hat er im Krieg in eine Verunglimpfung der deutschen Kunsthistoriker gegossen, die infolge ihres dichterischen Schwunges 1915 von der ganzen Ententepresse wiedergegeben wurde. „C'était plaisir, vraiment de travailler avec eux, car ils sont chacun dans sa partie d'une érudition incomparable; en revanche, ils ignorent tout de ce qui ne rentre point dans leur spécialité, et ils n'en veulent rien savoir... Il y ait péril à recevoir chez soi, en temps de paix, ces organisateurs d'agressions et de pillage." Denn alle diese Gelehrte waren Spione, war die Schlußfolgerung des Theater- und Romanschriftstellers Edmond Haracourt. Diese „dichterische" Auffassung des Kunstgelehrtenstandes machte in Frankreich Schule und wurde von der ganzen Presse übernommen[6]. Als zu Beginn des Jahres 1915 Bode sich um den Schutz der belgischen Museen bemühte, fragte der Gaulois vom 5. Juli 1915 mißtrauisch, ob das eine Garantie sei, und Auguste Marguillier[7] behauptete, daß Bode bereits eine Liste derjenigen Kunstwerke aus französischem Besitz aufgestellt habe, die er nach Berlin zu überführen gedenke, darunter die Venus von Milo, die Nike von Samothrake, alle Gemälde Tizians, Rembrandts, Raffaels usw. Daran ist natürlich kein wahres Wort. Man begreift allerdings das Mißtrauen und die Besorgnis der Franzosen, die sich nicht aus dem Verhalten deutscher Museumsbeamter,

1) Réau, L'organisation des musées. Paris 1909. Léon Cerf. Auf Seite 15 schreibt Réau: „En Allemagne, les directeurs des Musées, mieux recrutés en moyenne, sont presque tous, en même temps que d'excellents administrateurs, des savants de grand mérite, qui savent tirer parti pour leurs travaux de privilège d'une intimité quotidienne avec des chefs-d'œuvre. Ils sont tous préparés par l'enseignement des Universités à faire œuvre scientifique et sont formés aux bonnes méthodes dans les séminaires d'histoire de l'art: en un mot ce sont des spécialistes et non des dilettantes,

2) Storez, L'Architecture et l'art décoratif en France après la guerre. Paris 1915. Wichtig ist der Vergleich zwischen deutscher und französischer Kunstpflege.

3) Messaggero vom 1. X. 1915.

4) Nach Berliner Tageblatt vom 30. XI. 1914.

5) Herr Doktor et l'avant-guerre von Edmond Haraucourt im Journal vom 12. X. 1915.

6) Siehe unter anderen Journal vom 12. X. 1915. Gazette de Bruxelles, Juin 1916.

7) Mercure de France, Décembre 1915.

sondern aus der Gewissensbelastung der Franzosen selbst ergeben haben. Ein Volk, das die Kunstraubpolitik Ludwigs XIV. und Napoleons gutgeheißen hat, ist leicht geneigt, anzunehmen, daß auch Deutschland einen Mann vom Schlage Mélacs, der die Pfalz und das Heidelberger Schloß verbrannte, hervorgebracht habe. Als im Oktober 1914 ein wunderlicher Kunstfreund ohne jedes Mandat der deutschen Kunsthistoriker aus privater Initiative[1] eine Liste der Kunstwerke im belgischen Staate und in städtischen Bezirken aufstellte, deren Abgabe an Deutschland verlangt werden müßte, erklärte Bode[2] sofort in der Öffentlichkeit, daß er mit Proskriptionen, wie sie in der Phantasie des Herrn Ugo Ojetti für Frankreich bestanden und wie sie Herr Emil Schaeffer für Belgien ausgedacht hat, nichts zu tun habe.

Trotzdem blieb aus den angeführten Gründen die Verleumdung der Franzosen gegen die deutsche Denkmalpflege und den deutschen Museumsschutz im Kriege bestehen. Unsere Inventarisierungsarbeiten in Belgien wurden infolge dieses Mißtrauens und in Erinnerung an die Tätigkeit Bonapartes in Italien als Vorarbeiten für die Verschleppung von Kunstwerken ausgelegt[3], obwohl einige Presseorgane von Bodes Dementi[3] Notiz genommen hatten.

Unsere Organisation zum Schutz der Kunstdenkmäler und zur Bewachung des öffentlichen und privaten Kunstbesitzes im Kriegsgebiet war gewiß nicht fehlerfrei, wie auch die erst sehr spät einsetzende französische Denkmalpflege nicht absolut vollkommen war. Es sind Plünderungen vorgekommen. Nicht nur unsere Feinde, sondern auch wir haben ein dringendes Interesse daran, daß nach Möglichkeit alle Diebstähle und Plünderungen aufgeklärt werden. Millionenheere sind nicht frei von unsauberen Elementen, Millionenheere, die sich nicht nur aus Berufssoldaten, sondern aus allen Volksschichten zusammensetzen, können nicht von Elementen frei sein, die widerrechtliche Handlungen begehen. Auch die französische Armee war mit Elementen durchsetzt, die Ausschreitungen und Plünderungen begingen, wie sie z. B. im Tagebuch des Leutnants Roux[4] vom 96. Infanterie-Regiment, im Tagebuch eines Infanterieleutnants in Frenele !a Petitel vom 9 .August 1914[5], in dem Tagebuch eines Infanterieleutnants vom 13. August 1914[6] und eines Krankenpflegers von der dritten Ambulanz (16. Sektion) der 37. Division vom 4. September 1914[7] aufgezeichnet sind.

1) Emil Schaeffer, Kriegsentschädigungen in Kunstwerken. Kunst und Künstler, Oktober 1914.

2) Gazette des Beaux-Arts, Juin 1916, Pet. Journal vom 1. I. 1918, siehe Bataille vom 9. XI. 1918, Populaire du Centre vom 24. X. 1918.

3) Bodes Erklärung lautete: Meine Überzeugung ist, daß alle Kulturländer die Erzeugnisse ihrer Kunst und ihren rechtmäßigen Besitz an Kunstwerken erhalten müssen, und daß wir den Denkmalschutz wie im eigenen Lande, so auch im Feindeslande auszuüben haben. Schafft doch auch die massenhafte Anhäufung von Kunstwerken, wie der Louvre und die Londoner Museen zeigen, nur kolossale Kunstmagazine, die den Genuß der Kunstwerke schwer beeinträchtigen. Gerade, um die Kunstwerke in Belgien für Belgien zu retten, hat der Unterzeichnete die Entsendung eines unserer Museumsbeamten nach Belgien beantragt. Geheimrat von Falke ist sicher im Auftrage des belgischen Gouverneurs gemeinsam mit unserer Militärbehörde, die trotz des völkerrechtswidrigen Verhaltens der Bevölkerung schon vorher mit eigener Gefahr für die Erhaltung der Denkmäler in Belgien wie auch in Frankreich, besonders in Reims besorgt war, eifrig bemüht, die Kunstschätze in Belgien zu sichern. Das Bestreben der Museumsverwaltung wird darauf gerichtet sein, daß Deutschland nach einer siegreichen Beendigung des Krieges das Beispiel nicht nachahmt, das England durch die Entführung der Parthenon-Skulpturen und das Frankreich unter Napoleon I. durch die Plünderungen der Kunstschätze fast aller Länder Europas gegeben hat. Berliner Lokal-Anzeiger vom 8. X. 1914.

4) „Nous pillons en passant la maison d'un fonctionnaire du canal de la Marne au Rhin. Le soir très tard nous arrivons sous une pluie battante à Maizières ... Je traine avec plaisir mes bottes boueuses sur les parquets et les tapis." Aus französischen Kriegstagebüchern, E. S. Mittler. S. 19. Berlin 1918.

5) „Il nous dit qu'en 1870 les Prussiens lui ont moins fait de mal que les Français actuellement. Fressier étouffe la réclamation ... Ces brutes fouillaient partout, même dans les cartons à chapeaux ... Les rapports allemands que nous avons trouvés dans notre offensive relatent du reste qu'à leur arrivée dans certains pays français tout y était déjà pillé et détruit. Nous en confirmons l'exactitude." Ebendort S. 29.

6) „Mais pourquoi leur avoir laissé donner libre cours à de vrais instincts de brutes et de sauvages en leur permettant de démolir et de salir tout à leur guise. Si c'est à cela que sont bons les chasseurs avec leur fameux esprit de corps, quelle popularité vont-ils nous valoir dans les pays annexés?" Ebendort S. 31.

7) ... „Les Français pillent les caves, les fermes, les maisons non habitées, c'est honteux, les meubles brisées, le linge parterre ... Enfin tout pêle-mêle; je me demande qu'est ce que cela sera si l'on va en Allemagne." Ebendort S. 33.

Wie in Frankreich im Jahre 1914, als die deutschen Heere schnell im Lande vorwärts stießen, der Denkmalschutz zu wünschen übrig ließ, weil die Verteidigung des Landes alle anderen Forderungen in den Hintergrund drängte, so sind auch die deutschen Maßnahmen zum Schutze der Museen und Denkmäler vom August 1918 an, vielfältig durch militärische Dringlichkeiten unterbrochen worden und teilweise nicht mehr zur Ausführung gelangt. Trotzdem ist auch in dieser für die Deutschen so schweren Zeit geschehen, was irgend wie zu leisten möglich war; das ergibt sich z. B. aus dem Bericht des Herrn Maurice Bauchond, des Konservators des Museums in Valenciennes.

In anerkennenswerter Gerechtigkeit schrieb am 24. Oktober 1918 der Populaire du Centre: „Betrachtet man die Berichte über die Brutalitäten und Zerstörungen, die sich jetzt häufen, ganz gewissenhaft, so verurteilt man nicht nur die deutsche Soldateska, sondern alle Soldatesken. Die Schrecken eines feindlichen Einmarsches, feindliche Besetzung, sind vom Krieg nicht zu trennen. Europäische Kriege von heute, Kolonialkriege von früher; die Völker aller Stämme und Rassen kennen diesen Leidenskelch voll Schmach und Blut.

Es erhebe sich das Volk, dessen Hände unschuldig geblieben sind!"

Im Anfang des Krieges, so berichtete die Auslandspresse, soll der deutsche Kaiser erklärt haben, das Leben unserer Soldaten sei ihm teurer als die ganze Kathedrale von Reims. Damals goß die ganze Presse der Entente ihre Entrüstung über diesen Barbaren, diesen Hunnen aus und bemerkte höhnend, daß die deutschen Soldaten, die dem Kaiser wertvoller dünkten als französische Baudenkmäler, weder in der Vergangenheit noch in der Gegenwart Kunstwerke geschaffen hätten, die auch nur annähernd Frankreichs Kathedralen die Wage zu halten vermöchten.

Als jedoch der Franzose Maurice Barrès[1] ebenfalls im Anfang des Krieges den viel stärkeren Ausspruch tat: „Ich ziehe den bescheidensten französischen Infanteristen unseren Meisterwerken vor", wurde von der gleichen Ententepresse einstimmig der élan de patriotisme von Barrès gerühmt und noch heute wird dieser Ausspruch des Vorkämpfers für den Schutz der französischen Kirchenbauten Maurice Barrès zur Ehre angerechnet.

Nicht wir, sondern Belgier und Franzosen wurden zuerst durch die Tatsachen vor das Problem des Denkmalschutzes gestellt. Der schnelle Vormarsch der Deutschen zu Anfang des Krieges ließ Belgier und Franzosen kaum zu Atem kommen, so daß die Feinde in den ersten Kriegsmonaten für den Kunstschutz keine Zeit fanden. Die Baudenkmäler blieben ohne Schutz, die Kirchenschätze, Museen und Privatsammlungen wurden nicht abtransportiert.

Sobald aber der deutsche Vorstoß gegen Frankreich zum Stehen gekommen war und sich der Schützengrabenkrieg entwickelte, setzte die Fürsorge für die Kunstschätze in den bedrohten Landstrichen ein.

Seit 1915 ist in Frankreich unzweifelhaft viel für den Schutz der Kunstdenkmäler in dem Kriegsgebiet und in der bedrohten Zone geschehen[2]. Alles kann hier nicht in historischer Folge aufgezählt werden. Daß manche Schutzmaßnahmen sich nachträglich als unzureichend erwiesen, daß andere bei der schwierigen Lage nicht in der gewünschten Form durchgeführt wurden, ist in einem Lande, das hart von Feinden bedrängt wird, nicht erstaunlich.

Am wenigsten geschah für den Schutz der Kunstdenkmäler in Paris, das sich seit 1915 in Sicherheit wiegte, am meisten geschah an der Front. Am Anfang fehlte ganz wie bei uns eine Zentralisation des Denkmalschutzes. Die Oberkommandos der einzelnen Armeen gingen selbständig vor, betrauten Architekten und Kunsthistoriker mit dem Entwurf und der Ausführung von Schutzmaßnahmen. Von Mitte 1915 übernahm allmählich das Unterstaatssekretariat der Schönen Künste, das später von Clemenceau aufgehoben und als direction des Beaux-Arts dem Unterrichtsministerium unterstellt worden ist, die Leitung des Denkmalschutzes. Das Unterstaatssekretariat ergriff allerdings erst auf einen Druck der öffentlichen Meinung diese Initiative und mußte natürlich im Einvernehmen mit der obersten Heeresleitung in Chantilly vorgehen.

1) Péladan, L'art et la guerre. S. 258. Vgl. auch dazu Jean Debrit: „Quant aux trésors artistiques à épargner, ils nous sont précieux. Mais lequel d'entre eux vaut ce joyau sans prix qu'est une vie humaine?" Revue mensuelle. Mai 1918.
2) Illustration v. 8. und 15 VI. 1918, 15. II. 1919.

Das tatsächliche Einvernehmen beider Stellen für die Aufgaben des Denkmalschutzes wurde erst 1917 hergestellt. Die von beiden Ministerien eingesetzte Verwaltung umfaßte drei Sektionen: Osten, Zentrum und Norden. Der Kriegsminister beschaffte die subalternen Hilfskräfte und das Material: Leitern, Sandsäcke, Karren usw., die Verwaltung der Schönen Künste suchte unter den Offizieren die mobilisierten Künstler aus, die sie für den Denkmalschutz für brauchbar fand. Jede Armee führte zusammenlegbare Ateliers mit sich, die ermöglichten, daß die höchsten Glasfenster innerhalb 25—30 Minuten abgenommen werden konnten. Alle demontierten Stücke wurden sofort inventarisiert und photographiert, dann durch Militärwagen in eine sichere Etappe transportiert. Dort wurden sie verpackt und dann mit der Bahn weiterbefördert. In einigen Etappenstationen wurden Restaurationsateliers errichtet, in denen eilige Ausbesserungen sofort vorgenommen werden konnten. In einer solchen Werkstatt wurde z. B. die Marmorbüste, L'amour maternel, die in Arras durch ein Geschoß in 65 Teile zersplitterte, wieder zusammengefügt. Seit dem Bestehen dieses Service des recherches et des évacuations sind mehr als 10 000 Kunstwerke aus dem Besitz von Kirchen, Museen, Gemeinden und Sammlern aus der Gefahrzone gerettet worden. Im Anfang weigerten sich die Bürgermeister[1], sich dieser Staatshilfe anzuvertrauen, später aber hat sich diese Verwaltung das Vertrauen aller Interessenten erworben.

Der wertvollste Besitz des kleinen Museums in Bailleul, das eine schöne Sammlung von Porzellan und Keramiken, einige kostbare Möbel und Tapisserien, sowie ein Gemälde von Breughel besitzt, wurde durch diese Dienststelle abtransportiert. Die Brüsseler Teppiche aus dem Palais de Justice in Montdidier sind auf diese Weise gerettet worden. Vor dem Einzug der Deutschen wurden der Altar, das Gestühl und die Glasfenster der Kirche Lacon im Pas de Calais entfernt. Das bleierne Kruzifix aus der Kirche in Savignies konnte, während die Deutschen die Kirche beschossen, noch weggeschafft werden.

Aus der Kathedrale in Amiens haben Pariser Feuerwehrleute die alten Glasfenster herausgelöst, Frontsoldaten die Bronzegrabdenkmäler aus dem 13. Jahrhundert, die Statuen von Blasset, die Altäre des Querschiffes, das Kruzifix Saint-Saulve entfernt. Das Chorgestühl dagegen blieb mit Sandsäcken verkleidet stehen, auch die Portalskulpturen sind in gleicher Weise geschützt worden. Der Architekt Félix Boutreux erfand ein Verfahren, durch das es gelang, die sechs allegorischen Wandgemälde aus dem Treppenhaus des Museums, die im ganzen 200 Quadratmeter umfassen, abzunehmen und aufzurollen. Sie wurden im Château de Blois untergebracht[2]. Leider ist kurz vor der Inangriffnahme dieser Arbeiten das eine dieser Gemälde: Die Allegorie des Krieges, durch ein deutsches Geschoß schwer beschädigt worden. Das ganze Museum ist ausgeräumt und abtransportiert worden. Amiens hat vielfältigen Schaden erlitten[3]. Siebenmal ist die Kathedrale getroffen worden. Das Schloß Bertangles, zehn Kilometer von Amiens entfernt, in dem die Familie de Clermont-Tonnerre eine selten schöne Inneneinrichtung aus dem 18. Jahrhundert bewahrt, ist geräumt worden; sogar das wunderbare Gitter von der Schloßeinfahrt wurde entfernt. Ebenso sind aus Saint-Omer und Abbéville alle beweglichen Kunstwerke nach Südfrankreich geschickt worden. Ein wenig spät dachte man an Calais. Was 1917 noch unbeschädigt war, ist verpackt und versandt worden, vor allem wurden Rodins Bürger von Calais in Sicherheit gebracht. Aus Reims sind noch Mitte Mai 1917 während der deutschen Beschießung die Skulpturen der Maison des musiciens gerettet worden. Von dem Gebäude selbst, einem bedeutsamen Denkmal aus dem 13. Jahrhundert, scheint nur noch ein Trümmerhaufen übrig geblieben zu sein. Im übrigen erhoben zahlreiche Zeitungen Klagen über die Unzulänglichkeit der Schutzmaßnahmen in Reims[4].

---

1) „On assure que les municipalités ont refusé le concours de l'Etat pour le sauvetage des objets d'art." Péladan, l'art et la guerre, S. 273.

2) Cri de Paris vom 22. IX. 1918.

3) Am 17. V. 1918 fragte La Victoire: Mais lorsque le bombardement se calma, pourquoi n'avoir pas organisé le sauvetage systématique des immenses richesses de ce grand centre?

4) On n'avait même pas songé à évacuer les tableaux du musée. Mais ce que l'administration des Beaux-Arts avait négligé durant quarante mois d'essayer, un simple capitaine d'artillerie le fit. Comment le capitaine Linzeler fut-il chargé de cette tâche, je ne saurais exactement vous le dire, mais je crois bien que c'est parce qu'il s'en chargea lui-même. Eclair vom 25. IV. 1918. Ähnlich äußerten sich Gaulois vom 23. IV. 1918, Temps vom 25. IV. 1918, Croix vom 25. III. 1918, Journal des Débats vom 24. IV. 1918.

Was Paris betrifft, so hatte man sich 1915—1917 in der Sorglosigkeit, die der stabile Stellungskrieg hervorgerufen hatte, mit dem Schutze der Baudenkmäler gegen Fliegerangriffe begnügt[1]. Die Kirchenportale und die Sockel der Denkmäler wurden mit Sandsäcken verkleidet. Leider stellte sich heraus, daß dieser Schutz einen bedenklichen Nachteil hatte. Es ist erwiesen, daß die chemischen Bestandteile des Sandes die Steinskulpturen zersetzt haben. Als Ende Mai 1918 die Sandbastion vor dem Hauptportal von „Notre Dame" ins Rutschen kam, ist der Kopf einer Statue, deren Hals offenbar durch den Sand zersetzt worden war, heruntergefallen, und auch an den übrigen Statuen sollen Zersetzungserscheinungen zutage getreten sein. Der Cri de Paris wies um die gleiche Zeit darauf hin, daß diese Schutzmaßnahmen wenig Sinn hätten und sehr kostspielig seien[2]. Ein Architekt hat die Verkleidung des Sockels des Bastilledenkmals auf 100 000 Franken berechnet und die Ansicht geäußert, daß das Denkmal selbst dadurch nicht behütet würde, nicht einmal der Sockel ganz geschützt werden könnte, die eventuellen Restaurationsarbeiten aber höchstens 100000 Francs kosten würden.

Von Ende April 1918 an waren allem Anschein nach die Pariser Kreise über die Gefahren, die den Kunstdenkmälern in der Hauptstadt drohten, aufs äußerste beunruhigt. Man las in den Zeitungen fast täglich von Konferenzen, die Museumsleiter, Privatsammler, Ministerialbeamte und Stadtverordnete pflogen[3]. Als erste großzügige Maßnahme wurde die vollständige Ausräumung des Louvre beschlossen und durchgeführt. Ich brauche an dieser Stelle nicht auf den Umfang und die Bedeutung des Louvre hinzuweisen, möchte aber doch daran erinnern, um die Bedeutung dieser Räumungsarbeiten sinnfällig zu machen, daß der Louvre mit seinen 200000 Quadratmetern das größte Gebäude der Welt ist und in seinen Mauern viele Hunderttausende Kunstwerke birgt. Man bedenke, daß jede Tanagrafigur einzeln eingepackt werden mußte. Die Räumung des Louvre wäre schon in Friedenszeiten eine Riesenaufgabe gewesen. In Kriegszeiten muß ihre Durchführung wie ein Wunder erscheinen[4]. Viele der Kunstwerke wurden in den Kellern des Museums verstaut, andere nach Südfrankreich, Spanien oder Amerika überführt[5].

Aber nicht nur der Louvre, auch alle anderen Pariser Museen sind geräumt worden. Die Wandmalereien des Pantheon, Werke von Bonnat, Laurens, Galland, Henry Lévy und Puvis de Chavannes wurden nach dem Verfahren von Boutreux abgenommen, auf Eisenrollen gespannt und ebenfalls nach Südfrankreich bzw. Spanien, Amerika und der Schweiz gesandt[6], gleichfalls wurden die Fresken von Puvis de Chavannes in der Sorbonne, aus dem Palais Bourbon die zwanzig allegorischen Gemälde in der Bibliothek und die sechs Deckenmalereien im Thronsaal von Delacroix entfernt.

1) Henriot schrieb am 9. III. 1918 in der Liberté: „Malheureusement en France nous avons la facheuse habitude d'essayer les pompes seulement au lendemain des incendies. Si l'on m'avait écouté, tout comme les magnifiques gobelins serait en sûreté."

2) Bei der Vendôme-Säule und am Arc de Triomphe sind diese Schutzverkleidungen nach Figaro vom 8. VI. 1918 ebenfalls eingestürzt. Der Kopf der Saint-Pierre-Statue an der Fassade von Notre-Dame sei nicht infolge eines Luftangriffes eingestürzt.

3) Sont nommés membres de la commission chargée de rechercher, en vue d'en assurer la conservation ou l'évacuation, les œuvres d'art situées à proximité du front: Le Commandant Velter, chef du service des régions envahies au ministère de la guerre, M. G. Calmès, chef du cabinet du ministre de l'instruction publique, M. J. d'Estournelles de Constant, chef de division à la direction des beaux-arts. Temps vom 8. II. 1918.

4) Wenn Cri de Paris und andere Blätter an der Durchführung dieser Arbeiten Kritik geübt haben, so glauben wir, daß die Unzulänglichkeiten sich aus dem gewaltigen Umfang der Aufgabe ergaben und nicht aus der schlechten Organisation.

5) Im Figaro vom 31. VII. 1918 ist eine Liste derjenigen Denkmäler und Kunstwerke veröffentlicht worden, die teils durch Sand- und Schlackensäcke geschützt, teils wie Kirchenfenster ersetzt worden sind. — Vgl. dazu die ausführliche Beschreibung der Verpackungen der Kunstwerke in Petit Journal vom 5. I. 1919.

6) Daß der staatliche, städtische und private Kunstbesitz so weit verschickt wurde, ergibt sich u. a. aus folgender Pressenotiz: Entgegen einer Meldung des Œuvre vom 14. XII. 1918, nach welcher die Museen usw. Mitte des Monats wieder eröffnet werden sollen, wird am 20. XII. mitgeteilt, daß vor Juli 1919 die Eröffnung nicht zu erwarten sei, da eine große Anzahl der Kunstschätze sich noch in Madrid, Amerika, Kopenhagen und Genf befänden, wo sie die französische Kunst repräsentierten, ohne die zu zählen, die in Toulouse untergebracht wären. Zunächst kommen nur die Möbel, ein Teil der Statuen und Gobelins zurück. Œuvre vom 20. XII. 1918. — Pays vom 18. XII 1918.

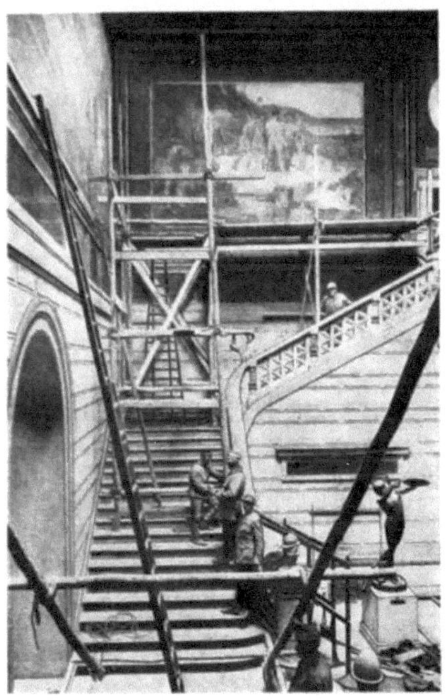

Abnahme der Wandgemälde von Puvis de Chavannes
im Museum zu Amiens

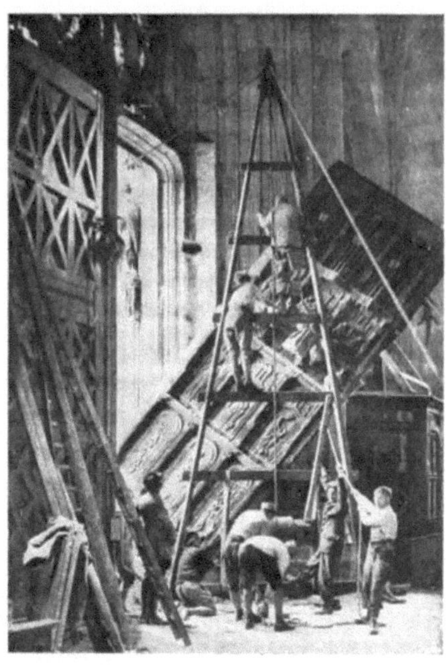

Entfernung der Renaissancetür aus der Kirche von St. Vulfran
in Abbéville

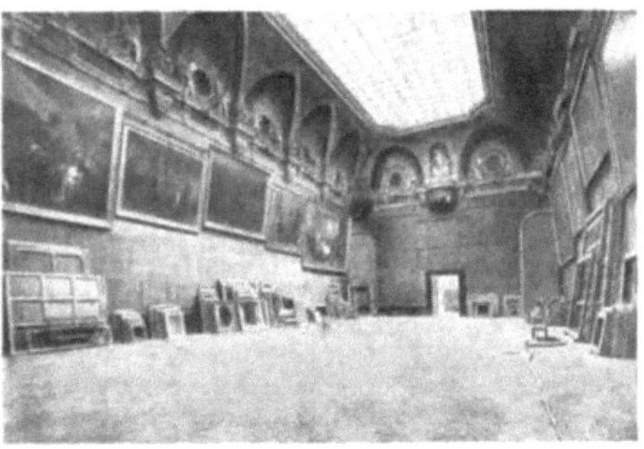

Der Saal der französischen Malerei des 19. Jahrhunderts im Louvre

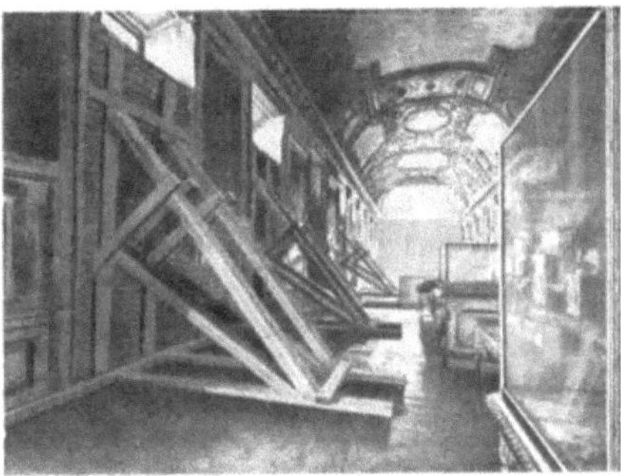

Sicherungen der Apollogalerie im Louvre

Auch die Privatsammlungen wurden geräumt und fortgeschafft. Die Direction des Beaux-Arts teilte den Privatbesitz in drei Kategorien: sehr dringend, dringend, zurückzustellen[1].

Frankreichs Leistungen auf dem Gebiet der Denkmalpflege vor allem in den beiden letzten Kriegsjahren verdienen die größte Achtung, zumal sie unter den schweren Umständen feindlicher Besetzung und Angriffe vollbracht werden mußten.

Im Sommer 1916 wurde im Petit Palais in Paris eine Ausstellung der geborgenen Kunstwerke und geretteten Bruchstücke von zerstörten Denkmälern veranstaltet, die auch zur Schürung des Deutschenhasses diente. Über diese Ausstellung schrieb Péladan: „On aurait cru après l'exposition du Petit-Palais, que l'opinion allait s'émouvoir. Ces œuvres d'art mutilées n'ont pas touché le cœur du public. Il ne comprend que le bibelot et le tableau, il n'aime que l'objet qu'il pourrait acquérir et posséder. Le monument ne le passionne pas, il ignore l'architecture, ses beautés sévères[2]."

Auch die Organisation des Denkmalschutzes in Italien hat Menschenmöglichstes geleistet.

In Italien dachte man, gewitzigt durch die in Belgien und Frankreich gemachten Erfahrungen, sofort bei Kriegsausbruch an den Schutz der überaus zahlreichen wertvollen Kunstschätze. Eine einheitliche Organisation des Denkmalschutzes bestand nicht und an die rasche Schaffung einer solchen war bei der großen Zahl der in Betracht kommenden Gegenstände, deren Verschiedenartigkeit und räumlicher Zerstreuung über das ganze Land, dem Fehlen verlässiger Verzeichnisse sowie der Gefahr, die im Verzuge lag, nicht zu denken. So sorgte eben, wer sich dazu berufen fühlte, für das ihm zunächst liegende, so wie es Mittel und Verständnis gerade erlaubten. Galerie- und Museumsdirektoren, königliche Denkmalintendanturen und deren Ingenieure, Gemeinden und einzelne Generale, wie z. B. Dallolio, auf dessen Veranlassung die Schutzarbeiten in Venedig kurzerhand auf Kosten des Kriegsministeriums ausgeführt wurden, widmeten sich dieser Aufgabe. Besondere Verdienste erwarben sich durch unablässiges Drängen auf Durchführung der Maßnahmen der Generaldirektor der Altertümer und der schönen Künste, Corrado Ricci und Ugo Ojetti. Mit den mannigfachsten Schwierigkeiten galt es dabei zu kämpfen. Vor allem fehlte es den Intendanturen der Kunstdenkmale, denen die Durchführung der Maßnahmen eigentlich oblag, an Geldmitteln, dann infolge der Einberufungen an geeigneten Arbeitskräften. Merkwürdigerweise mußten aber auch Widerstände, die von besorgten Abgeordneten, mißtrauischen Bürgermeistern und sogar von Kunstinstituten selbst ausgingen, überwunden werden, ja sogar das Unterrichtsministerium griff in die Arbeiten, als sie nach vielen Mühen und Opfern endlich zu rüstigem Fortschreiten gebracht worden waren, hindernd ein[3].

Ojetti beschreibt in einem Bande[4] eingehend, wie die Bilder auf Holzrollen gewickelt, abtransportiert oder in sicheren Gewölben verstaut, Fassaden, Fresken, Mosaiken und Grabmäler mit Sandsäcken verbaut, durch Seegrasmatratzen geschützt, Statuen ummauert und mit Sand umhüllt wurden.

Das Unterrichtsministerium hat zwei mit Naturaufnahmen ausgestattete Hefte des „Bollettino d'Arte" herausgegeben, die die getroffenen Schutzmaßnahmen anschaulich machen. Auch hier steht voran Venedig mit der Markuskirche und dem Dogenpalast, dann folgt Padua mit der Antoniuskirche, dem Denkmal Gattamelatas und mit Santa Maria dell' Arena, die die Fresken von Giotto enthält,

---

1) Offenbar ist im Juni 1918 noch eine neue Kunstkommission ernannt worden, wie sich aus folgender Pressenotiz ergibt: La commission de l'enseignement et des beaux-arts, réunie hier matin au palais Bourbon, a adopté le rapport de M. Caffort sur la proposition de loi de M. Henry Paté, tendant à décharger de la responsabilité civile les membres de l'enseignement pour les accidents survenus au cours d'exercices physiques.

M. Symian, président de la commission, a ensuite donné lecture d'une communication du ministre de l'instruction publique relative à l'évacuation des objets d'art dans la zone des armées ainsi, que des mesures prises pour l'évacuation des œuvres d'art dans la région de Paris. Matin vom 14. VI. 1918.

2) Péladan, S. 344. Siehe dazu ferner Eclair vom 25. XI. 1916, Gaulois vom 23. XI. 1916, revue hebdomadaire vom 2. u. 9. XII. 1916: Péladan, Exposition du germanisme contemporain. Illustration Nr. 384 vom 25. XI. 1916.

3) Nuova Antologia Nr. 1100, November 1917. Die frühesten von der italienischen Kunstverwaltung ausgeführten Sicherungsarbeiten (bis Herbst 1915) sind schon bei Clemen, Zustand der Kunstdenkmäler auf dem westlichen Kriegsschauplatz, S. 41, aufgeführt.

4) Ugo Ojetti. I monumenti d'Italia e la guerra, Mailand 1917. 140 Abbildungen. Siehe auch Corrada Ricci, La difesa del patrimonio artistico italiano contro i pericoli, Milano 1917.

vor denen Holz- und Eisenkonstruktionen mit Seegrasmatratzen aufgestellt wurden, die Kirche degli Eremitani mit den Fresken von Mantegna, dann Verona mit den Grabmonumenten der Skaliger, die in 80 cm dicke Mauern eingeschlossen und mit steilen Pyramidendächern abgedeckt sind. Es folgte Vicenza und Mailand, letzteres mit dem Abendmahl von Leonardo da Vinci, das durch besonders umfangreiche Vorkehrungen auch gegen Feuer geschützt wurde. Der Bericht wendet sich dann Bologna und Ravenna zu, in welch letzterem die Maßnahmen zum Schutze der byzantinischen Bauwerke und ihrer Mosaiken imponierende Ausmaße aufweisen. Selbst in Florenz, Rom, Bari und Trani wurden Vorkehrungen getroffen[1].

Besondere Aufmerksamkeit widmete Ojetti dem Schutze und, wo es unvermeidlich war, dem Abtransporte von Gegenständen der Kunst und der Wissenschaft, die von den Italienern jenseits der Grenze, in Aquileja, Grado, Görz, Primör vorgefunden wurden. Einen Begriff von dem Umfang dieser Arbeit bekommt man, wenn man erfährt, daß aus Görz allein im ersten Halbjahr 1917 die Stadtbibliothek, die Bibliothek des deutschen Gymnasiums, die Distriktsbibliothek, das alte Provinzialarchiv, die Bibliothek des Provinzialmuseums und die Staatsbibliothek, welch letztere allein 30000 Bände umfaßt, abtransportiert wurden.

Allein auch in Italien sind kunstzerstörende Tendenzen in Erscheinung getreten: Der Futurist Marinetti forderte nach Temps vom 24. März 1916 den Verkauf aller italienischen Kunstschätze. Allein durch den Verkauf der Kunstschätze in den Uffizien und der Galerie Pitti ließe sich eine Milliarde erzielen. Die Amerikaner wären sicherlich bereit alles zu kaufen. Die italienische Presse diskutierte diesen Vorschlag sehr lebhaft.

Es wäre nur billig und gerecht, wenn Neutrale und Feinde auch unseren Leistungen im Denkmalschutz die Anerkennung nicht versagen würden. Das ist von feindlicher Seite nicht geschehen. Im Gegensatz zu den unten wiedergegebenen objektiven Äußerungen von Louis Réau[2] u. a. aus den Friedensjahren haben unsere Feinde von Anbeginn des Krieges an den Kunstschutz der deutschen zivilen und militärischen Behörden mit allgemeinen Beschimpfungen verleumdet. Die offiziellen Berichte, Denkschriften und Buchveröffentlichungen sind alle auf den Ton gestimmt: Die Deutschen plündern, verbrennen, sprengen, zertrümmern alle Baudenkmäler, rauben, zerstören allen beweglichen Kunstbesitz.

In absichtlicher Verkennung der positiven Leistungen des deutschen Denkmalschutzes während der Kriegsjahre, die durch die deutschen Funksprüche, Zeitungen, Zeitschriften und Broschüren auch in den feindlichen Ländern bekannt geworden sind, trotz der guten persönlichen Beziehungen, in denen vor dem Kriege deutsche und französische Kunstgelehrte gestanden haben, hat Auguste Marguillier sogar im Widerspruch zu seinen eigenen Äußerungen aus der Zeit vor dem Kriege geschrieben[3]:

„Un Allemand ne pourra jamais comprendre qu'une œuvre d'art puisse être un objet d'amour et autre chose qu'une matière à fiches et à dissertations archéologiques; et il n'y a qu'à songer à l'admiration éperdue de l'Allemagne pour les lourdes énormités que sont la cathédrale de Cologne et la Walhalla de Ratisbonne pour se faire une idée de son sens de la beauté: Quels cris d'orpare ne pousserait-elle pas si le traitement infligé à la cathédrale de Reims l'avait été à ces monuments où son orgueil se mire! Le désastre de Reims, par contre, mérite-t-il de soulever tant d'émotion? On refera les sculptures de la cathédrale, et voilà tout; car — toujours en bon archéologue allemand, d'autant plus fidèle aux néfastes théories d'autrefois que la beauté a pour lui moins de prix que le

---

1) „Resto del Carlino" 4. XII. 1917. Avvenire d'Italia vom 8. II. 1918. Corriere della Sera vom 8. I. 1918.

2) Am 15. III. 1909 schrieb Louis Réau in La Revue de Paris S. 188: „Les mêmes qualités d'initiative, d'organisation et de méthode qui font la force de l'industrie allemande, se retrouvent dans l'administration de ces Musées impériaux. C'est une exploitation modèle, admirablement gérée selon les principes de la méthode la plus scientifique, avec en souci constant de réformes et de progrès. Tandis que Berlin construit d'innombrables Musées, nous ne sommes même pas capables de déménager les nôtres. Le Louvre attend toujours le déplacement du ministére des Colonies et du Musée de Marine. Notre Musée d'Art moderne est relégué depuis plus de vingt ans dans l'orangerie du Sénat. Les admirables collections japonaises du Louvre sont ensevelies dans un entresol ténébreux. Les peintres allemands viennent à Paris apprendre leur métier; nos conservateurs de Musées auraient tout intérêt à s'inspirer des méthodes qui ont donné à Berlin de si admirables résultats."

3) Auguste Marguillier, Sur un plaidoyer allemand. Mercure de France, 1. Juillet 1916, S. 83.

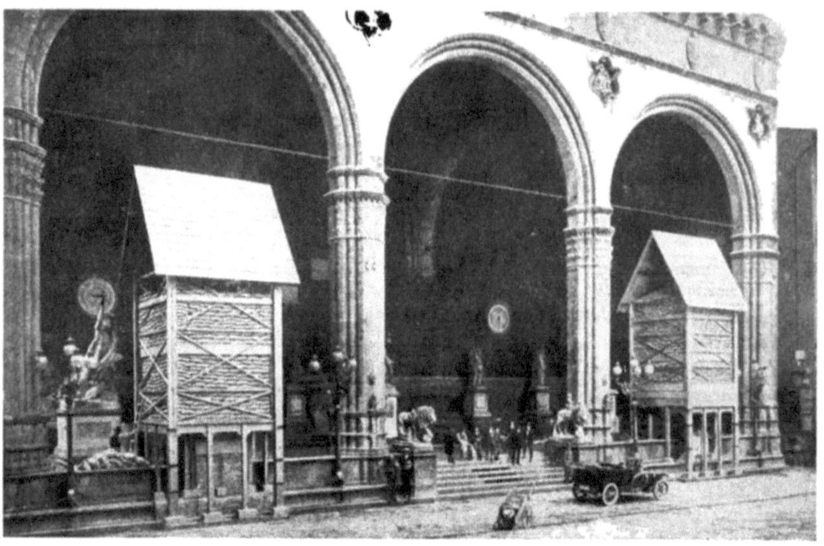

Florenz. Die Loggia dei Lanzi mit den Schutzbauten für die Skulpturen von Benvenuto Cellini und Giovanni da Bologna

document — l'idée de refaire une statue de Moyen-Age et de restituer le „Sourire de Reims" n'effraie nullement P. Clemen.[1] Cette belle sérénité l'abandonne encore moins quand il nous parle de l'hôtel de ville d'Arras et des Halles d'Ypres. Cet inspecteur de monuments historiques se garde bien, lui, de cette „sentimentalité anachronique" dont il nous raille, et son récit de la destruction progressive des deux admirables monuments est un impassible procès verbal dont la sécheresse n'est atténuée par aucun mot de regret."

Die Franzosen befürchteten, wie schon aus Marguilliers obenstehenden Äußerungen aus dem Jahre 1916 hervorgeht, daß die Deutschen während der Besetzung Restaurationsarbeiten und die Vorarbeiten für den Wiederaufbau in dem „scheußlichen deutschen Geschmack" einleiten würden. Marius Vachon[2] hat dieser Befürchtung in besonders drastischer Form Ausdruck gegeben. Wir erlauben uns daran zu erinnern, daß Viollet-le-Duc kein Deutscher, sondern ein Franzose war und gestatten uns, Paul Léons Urteil über Viollet-le-Duc[3] ins Gedächtnis zu rufen und noch einmal auf die von Paul Léon veröffentlichten Gegenüberstellungen der alten und der von ihm restaurierten Kirche Saint-Laurent in Paris, der Kathedrale von Angoulême vor und nach der Restauration, des Schlosses Pierrefonds vor und nach der Restauration, der Kirche von Surgères vor und nach der Restauration u. a. m.[4] hinzuweisen.

Der Deutschenhaß der französischen Intellektuellen sah aber nicht nur eine Gefahr für Frankreich darin, daß Deutsche unter Umständen französische Dörfer, Kirchen und Städte wieder aufbauen würden; er sah in der neuen und alten Kunst Deutschlands eine Gefahr für das eigene Land. Saint-Saëns bekämpfte die deutsche Musik in einer Art und Weise, die selbst dem Temps zu weit ging.

---

1) Paul Clemen wird hier fälschlich etwas unterstellt, was er gar nicht gesagt hat. Er hat genau das Gegenteil gesagt und weist diese Idee der Restaurierung ab. Vgl. dazu Paul Léons abfällige Urteile über Restaurationen von Franzosen an französischen Denkmälern in seinem schon zitierten Buch, S.245—348.

2) Marius Vachon, Les villes martyres de la France et de la Belgique. Payot, Paris 1915. S. 196. Siehe auch Marius Vachon, La guerre artistique avec l'Allemagne. Paris, Payot 1916.

3) Paul Léon, Les monuments historiques, S. 245—348: „La restauration de Viollet-le-Duc paraissait aux habitants de Vezelay un véritable scandale." S. 104.

4) Léon, S. 214/215, S. 276/277, S. 292/293, S. 336/337.

Henri Lapauze hat eine Sondernummer seiner Wochenschrift „La Renaissance"[1] der Bekämpfung des deutschen Kunstgewerbes gewidmet, in der alle diejenigen, die vor wenigen Jahren dem neuen deutschen Kunstgewerbe Achtung bezeugten und die Einladung der deutschen Künstler nach Paris bewirkten — allen voran Frantz Jourdain — die verachtungswerte Scheußlichkeit des modernen deutschen Kunstgewerbes gebrandmarkt haben.

Emile Mâle, der von zahlreichen deutschen Gelehrten geachtete Verfasser der l'art religieux du moyen-âge, hat ein ganzes Buch geschrieben, um die Minderwertigkeit der gesamten deutschen Kunst und ihre Abhängigkeit von Frankreich zu beweisen.

„Diese Barbaren besaßen keinerlei künstlerischen Geist, sie verstanden nur zu zerstören. In der Kunst des Mittelalters läßt sich nicht ein einziges deutsches Element feststellen, vielmehr hat Deutschland diese Kunst des Mittelalters, die es sich rühmt geschaffen zu haben, fix und fertig von Italien und Frankreich übernommen. Wenn die französische romanische Baukunst eines der schlagendsten Zeugnisse für den schöpferischen Geist Frankreichs darstellt, so ist hingegen die deutsche romanische Architektur der sichtbare Beweis für die schöpferische Ohnmacht der Germanen. Auf der einen Seite steht ein Volk, das die Schöpfergabe vom Himmel empfing, auf der anderen eine Rasse von Nachahmern."[2]

Diese Thesen werden in Mâles Buch verfochten und mit einem Nationalstolz, der die Urteilsfähigkeit beeinträchtigt hat, bewiesen. Nicht etwa Deutsche, sondern ein Belgier hat zuerst und zwar im Jahre 1911 sich über den Chauvinismus der französischen Kunstforscher beschwert.[3] Das deutsche weltbürgerliche Empfinden hat bis zum Kriege über diese Erscheinungen hinweggesehen. Weniger eine solche vereinzelte Interpretation ist uns Deutschen ein Schmerz gewesen, als die Tatsache, daß wir einen verdienten Gelehrten, dessen bewundernswerte Belesenheit, gründliche Bildung und synthetische Begabung wir schätzten, im Kriege als einen Anwalt wiederfinden, dessen spitzfindige Darstellungskunst manchen Pariser Advokaten mit Neid erfüllen könnte.

Wir wären immerhin mit einem resignierten Achselzucken über dieses Erlebnis zur Tagesordnung übergegangen, wenn nicht am Ende des Krieges, nachdem sich das Glück der Waffen der Entente zugewandt hat, die französischen Journalisten, Gelehrten, Parlamentarier, sowie wissenschaftliche und politische Verbände den Plan entwickelt hätten, deutsche Kunstwerke, die sie während des Krieges als plump, geistlos, unselbständig, geschmacklos usw. abgelehnt hatten, zu

---

1) La Renaissance vom 15. IX. 1916 mit Beiträgen von Arsène Alexandre, Léonce Bénédite, Jacques J. Blanche, Frantz Jourdain u. a. Nur der Abgeordnete André Lebey lieferte einen sachlichen, objektiven Beitrag. Vgl. auch Vachon, La guerre artistique avec l'Allemagne, und Cicerone 1917, Heft 23—24.

2) Emile Mâle, L'art allemand et l'art français au moyen-âge. Colln, Paris 1917. Vgl. dazu Emile Mâle, Studien über die deutsche Kunst, herausgegeben mit Entgegnungen von Paul Clemen, Curt Gerstenberg, Adolf Götze, Cornelius Gurlitt, Arthur Haseloff, Rudolf Kautzsch, H. A. Schmid, Joseph Strzygowski, Géza Supka und Oskar Wulff, von Otto Grautoff, Leipzig 1917, Klinkhardt & Biermann. Zuerst erschienen in den Monatsheften für Kunstwissenschaft IX. 1916. S. 387, 429. IX. 1917. S. 43. 127. Eine Entgegnung von Albert Steinmetz brachte die Zeitschrift für christliche Kunst XXX. 1917. S. 47, 48. —

3) Mesnil, L'art au nord et au sud des Alpes à l'époque de la renaissance. Bruxelles et Paris 1911.

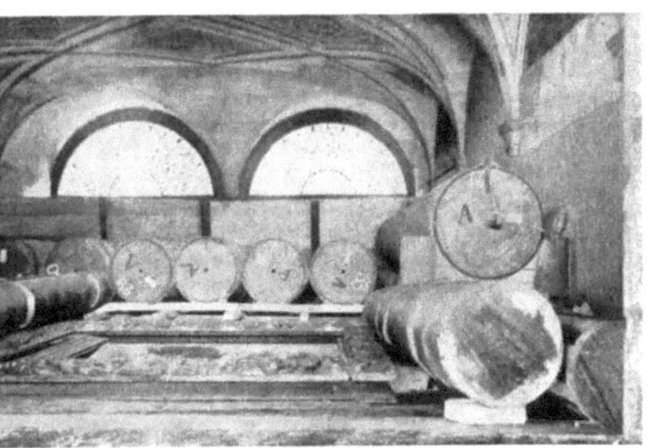

Venedig. Die in Rollen aufbewahrten großen Gemälde aus dem Dogenpalast

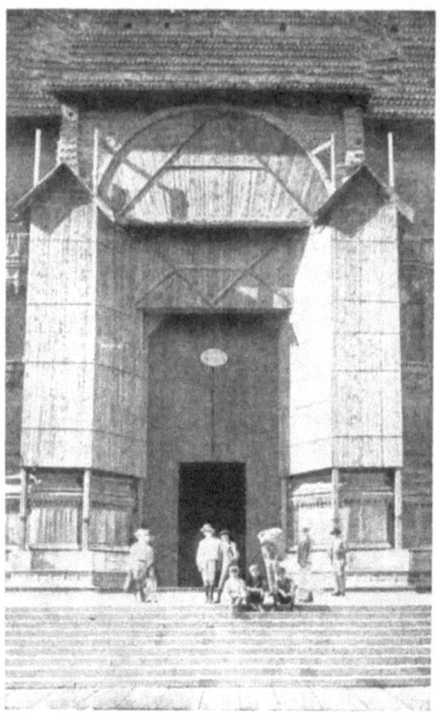

Bologna. Umbau des Portals von San Petronio

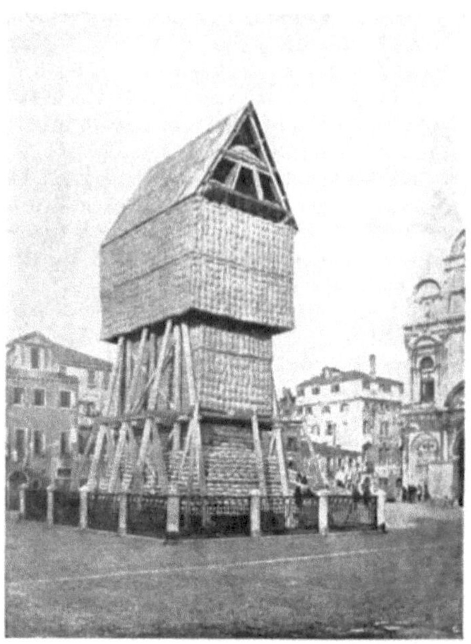

Venedig. Schutzbau für das Denkmal des Colleoni

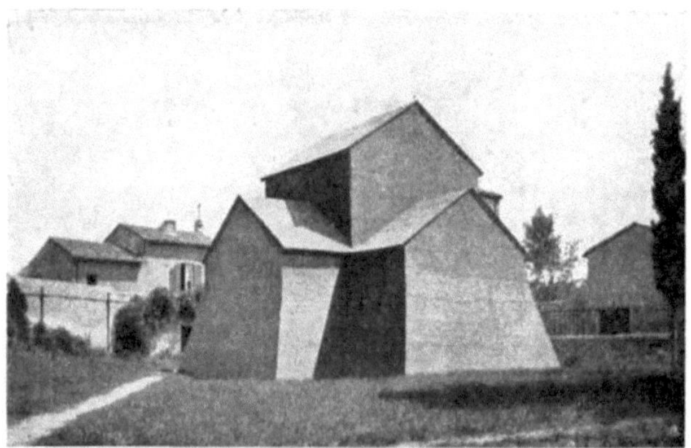

Ravenna. Schutz des Mausoleums der Galla Placidia

annektieren. Heißt das nicht wirklich die Advokatenkniffe ein wenig weit treiben? Niemals ist die deutsche Kunst als „art boche" so verlästert, so mit Verachtung übergossen worden, wie von den Franzosen während des Krieges. Nachdem sie aber gesiegt haben, stellen sie Ansprüche an mobile und immobile Werke dieser verhaßten und — wie sie sagen — völlig wertlosen und unselbständigen Kunst. Nachdem Emile Mâle bewiesen hat, daß die deutsche Architektur und Skulptur des Mittelalters eine klägliche Nachahmung der französischen Kunst sei, fordert André Charles Coppier in der ehrwürdigsten und ernsthaftesten Zeitschrift Frankreichs, der Revue des deux mondes[1], als Kriegsentschädigung die Reiterstatue Kaiser Konrads aus Bamberg, sowie die Stifterfiguren aus Naumburg und Magdeburg — eine Forderung, die dem Journal des Débats[2] allerdings „etwas" bedenklich erscheint, da die Ersatzansprüche der Entente sich auf mobile Kunstwerke beschränken sollten.

Wir haben gezeigt, daß der Sieg der Deutschen im Jahre 1914 einen Einzelnen zu unberechtigten Forderungen verführt hatte und daß den phantastischen und rechtlosen Ansprüchen dieses Einzelnen sofort von keinem Geringeren als Bode ein kräftiges Veto entgegengesetzt wurde. Der Sieg der Franzosen hat den Kunstannexionismus ins Unermeßliche wachsen lassen. Damit nehmen die Franzosen die alten Traditionen der ersten Republik und des napoleonischen Zeitalters wieder auf.

Das Musée Napoléon hat von 1798—1814 siebzehn amtliche Zuwachskataloge herausgegeben. Einer derselben umfaßt die Beute aus den Jahren 1806—1807, darunter 400 Gemälde und 31 Statuen, Bronzen, Reliefs, Emaillen, Majoliken und Fayencen, die zum größten Teil widerrechtlich aus Deutschland entführt wurden und nach dem Sturze Napoleons zurückgegeben werden mußten. Die Beutepolitik der ersten Republik und des ersten Kaiserreiches kann nicht einzelnen Franzosen zur Last gelegt werden. Zu viele Franzosen haben damals in ihrem Sinne gewirkt. Zu viele Franzosen haben bald nach Ausbruch dieses Weltkrieges ohne Widerspruch im eigenen Lande diese alte französische Tradition, die dem Empfinden jedes gerecht und sachlich denkenden Menschen Hohn spricht, wieder aufgenommen.

Der erste Franzose, der in diesem Kriege die Beutepolitik der ersten Republik und des ersten Kaiserreichs wieder aufnahm, war Auguste Marguillier, der Schriftleiter der Gazette des Beaux-Arts und Referent des Mercure de France für Museumsfragen. Marguillier, der über alle militärischen Notwendigkeiten hinweg von den Deutschen den unbedingten Schutz der Kunstdenkmäler unserer Feinde kategorisch gefordert hat und sich über jede Zerstörung eines Denkmals entrüstete, wenn es auch künstlerisch unbedeutend war und nur einen Pietätswert hatte, schrieb schon am 1. Juni 1915[3]:

„Quand nous entrerons victorieux en Allemagne, déboulonnons et faisons rouler jusque dans le Rhin qu'elle prétendait garder la lourde Germania érigée au sommet du Niederwald; faisons crouler, à Ratisbonne, la colossale Walhalla sur son assemblée de Walkyries et de héros teutons; rasons sans regrets — ou stipulons, dans les clauses du traité de paix, que devront être rasés — les principaux quartiers et quelquesuns des monuments modernes de la laide capitale de parvenus qu'est Berlin: la colonne de la victoire avec la pompeuse Siegesallee aux ridicules effigies, l'Unter den Linden avec la statue de leur „Grand" Frédéric qu'on reléguera au fond de quelque musée, la Leipziger et la Friedrichstraße, le monument commémoratif de Guillaume Ier et de la fondation de l'empire d'Allemagne etc.; et si nous infligeons, à Munich, le même traitement à la Bavaria de Schwanthaler et au bric-à-brac néo-grec du quartier des Propylées, qui donc osera s'en plaindre au nom de l'art? Ensuite faisons savoir dès maintenant à l'Allemagne que, pour toute œuvre d'art détruite ou volée chez nous — comme la Vierge d'Herouville que des officiers bavarois viennent d'envoyer au Musée national de Munich, — dix seront prises par nous dans ses collections publiques. D'ailleurs, le jour où l'aigle rapace, bec et ongles rognés, sera réduit à l'impuissance et où nous dicterons nos conditions de paix à l'ennemi, ce n'est pas seulement en territoires, en milliards, en avantages économiques, mais aussi

---

1) Revue des deux mondes vom 15. XII. 1918. S. 888—897.
2) Journal des Débats vom 17. XII. 1918.
3) Mercure de France Nr. 414. Tome CXI vom 1. VI. 1915. S. 361/362.

en œuvres d'art, — puisqu'il s'est montré si incapable de les comprendre et si indigne de les conserver, — qu'il faudra, rançonnant ses musées, nous faire payer de la destruction de nos monuments. Nous verrons prochainement ce qu'il y aurait lieu dans cet ordre d'idées, d'exiger de l'Allemagne et de l'Autriche, sa complice."

Am 1. Dezember 1915 griff er das gleiche Thema noch einmal auf[1]:

„Nous sommes heureux de voir prendre corps de plus en plus cette idée de compensations artistiques que nous avons formulée ici il y a cinq mois. Dans un de ces récents numéros, la revue „La lecture pour tous" la reprenait en donnant un peu au hasard, un aperçu des chefs-d'œuvre que la France et la Belgique pourraient réclamer en réparation des pertes qu'elles ont subies. Essayons de dresser, en nous appuyant sur les raisons historiques et scientifiques qui peuvent lui servir de base, la liste des œuvres essentielles que nous serons en droit — et que, souhaitons-le, nous aurons la fermeté — d'exiger, au lendemain de la victoire, comme appoint de notre indemnité de guerre . . . On ne laisserait à la Prusse que ses propres créations, son musée d'art régional des Marches et son Musée Hohenzollern, collection de souvenirs peu attirants des princes de cette maison. Et de son côté, Guillaume II devrait, à titre de contribution personelle, être dépouillé des collections d'art français — peintures, sculptures et meubles — héritées de Frédéric II, qui peuplent les châteaux royaux de Berlin et de Potsdam; ainsi rentreraient dans leur patrie d'origine les 13 Watteau (parmi lesquels les deux panneaux de l'Enseigne de Gersaint et l'Embarquement pour Cythère, dont nous ne possédons que l'esquisse) les 37 Pater, les 26 Lancret, les Pesne, les Chardin, les Coypel, les Houdon, les Adam, les Pigalle, le Louis XIV de Mignard, le Richelieu de Girardon etc. qui, si les choses sont douées de sensibilité, ont dû bien souffrir de leur long exil parmi les Barbares: songez aux belles élégantes de l'Enseigne, de Gersaint confinées dans les appartements privés de l'impératrice d'Allemagne! — De même, du musée de Berlin rentreraient en France, entre autres pièces, le merveilleux retable de la Vie de Saint Bertin de notre Simon Marmion, que Rubens, dans son admiration, offrait d'acheter en le couvrant de ducats d'or et que l'Allemagne s'est fait céder par le Prince de Wied au moment où la France songeait à l'acquérir; l'Etienne Chevalier de Jean Fouquet (que nous pourrons offrir à nos amis de Belgique pour être réuni à la Vierge du Musée d'Anvers à laquelle il était jadis accolé, quatre tableaux de Poussin; un nombre égal de Watteau (Les Comédiens Français et Les Comédiens Italiens, Déjeuner en plein air et Réunion dans un parc); quatre portraits par Pesne; le Portrait du banquier Jabach et de se famille, par le Brun; le Portrait du peintre Jean Forest par Largillière; celui de Marie Mancini par Mignard, — ces dernières œuvres doublement précieuses pour la France à cause de l'intérêt historique qui s'ajoute à leur mérite artistique, comme c'est le cas également, à Munich, pour le Portrait de Claude de France, fille de Henri II, par Clouet, le Turenne de Ph. de Champaigne, le Fénélon de Vivien, le Bourdalou de Jouvenet, auxquels il faudrait joindre le Peintre faisant le portrait d'une dame de Louis le Nain, les Soldats jouant aux dés de Valentin, la Ratisseuse de Navets de Chardin et la charmante Jeune femme couchée sur un sofa de Boucher. — Dresde (qui devrait être traité avec moins de rigueur, l'armée saxonne ne s'étant pas acquis la triste célébrité des armées prussienne et bavaroise) pourrait garder ses Poussin, ses deux admirables Claude Lorrain et la majeure partie de ses œuvres françaises (il en faudra laisser d'ailleurs en Allemagne comme témoignage, de notre suprématie artistique) pour ne nous fournir que le Portrait de la duchesse d'Etampes attribué à Clouet et le Portrait du duc de la Rochefoucauld par Largillière. — Mais à Carlsruhe nous reprendrions ses Chardin; — à Cassel, la scène bachique de Poussin enlevée du Musée Napoléon en 1815 et le beau Portrait d'inconnu dû à un maitre français des environs de 1530; — à Brunswick, le Matin de Claude Lorrain, les deux compositions mythologiques de Poussin, le Diane et ses nymphes de Vanloo et la Vierge de Simon Vouet, ravis également au Louvre il y a cent ans; — à Schwerin, les Oudry et le Claude Lorrain de même provenance, — à Vienne, le Portrait de Charles IX de Clouet et la Foire de Beaucaire (ou plutôt d'Impruneta) de Callot, qui furent aussi notre propriété, de même que le Bonaparte franchissant le Saint-Bernard, de David, pris à Saint Cloud.

D'autres œuvres devront être réclamées en raison de considérations scientifiques et historiques.

---

[1] Mercure de France Nr. 420. T. CXII vom 1. XII. 1915. S. 717—721.

En premier lieu, celles qui, pour le plus grand bien des études artistiques, permettraient de reconstituer un ensemble morcelé: tels sont les six panneaux de Thierry Bouts conservés à Berlin et à Munich, qui servaient jadis de volets à la Cène du même maître, sauvée par miracle de l'incendie de Saint-Pierre de Louvain; le Portrait d'homme de Memling, qui est le pendant du vieille femme acquis par le Louvre en 1909. Puis, appliquant un principe posé par M. Bode lui-même qui, il y a quelques mois, faisait enlever du Musée de Lille, pour le rendre à Francfort, un tableau de Piazzetta, L'Assomption de la Vierge, peint pour l'église de l'ordre teutonique de cette dernière ville, la Belgique devra reprendre à Vienne, pour les faire rentrer dans cet Anvers que les obusiers autrichiens contribuèrent à réduire, les magnifiques Rubens peints pour son ancienne église des Jésuites et ramener de Francfort les panneaux du „Maître de Flémalle" provenant de l'abbaye de ce nom. En vertu encore du même principe, nous pourrons revendiquer à Berlin la Leda du Corrège, qui appartint jadis au Régent; à Vienne, la célèbre salière d'or ciselée par Benvenuto Cellini pour le roi François Ier, et à Paris même, suivant un vœu justement formulé par un de nos meilleurs érudits, M. J. Mayor, il sera bon d'annexer à nos palais nationaux l'hôtel de l'ambassade d'Allemagne, ancien palais du prince Eugène de Beauharnais, qui avec l'admirable décoration de ses salons Empire, serait un cadre si parfait pour un musée napoléonien.

Enfin, en dehors même des raisons d'origine et d'histoire, qui nous empêcherait d'ajouter à toutes ces reprises si légitimes et si naturelles tels et tels chefs-d'œuvre (dont beaucoup, d'ailleurs, ont déjà fait partie du Louvre) qui compléteraient les lacunes de nos collections, particulièrement en ce qui concerne l'ancienne école allemande? Nous ne serons jamais trop payés des pertes irréparables que nous a infligées le vandalisme allemand. Tandis que, de son côté, la Belgique martyrisée pourrait se faire indemniser de quelques-unes des siennes avec les admirables Breughel de Vienne, les van Dyck de Vienne ou de Cassel, les Rubens et les Primitifs flamands de Munich, etc., Berlin pourrait nous fournir la Nativité de Schongauer, la Vierge au serin et le Portrait de Holzschuher, de Dürer, l'Adoration des Mages de Hans von Kulmbach, les Cranach et les Altdorfer repris en 1815, l'Ansloo de Rembrandt et l'étonnant Portrait du frère de l'artiste, la Femme au Collier de perles de Vermeer, le Concert de Terborch, les marbres de Pergame, l'admirable statue antique de l'Adolescent en prière, et un ou deux Menzel; — Cassel, tous les Rembrandt qui nous appartenaient autrefois: le Paysage avec les ruines, le Jacob bénissant les fils de Joseph, etc., puis le Portrait d'homme et les Enfants faisant de la musique de Franz Hals, le Roi boit de Jordaens. les Paysans de Van Ostade et autres nombreuses toiles jadis au Louvre; — Carlsruhe, la saisissante Crucifixion de Grünewald; — Munich, les quatre Apôtres de Dürer (sublimes figures que ne doivent plus souiller les regards des massacreurs et des sacrilèges de Nomény et de Gerbeviller) et l'Oswald Krell du même maître, la Bataille d'Arbèles d'Altdorfer reprise en 1815, la Mort de Marie de Martin Schaffner, le David rapportant la tête de Goliath de Strigel, le Saint Jean à Pathmos de Burgkmair, la curieuse Bataille d'Alésia de Feselen, les Pères de l'Eglise et les Scènes de la vie de saint Wolfgang du grand maître tyrolien Michel Pacher; — Augsbourg, le Christ, recevant sa Mère au ciel de Holbein le Vieux, qui enthousiasmait Michelet; — Stuttgart, la Déposition de croix de Hans Multscher, le portrait de Hans Baldung et la Judith de Cranach; — Francfort, le Samson aveuglé de Rembrandt; — Darmstadt, la Danse sous le gibet de Breughel le Vieux; — Cologne, un choix de ses maîtres primitifs; — Leipzig, le Christ Homme de douleur de „maître Francke"; — Dresde, la Belle Liseuse ou la Chocolatière de Liotard; — Budapest, la Porteuse d'eau de Goya etc. — Cette liste pourrait, naturellement, être allongée sur les indications de la direction de nos musées nationaux; mais quel merveilleux ensemble formerait déjà, avec les œuvres précédemment citées, une semblable réunion! — Rêve chimérique, dira-t-on? Il ne tient qu'à nos diplomates, après la victoire, de faire de ce rêve une réalité."

Das ist die offen eingestandene, weitergeführte Beutepolitik der napoleonischen Künstlerkommissäre, die ohne Rücksicht auf irgendwelche Eigentumsrechte die Sammlungen der italienischen Städte, des Vatikans und die Sammlungen der deutschen Bundesstaaten und der deutschen Fürsten beraubten und dadurch den Grund zu ewigem Völkerhaß legten.

Was bedeutet gegenüber dieser planmäßigen Raubpolitik, die kein führender Staatsmann Frankreichs weder in schlechten noch in guten Tagen desavouiert hat, die Annexionsforderung eines einzelnen, nicht verantwortlichen Deutschen, der sofort, bevor sich irgendein ausländischer Protest erheben konnte, in den Tagen des deutschen Kriegsglücks und der Aussicht auf einen deutschen Sieg von dem höchsten deutschen Museumsbeamten und der gesamten Öffentlichkeit zurückgewiesen wurde?

Nach dem Siege der Entente im Jahre 1918 hat die Presse Frankreichs, Belgiens, Italiens und Englands die Beutepolitik der napoleonischen Kunstkommissäre mit einer Intensität aufgenommen, die Napoleons Kunstannexionismus weit übersteigt. Auguste Marguilliers Beutepläne, für die sich im siegreichen Deutschland von 1914, 1915 und 1916 keine Parallelen finden, werden von den Forderungen französischer Journalisten, Dichter und Gelehrten weit überboten. Der allgemeine Ruf nach Rache und die allgemeinen Forderungen nach Wiedervergeltung[1] unserer Feinde können hier nicht eingehender behandelt werden, da die Ansprüche für Ersatz von zerstörten und verloren gegangenen Kunstwerten meistens mit den Ersatzansprüchen für Wohnhäuser, Industriebauten, landwirtschaftliche Anlagen und verwüstete Ackerflächen verquickt werden. Wir müssen uns an dieser Stelle darauf beschränken, die besonderen Ansprüche der Feinde an unseren Kunstbesitz festzustellen.

Die Gerechtigkeit fordert, daß — wenn das Ersatzproblem überhaupt in dieser Form gestellt wird — auch den Deutschen und Österreichern diejenigen Kunst- und Kultwerke ersetzt werden, welche die Russen bei ihrem Einfall in Ostpreußen, die Italiener auf dem Kriegsschauplatz in Kärnten und die Rumänen in Siebenbürgen zerstört haben.

Einige französische Persönlichkeiten haben den geschmackvollen und menschenfreundlichen Vorschlag gemacht, die durch den Krieg zerschossenen Kunstbauten für ewige Zeiten zum Andenken an die Gewalttaten der Deutschen stehen zu lassen. Der französische Kunstschriftsteller Robert de la Sizéranne[2] hat diesen Plan zuerst verfochten. Péladan allein[3] hat sich gegen diesen finsteren Plan ausgesprochen, die Gazette des Beaux-Arts[4] hat Robert de la Sizérannes demagogische Pläne unterstützt. Camille Enlart[5] folgte ihnen. Die Revue antiallemande[6] machte sich begeistert diesen völkerverhetzenden Vorschlag zu eigen und im Jahre 1918 wurde dieser Plan Gemeingut der gesamten französischen Presse.[7] Andere Franzosen verlangten, daß für jede französische Stadt eine deutsche Stadt zerstört werden sollte. „Stadt für Stadt, Dorf für Dorf, Schloß für Schloß, Privathaus für Privathaus" forderten die Zeitungen.[8] Forderungen dieser Art wurden von den antideutschen Ligen: „Souvenez-vous" und „Ligue des Patriotes" an die Regierung gerichtet.[9] Wir enthalten uns jeden Urteils über eine derartige Volkserziehungsmethode zum Menschenhaß, im Vertrauen auf das gesunde Urteil derer im Volke, die nicht politische Propaganda betreiben — und sie stellen in jeder Nation die Mehrheit dar. Als Deutschland Rußland und Rumänien besiegt hatte, hat es keine ähnlichen

---

1) Siehe u. a. Matin vom 8. IX., 26. X. 1918; Victoire vom 3. X. 1918; Libre Parole vom 6. X. 1918; Œuvre vom 4. X., 3. XI. 1918; Figaro vom 22. X. 1918; Dépêche de Toulouse vom 6. X. 1918; Rappel vom 6. X. 1918; Information vom 13. IX. 1918; Radical vom 3. XI. 1918; New York Evening Sun vom 13. IX.; André Michel in Revue des deux mondes vom 15. XI. 1917; Temps vom 9. X., 24. X., 1. XI. 1918.

2) Robert de la Sizéranne, Les ruines, Illustration, Décembre 1915. „Die englischen Zeitungen tragen sich auf Anregung der belgischen Regierung mit dem Gedanken, Ruinen von Ypern zum ewigen Andenken stehen zu lassen und an anderer Stelle eine neue Stadt aufzubauen. Dieser Plan findet den Beifall der Engländer." Echo de Paris v. 1. II. 1919.

3) Péladan: „Quelle humiliation ineffaçable que la ruine d'un chef-d'œuvre! Elle ne témoigne pas seulement de la barbarie de l'adversaire, elle marque éternellement notre impuissance ... Reims a été un club, un magasin à fourrages. On veut en faire un ossuaire." L'art et la guerre. S. 288/291.

4) Les ruines en Belgique. Gazette des Beaux-Arts, Juin 1916.

5) Camille Enlart, l'art et les artistes: La Cathédrale de Reims. 19. S. 34.

6) Revue antiallemande. Septembre 1917.

7) Petit Journal vom 3. III. 1918. Homme libre vom 29. X. 1918 u. a. a. O.

8) Rappel vom 3. X. 1918; Pays vom 4. X. 1918; Journal des Débats vom 6. X. 1918; Figaro vom 4. X. 1918; Daily Mail vom 14. IX. 1918.

9) Matin vom 4. X. 1918; Temps vom 10. X. 1918; Libre Parole vom 4. X. 1918; Homme libre vom 8. X. 1918.

Forderungen aufgestellt. Sollte die Entente jetzt derartige Forderungen gegen uns erheben, so müßten auch von unserer Seite Ersatzansprüche für diejenigen Kriegsschäden gestellt werden, die die Feinde uns zugefügt haben.

Vom Juli 1918 an schwirrten einzelne Notizen durch die feindliche Presse, in denen im Sinne Napoleons und Auguste Marguilliers Ersatzansprüche für zerstörte und verloren gegangene Kunstwerke aufgestellt wurden. Nach dem militärischen Zusammenbruch hat zum ersten Male ein italienischer Journalist, der seinen Namen schamhaft verschwiegen hat, in einer wahrhaft großzügigen Weise ein Programm für die Kunstraubpolitik der Entente aufgestellt. Er schreibt[1]:

„Die devotesten Förderer des Kunststudiums und die eifrigsten Beschützer der Gegenstände der Kunst waren von jeher die Deutschen. Aber während die einen sich in den Archiven dem Studium der Dokumente hingaben, brüteten gleichzeitig die anderen in den Laboratorien sichere und praktische Mittel zur Zerstörung der Denkmäler der Kunst der Feinde aus. . . . Der Welt den Kölner Dom zu nehmen, um die Verluste von Reims zu rächen, wäre ein Akt, der höchstens deutschen Begriffen gerecht werden könnte. Eine Entschädigung aber muß jenen Ländern geleistet werden, die allzu viel verloren und gelitten haben. Ein der Royal Society of Arts in London unterbreiteter Vorschlag des belgischen Direktors der Künste, Paul Lambotte erscheint uns der Beachtung wert. Im Anschluß an die Beschreibung der belgischen Ruinen erklärt Lambotte, daß die unersetzlichen Verluste durch Geldentschädigungen nicht ausgeglichen werden können. „Die einzig mögliche Weise, auf die der Schaden an unserem Nationalvermögen bis zu einem gewissen Grade ausgeglichen werden könnte, wäre die Rückgabe aller jener einheimischen Kunstwerke, die jetzt die Hauptzierde der deutschen und österreichischen Museen bilden. Das Kaiser-Friedrich-Museum in Berlin muß uns die Flügel des Genter Altars der Brüder van Eyck, die Anbetung des Lammes darstellend, zurückgeben, damit das wundervolle Meisterwerk der Erfinder der Ölmalerei wiederum in ursprünglichem Zustande in der Kathedrale von Gent vereinigt werden kann. Von Wien müssen wir einige Bilder von Peter Breughel dem Älteren zurückerhalten, der unter den flämischen Meistern einer der interessantesten unserer Schule ist, sowohl vom technischen Standpunkt aus als von dem des Volkshumors. Von Wien auch das im besonderen Auftrag des Erzherzogs Albert und seiner Gemahlin Isabella von Spanien für die königliche Kirche von St. Jacques sur Candenberg in Brüssel von Rubens gemalte Altarblatt, das eine Stiftung für die Familienkapelle darstellte. Von Frankfurt die Tafeln des Meisters von Flémalle, die von hervorragender Bedeutung für die Geschichte der flämischen Kunst sind. Von München, Dresden, Kassel und vielen anderen Orten die hervorragendsten Gemälde, Skulpturen, Teppiche, Holzschnitzereien und Möbel unserer einheimischen Künstler und Kunstgewerbler. Alle diese Dinge sollten in Zukunft — für uns und die Fremden — eine kleine Entschädigung für die erlittenen Verluste bilden. Das gefolterte Belgien verdient es, ein einziges Museum und das Ziel der Pilgerschaft aller Kunstfreunde zu werden. Ich glaube, daß die verbündeten Staatsmänner, und vor allem die belgischen, diese Angelegenheit nicht vergessen werden, wenn sie einmal mit den verhaßten Boches über den Frieden verhandeln werden. Ich bin bereit, ein vollständiges Verzeichnis jener Gemälde und Kunstgegenstände zu liefern, die unseren Museen zur vollständigen Darstellung der Tätigkeit unserer alten Meister noch fehlen. Alle unsere englischen Freunde werden das freie und hoffentlich blühende Belgien besuchen, um sie zu bewundern."

Aber schon vor dem endgültigen Sieg hatte Louis Piérard in der aus Belgien nach dem Haag geflohenen Zeitung „Les Nouvelles"[2] anknüpfend an den Artikel in einer englischen Zeitung ähnliche Ansprüche auf Kunstwerke aus deutschem Privat- und Museumsbesitz erhoben. In diesem Artikel findet sich der Satz: „Le Saint-Luc de van der Weyden qui se trouve à Munich, ferait très bien à Tournai, ville où ce peintre fut baptisé sous le nom de Roger de la Pasture." Unsachlicher lassen sich Beuteansprüche wohl kaum verfechten, oder sind die Engländer bereit, alle Bilder französischer und italienischer Meister den Orten auszuliefern, wo die Künstler geboren sind? Die Ar-

---

1) Giornale d'Italia vom 2. XI. 1918.

2) Les Nouvelles, Haag, Nr. 13 vom 11. IX. 1918. Der gleiche Artikel von Louis Piérard erschien am 2. IX. 1918 in Homme libre.

chive der Medicis haben sie sich ja auch während des Krieges bereits zu eigen zu machen versucht. Louis Piérard fährt fort:

„Les Allemands, d'ailleurs, nous donnent le bon exemple. Interprêtant à leur façon le traité de Brest-Litowsk, ils ont exigé du gouvernement de Lénine, qui n'a rien à leur refuser, la restitution au musée de Cassel de plusieurs tableaux de l'Hermitage."

Dazu ist zu bemerken, daß die 22 Bilder, welche die deutsche Regierung für die Gemälde-Galerie in Cassel von der Eremitage in Petersburg zurückgefordert hat, ein Teil derjenigen Kunstwerke darstellt, welche die Franzosen 1806 aus Cassel entwendet haben[1], während der heilige Lukas von Roger van der Weyden von der Münchener Pinakothek kein Raub ist, sondern eine saubere Provenienz[2] hat.

Allein die sachliche Begründung und die völkerrechtliche Verteidigung der Ansprüche auf den Kunstbesitz Deutschlands scheint der Würde des Siegers nicht zu entsprechen. Es wird von dem besiegten Deutschland das gefordert, was sich durch Gewalt fortschleppen läßt.[3] Die Deutsche Allgemeine Zeitung meldete am 2. Dezember 1918:

„Lyoner Blättern zufolge hat der Lehrkörper der Universität Brüssel die Forderung betrieben, belgische Kunstschätze, soweit sie zerstört oder entwendet worden wären, aus den öffentlichen Sammlungen Deutschlands zu ersetzen. Der Archäologe und Direktor der Brüsseler Museen, Lettenhove, hat diese Forderung dem Ministerium der schönen Künste überreicht und verlangt lerner, daß zur Sicherstellung der belgischen Kunstschätze die privaten und öffentlichen Sammlungen Deutschlands mit Beschlag belegt werden sollen."

Henry Kervyn de Lettenhove befürwortete in gleicher Weise das System, die verschollenen Kunstwerke des eigenen Landes durch Kunstwerke aus Deutschland zu ersetzen. In den Museen, in den königlichen und fürstlichen Sammlungen, sowie in den Kirchen Deutschlands müsse Belgien Kompensationen für das suchen, was die Soldaten Wilhelms II. und Franz Josephs genommen hätten. Der Artikel schließt mit den Worten:

„Alle deutschen öffentlichen oder privaten Galerien müssen so lange unter Sequester gestellt werden, bis alle Kunstschätze, die in Frankreich und Belgien gestohlen sind, sei es aus Museen oder Privatsammlungen, zurückgegeben oder in natura kompensiert sind. Diese Maßnahme erscheint unerläßlich und berechtigt."[4]

Aber nicht nur Belgien und Italien haben derartige Ansprüche erhoben. Auf Anregung von A. Deville, Präsident der „Commission des Beaux-Arts de la ville de Paris" ist französischen Pressestimmen zufolge in der französischen Kammer ein Gesetz angenommen worden, nach dem eine interalliierte Kommission die Kunstschäden feststellen soll, die aus deutschen Sammlungen kompensiert werden müßten.[5]

Der Congrès national français, der Ende Februar 1919 in Paris die Vertreter von 300 Liguen, Ausschüssen und Vereinen mit etwa 12 Millionen Mitgliedern zusammengerufen hat, forderte in einer Resolution an die Regierung den Ersatz für die zerstörten Baudenkmäler und vernichteten Kunstwerke durch Statuen und Gemälde aus deutschem Museums- und Privatbesitz. Am 2. März 1919 wurde ferner von Lyon aus durch Funkspruch der Wortlaut einer Petition verbreitet, zu der die französische Akademie der Schönen Künste die Anregung gegeben hat. Die Hauptsätze dieses Dokumentes lauten:

„Die öffentlichen Baudenkmäler von zwanzig Städten, Kathedralen, Museen, Bibliotheken,

1) Giornale d'Italia vom 31. XII. 1917. Journal des Débats vom 6. II. 1918.

2) Vgl. dazu den Katalog der Münchener Pinakothek.

3) Petit Journal vom 19. X. 1918. Idea Nazionale vom 28. X. 1918.

4) Echo belge vom 14. XII. 1918.

5) Temps vom 22. XI. 1918. Journal vom 23. XI. 1918. Die Annahme dieses Gesetzes propagierten vor der Behandlung desselben in der Kammer Action française vom 13. XI. 1918. Figaro vom 17. XI. 1918. Im Anschluss daran hat Auguste Marguillier sein 1915 entworfenes Raubprogramm in einer neuen Variation in der Illustration Nr. vom 11. I. 1919 veröffentlicht. Dieser Aufsatz, der noch durch einige „Schlager" wie das „goldene Rössl" aus Altötting ergänzt worden ist, wurde durch zahlreiche Abbildungen begleitet, darunter die „Vier Apostel" von Dürer, auf die Herr Marguillier ein besonderes Gewicht zu legen scheint.

sowie eine große Anzahl von Kirchen, die als die wertvollsten Kirchen Frankreichs bekannt waren, sind mit den Kunstwerken, welche sie enthielten, beschädigt oder zerstört worden. Um wenigstens einigermaßen den Verlust einiger Zierden Frankreichs zu ersetzen, welche unseren nationalen Kunstschatz bilden, der zur Erziehung der kommenden Generationen bestimmt ist, verlangen wir nicht die Plünderung der Museen Deutschlands und Österreichs. Wir verlangen nur, daß die dem französischen Genius entstammenden Werke, die sich jetzt in den Sammlungen der Herrscherhäuser und der öffentlichen Museen Österreichs und Deutschlands befinden, dem französischen Staat zur Verfügung gestellt werden, damit er unter ihnen einige Kunstwerke als rechtmäßige Entschädigung auswählen kann.

Ebenso verhält es sich mit dem Kunsterbe Belgiens. Können Geldentschädigungen als genügend erachtet werden, um die Zerstörungen von Ypern und Löwen wieder gutzumachen? Belgien sollte die Erlaubnis erhalten, eine gewisse Anzahl flämischer Kunstwerke aus den Sammlungen der an der Zerstörung schuldigen Mächte auszuwählen, unter denselben Bedingungen, wie wir sie für Frankreich verlangen. Die in Italien verursachten Zerstörungen, welche einige wertvolle Werke venetianischer Kunst einschlossen, müssen gerechterweise ebenfalls durch die Auslieferung einiger italienischer Kunstwerke aufgewogen werden, die jetzt in feindlichem Besitze sind.

Kurz, die Unterzeichner der Petition fordern, daß folgender Grundsatz in den Friedensvertrag aufgenommen werde: ‚Der dem Kunstbesitz der betroffenen Mächte zugefügte Schaden müsse durch die Auslieferung von Kunstwerken von seiten der Mächte, welche die Zerstörungen verschuldet haben, ersetzt werden‘.‘‘

Endlich haben les Républicains de Gauche Anfang März eine Abordnung unter Louis Barthou zu Clemenceau geschickt und ihn ersucht, das Prinzip der Kunstentschädigung aus deutschem Besitz in den Friedensvertrag aufzunehmen.

Allein nicht nur französische Meister sollen aus den deutschen Museen und königlichen Schlössern als Kompensationen genommen werden, sondern auch Niederländer und Flamen.[1]

Die Antwerpener Vereinigung von Freunden des Museums von Antwerpen „Artibus Patriae‘‘ hat an die Regierung eine Resolution gerichtet, in der gefordert wird: 1. die Rückgabe der während des Krieges aus Belgien entwendeten Kunstwerke, 2. die Stellung gleichwertigen Ersatzes für die, die nicht zurückgegeben werden können oder beschädigt sind, 3. den Ersatz der Kosten für die Wiederherstellung beschädigter Kunstwerke und Ersatz in Kunstwerken für verschollene Originale, 4. die Rückgabe aller sich widerrechtlich im feindlichen Lande befindlichen Kunstwerke, auch wenn die Ansprüche auf sie bereits verjährt sind.[2]

„La Belgique‘‘[3] dehnte die Ansprüche noch weiter aus, indem sie verlangte, daß die 1794 von Napoleon nach Straßburg und Mainz gesandten Bilder zurückgegeben werden. Der „Temps‘‘ will schon jetzt die französische Regierung veranlassen, ihre Hand auf den Kunstbesitz Deutschlands zu legen, wie folgende Note zeigt:

„Ein Telegramm aus Berlin über die Schweiz teilt mit, daß der preußische Finanzminister aus dem Kgl. Schloß die zwei berühmten Werke von Watteau, unbestimmt wohin, fortschaffen läßt. Wahrscheinlich sollen auch die anderen Werke entfernt werden. Diese Neuigkeit interessiert uns sehr, weil es Werke unserer Kunst sind und weil es zeigt, daß der Kaiser aus Angst, es könnte ihm etwas fortgenommen werden, und persönliche Rache an seinem Eigentum genommen werden, seine Sachen in Sicherheit bringt. Aus dem Kunsthandel sind ihm schon Millionen dafür geboten worden. Es ist dringend geboten, daß die französische Regierung im Einverständnis mit den Verbündeten ein Veto einlegt und die Ausfuhr verbietet.‘‘[4]

Und Auguste Marguillier, stolz darauf, daß er als erster die Kunstraubpolitik Napoleons wieder aufgenommen hat, wiederholt seine Forderungen in folgender Form[5]:

---

1) Petit Journal vom 24. XII. 1918. Temps vom 26. XII. 1918.
2) Etoile belge v. 26. II. 1919.
3) La Belgique vom 10. XII. 1918. La nation belge vom 25. XI. 1918.
4) Temps vom 20. XII. 1918.
5) Mercure de France, Nr. 493. Tome CXXXI vom 1. I. 1919, S. 136, 137.

„Au moment où nous écrivons ces lignes, on annonce qu'on a retrouvé intacts à Maubeuge les La Tour de Saint-Quentin et à Bruxelles, où elles avaient été transportées en octobre dernier et où, depuis ce temps, elles sont sous la garde du dévoué sécrétaire des musées, M. Fiérens-Gevaert, les collections réunies à Valenciennes. Puissions-nous retrouver de même, en bon état et au complet, toutes les autres œuvres évacuées! Notre ministère de la Guerre a, d'ailleurs, créé un Office spécial de recherche des œuvres enlevées par nos ennemis dans les régions qu'ils occupaient et tiendra la main à ce que toutes soient restituées et — nous l'espérons bien — à ce que des indemnités en nature, du genre de celles que nous avions jadis spécifiées ici même, s'y joignent pour nous dédommager, au moins en partie, de nos immenses pertes artistiques. Nous avons lu avec plaisir qu'un projet de résolution dans ce sens vient d'être déposé sur le bureau de la Chambre par trois députés, MM. Amiard, Goust et Adrien Dariac, et que l'Académie des Beaux-Arts, de son côté, a, dans sa séance du 7. décembre, émis le voeu que les musées allemands nous fournissent l'équivalent de nos œuvres d'art détruites ou disparues."

En attendant les restitutions et justes réparations qui nous sont dues, nous rentrons dès maintenant en possession des Musées d'Alsace et de Lorraine: collections publiques de Metz, de Strasbourg, de Mulhouse, de Colmar, où il s'agira de faire rentrer les œuvres que les Allemands en avaient enlevées pour les envoyer au loin, à l'abri des risques de guerre, tels les célèbres Grünewald du musée de Colmar."

Wenn auch nur eine Rechtsprechung, die auf politischen Druck hin erfolgt und in chauvinistischer Befangenheit urteilt, derartige Forderungen, wie unsere Feinde sie in ihrer Siegestrunkenheit zu stellen belieben, legitimieren könnte, so würde man solche Forderungen nachsichtiger beurteilen, wenn sie von Männern eines Volkes erhoben würden, dessen Ehrfurcht vor Kunst- und Kultdenkmälern lauter und rein wäre. Daß das nicht der Fall ist, haben Maurice Barrès, Paul Léon, Péladan und Auguste Rodin deutlich genug bewiesen. Das beweist von neuem die Forderung der Action française, die verlangt, daß das Niederwald-Denkmal, das sich in der neutralen Zone befindet, als Ersatz für die gestohlenen Kanonen eingeschmolzen werde.[1] Eine Forderung, die Louis Dimier schon 1914 in der Action française erhoben hat, woran diese Zeitung im Brustton des Siegers erinnert. Aber es ist nach dem Siege der Entente nicht nur bei derartigen Drohungen geblieben. Als die Franzosen in Elsaß-Lothringen einzogen, war eine ihrer ersten Taten, die Kaiserdenkmäler in Straßburg und Metz mutwillig zu zerstören. Wie hätten sich die Franzosen empört, wenn einmal während des Krieges die Deutschen dergleichen getan hätten! Angesichts dieser mutwilligen und sinnlosen Zerstörung hallte die französische Presse von Schadenfreude wieder.[2]

Es steht für uns, die wir hier vor unserem Volke und vor der Geschichte alle Fragen der Denkmalpflege im Kriege zu erörtern haben, nicht in Frage, wer auf einem Denkmal dargestellt ist; sonst hätten wir ja noch während der Besetzung fremder Gebiete die Denkmäler unserer ehemaligen oder jetzigen Feinde mutwillig zerstören müssen. Einen so kleinlichen Standpunkt hat Deutschland, selbst als die größten Teile des Volkes an den deutschen Sieg glaubten, niemals eingenommen. Diese Auffassung der Denkmalpflege war dem siegreichen Frankreich vorbehalten. Aber nicht genug damit, daß die Franzosen diese Auffassung in die Tat umsetzten, sie haben sie in einem merkwürdigen Stolz auf diese Handlungsweise sogar in großen Abbildungen in allgemein verbreiteten Zeitschriften[3] der Öffentlichkeit unterbreitet. Solche Gesinnung spricht aus keiner deutschen Abbildung und keiner Unterschrift deutscher Illustrationen. Aber dieses ist ja nicht die erste Denkmalschändung, deren sich die Franzosen schuldig gemacht haben. Die Franzosen haben während des Krieges den Gräbern und Grabmälern deutscher Soldaten nicht die Achtung erwiesen, die im allgemeinen vor den Toten und ihren Ruhestätten gefordert werden darf. In niedriger Gesinnung haben sie diejenigen Grabmäler deutscher Soldaten, die sie zerschlagen und aufgewühlt haben, in ihren Zeitschriften abgebildet.[4]

Herr Cochin hat in seiner schon mehrfach zitierten Kammerrede die Tendenz der deutschen

---

1) Action française vom 23. XII. 1918.

2) Vgl. dazu Gustave Babin in Illustration, Nr. 3952 vom 30. XI. 1918, S. 498—500.

3) Illustration vom 30. XI. 1918; siehe auch Abb.

4) Daily Mail vom 21. V. 1917.

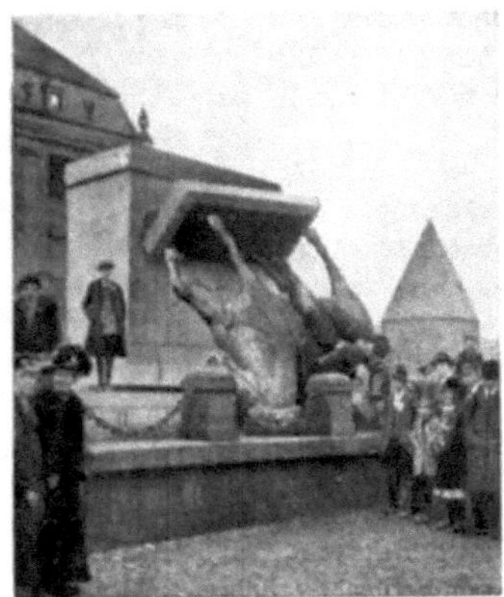

Das von den Franzosen umgestürzte
Kaiser-Friedrich-Denkmal in Metz

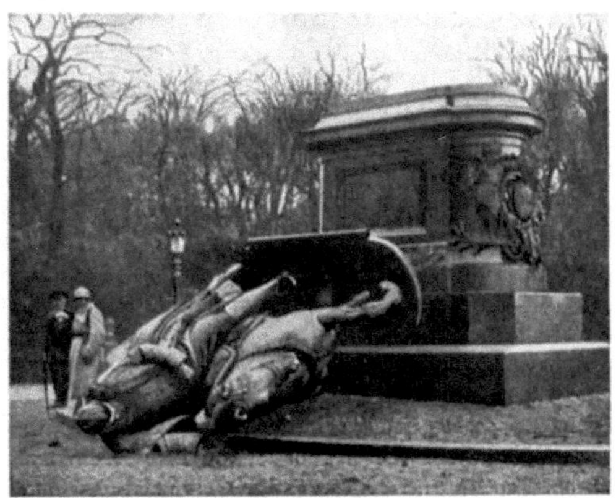

Das von den Franzosen umgestürzte und zertrümmerte
Kaiser-Wilhelm-Denkmal in Metz

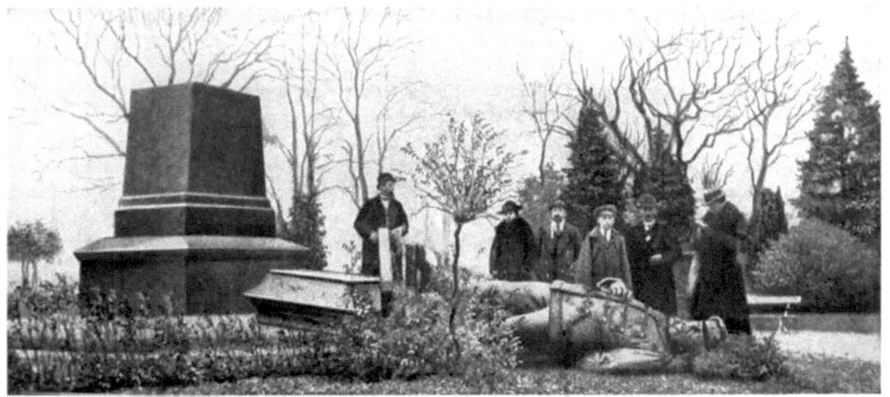

Das von den Franzosen umgestürzte Denkmal des Prinzen Friedrich Karl in Metz

Literatur zum Denkmalschutz im Kriege unter Berufung auf die Publikationen von Bode, Joseph
Sauer und meiner Wenigkeit folgendermaßen charakterisiert:

„Leur thèse se resume à ceci: les Français ne savaient, avant la guerre, ni entretenir leurs églises,
ni classer leurs musées. Aujourd'hui, ils s'acharnent bêtement à démolir leurs propres œuvres d'art."[1]

Ich habe in meinen Ausführungen mit meiner Anerkennung der positiven Leistungen auf
dem Gebiete der Denkmalpflege der Franzosen in Friedenszeiten und während der Kriegsjahre keineswegs zurückgehalten. Es hieße ebenso ungerecht sein wie unsere Feinde, wenn wir alles Wertvolle,
was Franzosen und Italiener zum Schutze der Kunstdenkmäler leisteten, verkennen wollten. Die
Franzosen aber haben durch ihre Herabsetzung der deutschen Kunst und der deutschen Kunstwissenschaft, durch verallgemeinernde Verhöhnungen und Verleumdungen unserer guten Absichten, unserer
ernsthaftesten Bemühungen und Leistungen uns dazu gezwungen, aufzuzeigen, daß auch ihre Denkmalpflege Lücken, Schwächen und Fehler aufweist.   Vor dem Kriege waren wir mit manchem unserer

---

1) Journal officiel. Séance de la Chambre du 12. III. 1918, S. 884.

gegenwärtigen Feinde darin einig, daß der Denkmalschutz nicht nur eine nationale Angelegenheit, sondern ein Problem ist, das die ganze gebildete Welt gleichermaßen interessiere, da, wie Kervyn de Lettenhove schreibt, „nos trésors appartenaient en quelque sorte à l'humanité toute entière."[1]

Auch während des Krieges haben wir diesen Standpunkt festgehalten. Wir werden ihn auch nach dem Kriege nicht aufgeben. Aber wenn wir leidenschaftlich, unsachlich und ungerecht angegriffen werden, so haben wir die Pflicht vor uns selbst, uns zu rechtfertigen. Die Rechtfertigung kann, wie es in den vorliegenden Ausführungen versucht worden ist, darin bestehen, daß man auf die Unzulänglichkeiten der menschlichen Natur in allen Ländern hinweist. Nur unter diesen Gesichtspunkten sind hier die Schwächen und Fehler der französischen Denkmalpflege herausgearbeitet worden. Es ist mit Absicht und größter Vorsicht vermieden worden, die Kritik an der französischen Denkmalpflege durch deutsche Zeugnisse oder Zeugnisse solcher Zeitungen und Personen Frankreichs zu belegen, die in Paris mit dem liebenswürdigen Beiwort „emboché" versehen zu werden pflegen. Der aktive französische Staatsbeamte Paul Léon, der sich der besonderen Anerkennung der gegenwärtigen Regierung erfreut, die fanatischen Deutschenfeinde Barrès und Péladan, der katholische Gelehrte Gauthérot, der Bildhauer Auguste Rodin und der Kunstschriftsteller Auguste Marguillier, wie die Zeitungen Temps, Figaro, Gaulois usw. sind über diesen Verdacht erhaben.

Franzosen aber haben festgestellt, daß Deutschland sich einerseits redlich und mit Erfolg für den Schutz feindlicher Denkmäler eingesetzt habe. Franzosen haben festgestellt, daß andrerseits Frankreich Kunstdenkmäler zerstört und vernachlässigt hat und daß französische Heere, wie Heere zu allen Zeiten, geraubt und geplündert haben. Franzosen schließlich bekennen sich zu Kunstannexionismus und Vergewaltigung, — dieselben Franzosen, die bis 1918 die schärfsten Verurteiler jeder Gewaltpolitik waren.

Das muß einmal ausgesprochen werden. Die Gabe rührender Verteidigung und zündender Anklage ist uns Deutschen nicht gegeben. Nur widerstrebend kämpfen wir mit der Waffe des Wortes, denn unser Gewissen warnt uns vor der allzu großen Biegsamkeit und Wendbarkeit dieses gleißnerischen Schwertes. Auch hier ist das Wort nur zur Aufreihung nüchterner Tatsächlichkeiten hüben und drüben verwandt worden und nur mit dem einen Ziel und dem einen Wunsch, daß die Stunde des Friedens nicht zur Saat neuen Hassens genutzt werde, sondern zur Einkehr; zur Einsicht in allen Ländern der Erde, daß das furchtbare Morden nicht dazu angetan war, ein Volk besser zu machen. Oder hat der Franzose nicht Recht, der da sprach:

Es erhebe sich das Volk, dessen Hände rein geblieben sind. —?

----

1) Kervyn de Lettenhove, La guerre et les œuvres d'art en Belgique. 1917. S. 23.

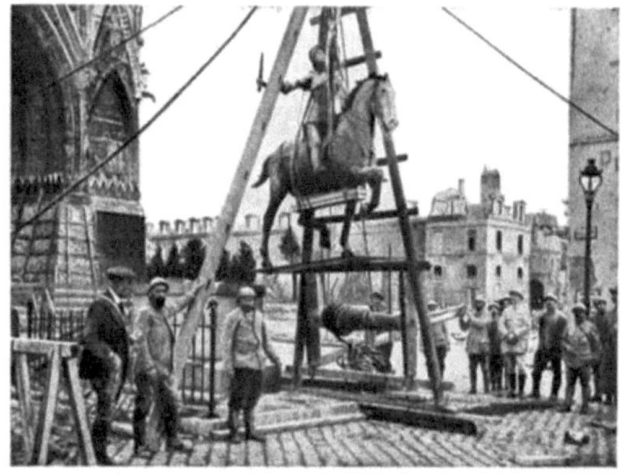

Die Wegnahme der Statue der Jeanne d'Arc von Paul Dubois in Reims

VII.
Die Kunstdenkmäler im Kriege und das Völkerrecht
Von Franz W. Jerusalem

Der Krieg ist nach Clausewitz, dem Klassiker der Kriegswissenschaft, „denkbar äußerste Anwendung von Gewalt". Die Militärs aller Länder betrachten demgemäß die Gewalt als das Wesen des Krieges, der gegenüber jede andere Rücksicht zurücktreten muß. So erscheint der Krieg als der große Zerstörer, der mitleidslos über Hekatomben von Menschenleibern und die Trümmer unersetzbarer Kulturgüter hinwegschreitet.

Trotzdem ist der Krieg immer in gewisse Schranken gebannt worden. Es waren die großen Menschheitsideen, welche sich gegen ihn erhoben, um inmitten der Fürchterlichkeiten des Krieges wenigstens die fürchterlichsten zu verhüten. Vor allem die Idee der christlichen Liebe. Ihrem Wesen nach verdammt sie den Krieg überhaupt und in den ersten Jahrhunderten der christlichen Epoche weigerten sich zahlreiche Christen, Kriegsdienste zu leisten. Als freilich das christliche Bekenntnis zur Staatsreligion erhoben wurde, mußte die christliche Lehre einen Kompromiß mit den Forderungen des bürgerlichen Lebens eingehen, den Augustinus in seiner „Civitas dei" endgültig formuliert hat. Das Ergebnis ist, daß nur diejenige kriegerische Handlung erlaubt ist, welche dem Zwecke des Krieges wirklich dient, während alles andere Unrecht und verboten ist. Aus dieser christlichen Liebesidee ist die Idee der Humanität hervorgegangen, die auf die Ausbildung des modernen Kriegsrechts im Sinne einer Einschränkung der Kriegsschrecken von allergrößter Bedeutung geworden ist. Die Genfer und die Petersburger Konvention, die Schaffung des Roten Kreuzes, die Haager Vereinbarungen über den Schutz von Verwundeten und Gefangenen sind das Werk jenes Humanitätsgedankens der Aufklärungszeit.

Auch der Schutz des Kunstwerkes ist eine jener Ideen, welche mit Erfolg versucht haben, dem Krieg und der schrankenlosen Gewalt, die ihn kennzeichnet, entgegenzutreten. Es war der Humanismus, aus dem der Gedanke hervorging, daß die Werke der Kunst eine Immunität genießen, welche der Krieg zu respektieren habe.[1] Aber auch diese Idee vermochte sich gegenüber dem Kriege ebensowenig in ihrem vollen Umfang durchzusetzen wie die Idee der christlichen Liebe. Auch hier erfolgte eine Auseinandersetzung zwischen Kultur und Krieg in der Weise, daß in gewissen Fällen die Kulturidee dem Krieg vorangeht, während sie in anderen vor dem Krieg zurücktreten muß. Entscheidend dafür ist die Frage der Notwendigkeit der einzelnen Kriegshandlung für die Erreichung des Kriegszieles. Ist die Zerstörung eines Kunstwerkes zur Erreichung des Kriegszieles erforderlich, so tritt der Satz von der Immunität von Werken der Kunst zurück; er prallt an der „dira necessitas" des Krieges kraftlos ab. Ist dies nicht der Fall, so gilt er in vollem Umfange.

In der Haager Ordnung der Gesetze und Gebräuche des Landkrieges vom 18. Oktober 1907 hat der Schutz des Kunstwerkes im Kriege gegenüber dieser, aus der Auseinandersetzung zwischen Krieg und Kulturidee hervorgegangenen, gewohnheitsrechtlichen Norm nur eine unvollkommene Regelung gefunden. Im Artikel 23, Ziffer g ist bestimmt, daß die Zerstörung oder Wegnahme feindlichen Eigentums außer in den Fällen, wo diese Zerstörung oder Wegnahme durch die Erfordernisse des Krieges dringend erheischt wird, untersagt ist. Damit sind auch die Werke der Kunst geschützt, ohne daß sie aber jene Sonderstellung erlangt hätten, auf welche sie gewohnheitsrechtlich Anspruch machen können. Dies ist durch Artikel 27 geschehen. Es ist hier bestimmt, daß bei Belagerungen und Beschießungen alle erforderlichen Vorkehrungen getroffen werden sollen, um die dem Gottesdienste, der Kunst, der Wissenschaft und der Wohltätigkeit gewidmeten Gebäude, die geschichtlichen Denkmäler, soviel wie möglich zu schonen, vorausgesetzt, daß sie nicht gleichzeitig zu einem militärischen Zwecke Verwendung finden.[2] Damit haben aber lediglich Museen, Kunstakademien und dergl.,

---

1) Vgl. dazu im einzelnen: Jerusalem, Kriegsrecht und Kodifikation, 1918, S. 49 ff.

2) Art. 27 lautet wörtlich: Bei Belagerungen und Beschießungen sollen alle erforderlichen Vorkehrungen getroffen werden, um die dem Gottesdienst, der Kunst, der Wissenschaft und der Wohltätigkeit gewidmeten Gebäude, die geschichtlichen Denkmäler, die Hospitäler und Sammelplätze für Kranke und Verwundete so viel wie

sowie Kirchen einen besonderen Schutz erhalten. Dagegen blieben alle Kunstwerke, die sich z. B. außerhalb der Museen befinden und nicht „dem Gottesdienste gewidmete Gebäude sind", unberücksichtigt. Nur dann, wenn ein solches Kunstwerk zugleich zu den geschichtlichen Denkmälern gehört, genießt es den ausdrücklichen Schutz des Artikels 27. Ein Schloß, das einen hervorragenden künstlerischen Wert besitzt, ein Denkmal oder ein Brunnen, die auf öffentlichem Platze aufgestellt sind, genießen deshalb ohne weiteres den Schutz des Artikels 27 noch nicht. Auch Museen und Kirchen sind im Sinne dieses Artikels lediglich bei Belagerungen und Beschießungen geschützt, während jede andere Form der Zerstörung, also z. B. die Niederlegung eines Kunstwerkes, um ein freies Schußfeld zu erlangen oder aus seinen Bestandteilen Rohstoffe für die Rüstungsindustrie zu gewinnen, von dem Wortlaut des Artikels nicht gedeckt wird. Trotzdem ist es unzweifelhaft, daß der besondere Schutz, den Museen und Kirchen bei Belagerungen und Beschießungen genießen, im Sinne der Haager Konferenzakte für sämtliche Kunstwerke und gegen alle denkbaren Arten der Zerstörungsmöglichkeiten gilt; ist doch im 4. Abkommen betreffend die Gesetze und Gebräuche des Landkrieges vom 18. Oktober 1907 bestimmt, daß in den Fällen, die in der Landkriegsordnung nicht geregelt sind, die Grundsätze des Völkerrechts in Geltung bleiben sollen, „wie sie sich ergeben aus den unter gesitteten Völkern feststehenden Gebräuchen, aus den Gesetzen der Menschheit und aus den Forderungen des öffentlichen Gewissens." Damit wurde aber der bisherige, bloß gewohnheitsrechtliche Schutz des Kunstwerkes, soweit er durch die Landkriegsordnung nicht modifiziert worden ist, ausdrücklich in Geltung erhalten.

Die Pflichten, welche den Kriegführenden im Interesse des Schutzes der Kunstwerke obliegen, sind nicht genau fixiert. Es bestehen keine absolut bestimmten Regeln, welche die Kriegführenden zum Schutze der Kunstwerke zu beobachten hätten. Die Landkriegsordnung sagt im Artikel 27 lediglich, daß die Kunstwerke „soviel wie möglich zu schonen" seien. Daraus ergibt sich, daß die Entscheidung darüber, ob und in welcher Weise ein Kunstwerk zu schützen sei, in das Ermessen der militärischen Befehlshaber gestellt ist. Freilich darf jene nicht willkürlich sein. Die militärischen Befehlshaber haben sich vielmehr an gewisse Richtlinien zu halten, die sich aus dem Artikel 27 ergeben und die im einzelnen unten dargelegt werden. Ein Verhalten, das gegen diese verstieße, wäre zweifellos völkerrechtswidrig. Da die Richtlinien aber nur einen allgemeinen Rahmen für die Pflichten der militärischen Befehlshaber darstellen, ist das Ermessen in großem Umfange ein f r e i e s, so daß ein verschiedenes Verhalten mehrerer Befehlshaber gegenüber dem gleichen Tatbestande nicht notwendigerweise eine Völkerrechtswidrigkeit eines von ihnen darstellen mußte. Es ist erklärlich, daß die Entscheidung der Befehlshaber in jenen Fällen die militärischen Interessen denen der Erhaltung des Kunstwerkes voranstellen wird. Der General, für den der Krieg „denkbar äußerste Anwendung von Gewalt" ist, wird aus dem Begriff seines Berufs heraus z. B. die Berechtigung der Zerstörung eines Kunstwerkes nur zu leicht bejahen und nur dann, wenn in ihm auch die großen Kulturideen neben denen seines militärischen Berufslebens lebendig sind, wird er einen Kampf in seinem Innern auszufechten haben, bei dem sich auf der einen Seite die Interessen der Kriegführung, auf der anderen die der Erhaltung des Kunstwerkes einander gegenüberstehen. Indem aber die Landkriegsordnung die Entscheidung über den Schutz des Kunstwerkes in die Hand des militärischen Befehlshabers legt, muß sie auch damit rechnen, daß dieser die militärischen Interessen einseitig bevorzugt, so daß eine Zurückstellung der Interessen des Kunstwerkes nicht ohne weiteres als rechtswidrig betrachtet werden dürfte.

Niemand wird behaupten, daß die deutschen Truppenführer die Frage des Schutzes der Kunstwerke in jedem Einzelfalle mit vollem Verständnis behandelt und entschieden haben. Aber das ist nicht eine Sondererscheinung des preußischen „Vandalismus". Immer wieder haben die verantwortlichen Heerführer aller Völker die Rücksicht auf Kunstwerke vor den Erfordernissen militärischer Notwendigkeit bedenkenlos zurückgestellt. Soll man an die Beschießung von Kopenhagen durch die englische Flotte im Jahre 1807 erinnern, wobei in drei Tagen die halbe Stadt niedergebrannt wurde, soll man ins Gedächtnis zurückrufen, daß die Engländer im Jahre 1857 in Delhi keinen Augenblick zögerten, diese ganz unvergleichlich geschlossene Welt voll alter Schönheit zu zerstören, oder das

<hr>

möglich zu schonen, vorausgesetzt, daß sie nicht gleichzeitig zu einem militärischen Zweck Verwendung finden. Pflicht der Belagerten ist es, diese Gebäude oder Sammelplätze mit deutlichen, besonderen Abzeichen zu versehen und diese dem Belagerer vorher bekannt zu machen.

Andenken an das Bombardement von Alexandria durch den Admiral Seymour im Jahre 1882 wieder erwecken? Im Jahre 1849 beschoß der französische General Oudinot Rom und erklärte gegenüber einem gemeinsamen Vorgehen der fremden Konsuln, seine Befehle gingen ihm über alle Rücksichten auf Kunstwerke und Denkmäler [1], und 1870 hatte Nino Bixio den Plan, den ganzen Vatikan und St. Peter unter sein Geschützfeuer zu nehmen. Und während Frankreich die ganze Welt gegen die Barbaren aufrief, welche die Kathedrale von Reims zerstörten, drohte der französische Admiral der vor dem Piräus liegenden Flotte, Athen und die Akropolis zu beschießen. Daß es nicht dazu kam, war lediglich der Mäßigung des griechischen Königs zu danken.

Die Richtlinien, welche die Kriegführenden zum Zwecke der Schonung der Kunstwerke zu befolgen haben, sind nun folgende:

Der Artikel 23, Ziffer g der Haager Landkriegsordnung verbietet, wie erwähnt, ganz allgemein die Zerstörung feindlichen Eigentums außer in den Fällen, wo dieses durch die Erfordernisse des Krieges dringend erheischt ist. Aus der Vergleichung dieses Artikels mit dem Artikel 27 ergibt sich, daß der Schutz des Kunstwerkes ein höherer sein soll, als der anderer Gegenstände. Die Kriegspartei hat die Verpflichtung, besonders große Anstrengungen zu machen, um die Schonung des Kunstwerkes zu ermöglichen und seine Zerstörung zu verhüten.

Vor allem haben die Kriegführenden besondere Anweisungen zu erlassen, um den Schutz der Kunstwerke wirksam während der kriegerischen Operationen zu gewährleisten. Aber damit dürfen sie sich nicht begnügen. Die Entscheidung über den Schutz des Kunstwerkes im einzelnen Falle und insbesondere über die Notwendigkeit der eventuellen Zerstörung muß in solche Hände gelegt werden, die in der Lage sind, umfassende Maßnahmen zu treffen, insbesondere die Hilfsmittel größerer Verbände heranzuziehen und die allgemeinen strategischen und taktischen Anordnungen unter dem besonderen Gesichtspunkt der Schonung der Kunstdenkmäler zu treffen.

Demnach würde es im Sinne der Landkriegsordnung nötig sein, daß die Entscheidung über den Schutz der Kunstwerke und insbesondere einer Zerstörung in den Händen der höheren Stäbe und Armeeführer liegt. Freilich werden diese weder das Kunstverständnis noch die Kenntnis der vorhandenen und durch die militärischen Operationen bedrohten Kunstwerke besitzen, um dauernd die erforderlichen Maßregeln treffen zu können. Infolgedessen besteht die völkerrechtliche Pflicht, daß die Heeresleitung Sachverständige hinzuzieht, welche den entscheidenden Stellen beigegeben werden. Freilich wird es nicht in allen Fällen möglich sein, die Entscheidung über den Schutz eines Kunstwerkes und insbesondere über die Notwendigkeit seiner Zerstörung den höheren Kommandostellen vorzubehalten. Sehr oft ist eine sofortige Entscheidung notwendig, die unmittelbar von den unteren Truppenführern gefällt werden muß. In solchen Fällen ist das Schicksal eines Kunstwerkes in deren Hand gelegt und damit manchmal besiegelt, ohne daß eine unnötige Zerstörung eines Kunstwerkes in einem solchen Falle als Verstoß gegen das Völkerrecht betrachtet werden dürfte.

----

1) Die Stimmung jener Tage spricht aus den Briefen der Amerikanerin Margaret Fuller, der klugen und temperamentvollen Freundin Emersons und Mazzinis. Ich setze einige Stellen hierhin. Vom 27. Mai 1849: „Ich werde nicht gehen, bis zum letzten Augenblick, meine einzige Furcht ist Frankreich. Ich kann mir nicht denken, daß es dort Männer geben soll, die gewillt sind, bis zur spätesten Nachwelt den Fluch über sich zu bringen, daß sie Rom bombardiert haben. Andere Städte mögen sie so behandeln und nichts danach fragen, ob sie die Unschuldigen und Hilflosen umbringen. Aber Rom, das kostbare Vermächtnis der Menschheit, werden sie es wagen, seine Heiligtümer zu vernichten? Werden sie den Mut haben? ..." Vom 10. Juni 1849: „Viele haben geglaubt, die Franzosen würden sich nie dazu entschließen, Bomben und Granaten gegen Rom zu schleudern, aber sie tun es, wo sie nur können. Alle edelmütige Hoffnung und alles Vertrauen auf sie als Republikaner und Bürger, alle Geneigtheit, ihre Handlungen nur immer günstig auszulegen und nach Möglichkeit an ihre Wahrhaftigkeit zu glauben, ist nun zerstört. ... Mittlerweile bringt Rom grauenvolle Opfer ... Rom wird sich niemals von der grausamen Verwüstung dieser Tage erholen, die vielleicht erst im Beginn steht." Vom 21. Juni 1849: „Jawohl! die Franzosen, die sich als Vorhut der Zivilisation ausgeben, bombardieren Rom. Sie wagen es, die Gefahr auf sich zu nehmen, das reichste Vermächtnis zu zerstören, das die große Vergangenheit der Menschheit hinterlassen hat. Ja, sie scheinen es in besonders barbarischer Art zu tun. Man hatte geglaubt, sie würden nach Möglichkeit die Verwundetenhospitäler schonen, die durch das schwarze Banner für sie bezeichnet sind, und die Orte, wo die kostbarsten Monumente stehen, aber mehrere Bomben sind auf das Haupthospital gefallen, und das Kapitol wird offenbar besonders aufs Korn genommen!"

An anderer Stelle dieses Werkes wird berichtet, wie sehr die deutsche Heeresleitung sich ihrer Verpflichtungen bewußt war und wieviel sie getan hat, um diesen nachzukommen. Sie erließ allgemeine Befehle über den Schutz der Baudenkmäler. Es wurde den einzelnen Armeen ausdrücklich vorgeschrieben, die historischen Monumente sorgsam zu schonen. In engster Fühlung haben dabei die Armeeleitungen mit den Kunstsachverständigen zusammengearbeitet. Die höchsten Kommandostellen des Heeres haben der Erhaltung der Kunstdenkmäler auch ihr persönliches Interesse zugewandt. Insbesondere hat sich der Kaiser des Kunstschutzes im Kriegsgebiet angenommen.

Aber mit dieser Organisation des Kunstschutzes sind die Pflichten der kriegführenden Mächte nicht erschöpft. Sie haben den ganzen Apparat, der ihnen zur Verfügung steht, dazu zu verwenden, den Kunstdenkmälern die größtmögliche Schonung zu sichern. Strategische und taktische Pläne, durch deren Ausführung ein Kunstwerk gefährdet werden könnte, sind sorgfältig auf die Möglichkeit einer Abänderung zu überprüfen. Finanzielle Bedenken dürfen keine entscheidende Rolle spielen.

Die Schonung eines Kunstwerkes muß auch um den Preis geringer militärischer Nachteile erkauft werden, obgleich sich in solchen Fällen die einzelnen Truppenführer regelmäßig zugunsten des militärischen Interesses entscheiden werden. Wo ein Kunstdenkmal in die eigentliche Kampfzone geriet, war sein Schicksal regelmäßig besiegelt. Das militärische Interesse an der Unterbindung des Nachschubes, der sich in den Städten konzentrierte, der Zerstörung der Unterkünfte der feindlichen Reserven und der Proviantdepots, die in den Städten lagen, war z. B. so groß, daß niemals, weder auf deutscher, noch auf feindlicher Seite der Versuch gemacht worden ist, bei der Beschießung der Städte die Kunstdenkmäler zu schonen. So sind die Tuchhallen von Ypern unter den Granaten der Geschütze zusammengesunken, so Arras und St. Quentin mit ihren Kunstwerken zerstört und unzählige Kunstschätze vernichtet worden, von denen in diesem Werke berichtet wird.

Der Schutz, den der Artikel 27 der Landkriegsordnung den Kunstwerken einräumt, wird in denjenigen Fällen wieder aufgehoben, wo diese gleichzeitig zu einem militärischen Zwecke Verwendung finden. Diese militärische Verwendung wird in der Landkriegsordnung nicht als rechtswidrig bezeichnet; jedenfalls hebt sie die Immunität der Kunstwerke auf. Trotzdem werden die Kriegführenden im Sinne der Haager Landkriegsordnung zu einer militärischen Verwendung der Kunstwerke bloß dann schreiten dürfen, wenn diese im militärischen Interesse notwendig ist. Tatsächlich sind denn auch z. B. in zahllosen Fällen sowohl von deutscher wie von feindlicher Seite Kunstdenkmäler, insbesondere Kirchen in die Befestigungslinie einbezogen worden. Kein Artilleriekommandant glaubt darauf verzichten zu können, den höchsten ihm erreichbaren Punkt im gegebenen Falle zum Beobachtungsposten für die eigene und die feindliche Feuerwirkung zu machen und kein Angreifer darf darauf verzichten, diesen todbringenden Beobachtungsstand mit allen ihm gegebenen erreichbaren Mitteln zu stürzen. So kam es, daß gerade die hochragenden Baudenkmäler, Kathedralen, Rathäuser, Türme, zuerst das Ziel der feindlichen Artillerie wurden, weil sie als Beobachtungsposten dienten oder gefürchtet wurden. Das militärische Interesse an Beobachtungsmöglichkeiten ist so groß, daß sie bedenkenlos ausgenutzt werden. Die natürliche Folge ist aber, daß das gleiche militärische Interesse der Gegenseite an der Beseitigung dieser Beobachtungsposten zu entsprechenden Gegenmaßregeln führen wird. In den „Times" vom 14. Dezember 1914 schrieb ein Offizier der Royal Field-Artillery: „Was das Beschießen von Kirchen und hohen Türmen anbelangt, so ist es ganz einfach nötig. Es ist irrsinnig, ragende Baulichkeiten, ob Rathäuser, Kathedralen, Brücken usw. zu bejammern, sobald sie in der Kampfzone liegen. Das tun wir ebenso wie die Deutschen. Beiderseitig benutzen Beobachtungsoffiziere diese Gebäude, um ihr Artilleriefeuer zu leiten. Heute geschieht es in Frankreich, morgen kommt vielleicht der Kölner Dom an die Reihe. Wir sollten jetzt lieber nicht so laut schreien, sonst wird man uns später mit Recht zu Heuchlern stempeln."

Die Schonung der Kunstdenkmäler, welche der Artikel 27 der Landkriegsordnung verlangt, erstreckt sich auch auf Schutzmaßnahmen für künftige drohende Zerstörungen. Welche Maßnahmen dafür in Betracht kommen, ist nur von Sachverständigen zu entscheiden, deren Mitarbeit insoweit besonders notwendig ist. Jedenfalls ist dieser Schutz, wie das vorliegende Werk beweist, in umfassender Weise von Deutschland durchgeführt worden, wobei es nichts verschlägt, daß er in einzelnen Abschnitten ein intensiverer war als in anderen. Die große Sorgfalt, welche die deutsche Heeresleitung bei dem Schutz der fremden Kunstwerke, welche ihrer Obhut anvertraut waren, von vornherein an den Tag gelegt hat, zeigt sich in noch hellerem Lichte angesichts der Tatsache, daß die französischen Behörden wenigstens in der ersten Zeit nichts taten, um die eigenen gefährdeten Kunstdenkmäler wirksam zu schützen.

Ein besonderes Aufsehen hat in der Welt, gefördert durch eine geschickte, teilweise skrupellose Propaganda, die Beschießung der Kathedrale von Reims erregt. An anderer Stelle dieses Werkes sind die tatsächlichen Vorgänge dieser Beschießung festgestellt worden. Völkerrechtlich hat sich Deutschland nichts vorzuwerfen. Der Schutz des Artikels 27 fällt dann, wie wir wissen, fort, wenn die Kirche gleichzeitig zu einem militärischen Zwecke Verwendung findet. Es ist deutscherseits einwandfrei festgestellt worden, daß sich vor der ersten Beschießung auf dem nordwestlichen Turm der Kathedrale Anlagen für einen Beobachtungsposten befanden. Damit wurde aber die Kathedrale „gleichzeitig zu einem militärischen Zwecke" verwandt; Deutschland war der Verpflichtung, welche ihm durch Artikel 27 auferlegt war, ledig; es durfte gemäß den obigen Ausführungen diesen Beobachtungsposten durch Schüsse vertreiben, wobei es ein trauriger Unglücksfall war, daß diese wenigen Schüsse einen so schweren Schaden verursachten. Auch spätere Schüsse auf die Kathedrale hatten lediglich den Zweck, militärische Posten, die auf den Türmen gemeldet waren, zu vertreiben. Sollte sich tatsächlich herausstellen, daß diese von deutschen Beobachtern auf der Kathedrale gesehenen militärischen Posten lediglich Arbeiter gewesen sind, die bei der Ausbesserung der Kathedrale beschäftigt waren, wie dies aufs energischste von französischer Seite behauptet wird, so darf Deutschland für jene Schüsse nicht verantwortlich gemacht werden. Die französische Regierung hätte jedenfalls die Pflicht gehabt, Deutschland von den beabsichtigten Wiederherstellungsarbeiten zu unterrichten. Auch bei der deutschen Frühjahrsoffensive im Jahre 1918 wurde die Kathedrale getroffen. Hier handelte es sich aber lediglich um Zufallstreffer, die bei dem fürchterlichen Artillerieduell unvermeidlich waren. Auch sie können Deutschland nicht als Verschulden angerechnet werden.

Einer besonderen Berücksichtigung bedarf auch die Frage der Zulässigkeit der Rückzugszerstörungen, vor allem bei dem großen deutschen Rückzuge auf die Siegfriedlinie im Jahre 1917. Sie kommen hier natürlich nur insoweit in Betracht, als diese Zerstörungen sich auch auf Kunstwerke erstreckten. Daß Rückzugszerstörungen überhaupt zulässig sind, unterliegt keinem Zweifel. Aber es wird lediglich die Heeresleitung entscheiden können, in welchem Maßstabe sie im einzelnen Falle notwendig sind oder nicht. Rückzugszerstörungen haben den Zweck, den Vormarsch des Gegners zu verzögern, um damit die Gefahren eines Rückzuges zu vermindern und die Einnahme der neuen Stellungen zu erleichtern. Die Kriegswissenschaft aller modernen Staaten bezeichnet als geeignete Mittel hierzu die Unbrauchbarmachung der Übergänge und Wege, der Brücken und Tunnels. Daneben aber auch die Zerstörung von Wohnstätten und Baulichkeiten, soweit diese in der Hand des Gegners als Stützpunkt dienen könnten. Mit der systematischen Zerstörung von Brücken, Tunnels, Bahnhöfen, Wegen, Wällen und Schleusen sind zu Beginn des Weltkrieges die Belgier allen anderen Kriegführenden vorangegangen. Bei der Vorbereitung der Festung Antwerpen für die drohende Belagerung wurde um die Stadt und um die Forts eine Wüste geschaffen, wobei alle dort stehenden Schlösser, Landhäuser und ganze Gruppen von Baulichkeiten vom Erdboden verschwanden. Im größten Umfange haben dann die Russen im Jahre 1915 solche Zerstörungen bei ihrem großen Rückzuge vorgenommen. Sie haben dabei jedes Dorf, auch diejenigen, die dem Gegner nur notdürftigste Unterkunft bieten konnten, verbrannt, vor allem aber jedes Herrenhaus und jedes größere Gebäude zerstört. Für diese Taktik hat damals die Entente die höchste Bewunderung gezeigt. Sie hat dabei nicht nur die militärische Notwendigkeit der Maßregel anerkannt, sondern auch der technischen Durchführung ihre rückhaltlose Zustimmung gespendet.

In der gleichen Zwangslage wie vorher Belgien und Rußland befand sich die deutsche Heeresleitung im Frühjahr 1917, als sie sich der mit ungeheuren Hilfsmitteln vorbereiteten Offensive eines überlegenen Gegners durch Zurücknahme der Truppen auf eine neue Verteidigungslinie entziehen mußte. Auch jetzt war es notwendig, die Loslösung vom Feinde so zu bewerkstelligen, daß dem Gegner jede Möglichkeit genommen wurde, sofort nachzustoßen. So mußte eine bestimmte Zone des Rückzugsgebietes von allen Hilfsmitteln entblößt werden, deren sich der Feind zu seinem Vormarsch hätte bedienen können. Dazu gehörte die Niederlegung der Häuser und Dörfer, welche als Unterkunft für die vorgehenden feindlichen Soldaten hätte dienen können, dazu gehörte die Zerstörung der Straßen und Wege sowie die Durchstechung der Dämme, um den Vormarsch zu verlangsamen, dazu gehörte endlich die Unbrauchbarmachung der Quellen. Alles dies hatte die belgische Regierung beim Rückzuge auf die Festung Antwerpen als etwas ganz Selbstverständliches getan und der Unterschied bestand lediglich in dem Umfange des Glacis, welches die deutschen Truppen vor ihrer neuen Linie schufen. Auch der Deutsche las damals mit Herzklopfen in den Heeresberichten, daß der Kriegsnotwendigkeit „Ortschaften, Kirchen und Schlösser geopfert werden mußten". Als völkerrechtswidrig dürfte man aber diese Maßregel nur dann bezeichnen, wenn nachzuweisen wäre, daß sie nicht militärisch notwendig war und daß sie ohne schwere Beeinträchtigung des strategischen Plans hätte vermieden oder eingeschränkt werden können. Dieser Nachweis würde aber schwer sein. Tatsächlich hat die deutsche Heeresleitung den Entschluß dazu nicht leichten Herzens gefaßt. Sie hat alles getan, die Zerstörungszone so zu legen, daß möglichst wenige größere Ortschaften in sie hineinfielen. Schließlich aber mußten für jene die natürlichen geographischen Verhältnisse entscheidend sein. Um die Erhaltung des Schlosses Coucy ist lange im Schoße der deutschen Heeresleitung gekämpft worden. Die Vertreter der Denkmalpflege sind immer wieder aufs neue für die Erhaltung eingetreten und das Armeeoberkommando, in dessen Abschnitt das Schloß lag, war geneigt, dem zu entsprechen. Noch einmal wurde die viel bewunderte Burg zur letzten Prüfung von den entscheidenden Persönlichkeiten besucht; die Sprengung wurde beschlossen, weil der 55 m hohe Burgfried für den Feind ein allzu günstiger und für uns gefährlicher Aufstellungspunkt für einen Beobachtungsposten, zumal für einen Schallmeßtrupp, gewesen wäre.

Erheblich rechtliche Bedenken bestehen aber gegen die Beschlagnahme und Einschmelzung von Bronze-Kunstdenkmälern im besetzten Gebiete zu Zwecken der deutschen Rüstungsindustrie. Unter dem wachsenden Mangel an Rohstoffen hatte sich bekanntlich die deutsche Heeresleitung dazu entschließen müssen, in der Heimat in größtem Umfange eine Metallbeschlagnahme durchzuführen, um die nachlassenden Reserven an Metallen wieder aufzufüllen. Deutschland war genötigt, in allen öffentlichen und privaten Gebäuden der Heimat die für den Heeresbedarf nötigen Metalle zu beschlagnahmen. Es war ein schweres Opfer, das das deutsche Volk zu bringen hatte, aber es hat es willig getragen. Auch das besetzte Gebiet mußte nach Ansicht der Obersten Heeresleitung dazu herangezogen werden. Es ist aber dabei, wenigstens in Belgien und Polen, gegenüber den Empfindungen der Bevölkerung eine viel weitgehendere Rücksicht geübt worden, als dies im eigenen Gebiet möglich war. Der Grundsatz, nach dem hier verfahren wurde, war der gleiche, der auch für das Heimatgebiet aufgestellt worden war. Alle Gegenstände, die einen künstlerischen Wert besaßen, sollten von der Beschlagnahme verschont bleiben. Tatsächlich konnte dieser Grundsatz im besetzten Gebiet aber deshalb nicht durchgeführt werden, weil hier die Beschlagnahme durch die militärischen Dienststellen erfolgte, denen vielfach das nötige Kunstverständnis fehlte, um den künstlerischen Wert des einzelnen Gegenstandes ermessen zu können. Sachverständige, die die Militärs mit ihrem Rat hätten unterstützen können, waren aber nicht in genügender Anzahl verfügbar. Trotzdem blieben Kunstwerke von wirklicher Bedeutung verschont. Geschont wurden insbesondere auch die für die nationale Geschichte bedeutsamen Denkmäler. So blieben die Denkmäler französischer Heerführer überall erhalten, z. B. in Sedan das Denkmal des Feldherrn Turenne, in Charleville die Statuen von Gonzaga und Bayard, in Lille das Reiterstandbild des Generals Faidherbe; in Laon ist die Diana von Falguière geschont worden, in Damvillers ist Rodins Denkmal von Bastien-Lepage ausdrücklich durch uns gerettet worden. Man darf dabei hervorheben, daß umgekehrt die Russen keine Bedenken getragen haben, die großen Bronzedenkmäler aus den baltischen Provinzen und aus Litauen, die zudem hervorragende Kunstdenkmäler darstellten, sämtlich abzuführen. So haben sie aus Riga das mächtige Reiterdenkmal Peters des Großen, die Monumente des Feldmarschalls Bardey de Tolly, des Erzbischofs Albert, Herders, aus Wilna das Denkmal der Kaiserin Katharina, ein Hauptwerk von Antokolski, die Statue Murawiews, das Puschkindenkmal weggenommen.

Diese Beschlagnahme von Kunstwerken im besetzten Gebiet, soweit sie entgegen den allgemeinen Anordnungen durch die unteren militärischen Dienststellen erfolgte, steht mit dem Artikel 56 der Haager Landkriegsordnung im Widerspruch. Im Absatz 2 ist ausdrücklich bestimmt, daß jede Beschlagnahme und jede absichtliche Zerstörung oder Beschädigung von Werken der Kunst untersagt sei. Soweit Kunstwerke tatsächlich beschlagnahmt worden sind, lag also zweifellos ein Verstoß gegen die Landkriegsordnung vor, der aber als solcher nicht beabsichtigt war, sondern lediglich in der unvollkommenen Organisation der Metallbeschlagnahme in den besetzten Gebieten seine Ursache hatte.

In Deutschland war man sich bereits bei Ausbruch des Krieges darüber klar, daß der Schutz, den die Kunstdenkmäler durch die Haager Landkriegsordnung von 1907 gefunden hatte, nicht ausreichend war. Es wurde deshalb von deutscher Seite versucht, noch während des Krieges zu einer neuen internationalen Regelung zu gelangen, um die Kunstwerke besser zu schützen. Im Frühjahr 1915 traten die Vertreter der deutschen und österreichischen Denkmalpflege mit Schweizer Denkmalfreunden in Verbindung, um mit ihnen die Möglichkeit einer internationalen Vereinbarung zu beraten, der auch die Staaten der Entente beitreten sollten. Dieser Versuch stieß aber auf größte Schwierigkeiten und so begnügte man sich zunächst damit, eine Tagung der Interessenten der Kriegsdenkmalpflege in Deutschland und in den verbündeten Ländern zu berufen, die am 28. August 1915 unter dem Protektorat des Generalgouverneurs in Belgien und unter der Leitung Adolfs von Oechelhäuser (Karlsruhe), des in zehnjähriger Tätigkeit bewährten ersten Vorsitzenden des Tages für Denkmalpflege, zusammentrat. Auf dieser Tagung, die durch einen zusammenfassenden Vortrag von Paul Clemen (Bonn) eingeleitet wurde, waren neben den Vertretern der Denkmalpflege in den deutschen Bundesstaaten und in Österreich-Ungarn auch höhere Offiziere anwesend, mit denen in langen Sitzungen über die Möglichkeiten eines intensiveren Schutzes wenigstens der ehrwürdigsten nationalen Denkmäler beraten wurde.

Cornelius Gurlitt schlug als Schutzmittel für besonders hervorragende, durch Altertum und geschichtliche Erinnerungen ausgezeichnete Denkmäler eine besondere Kennzeichnung durch ein weithin sichtbares, international anerkanntes Zeichen vor. Diese Denkmäler sollten auf keinen Fall zu kriegerischen Zwecken gebraucht werden, in einem bestimmten Umkreis sollten Verteidigungsanlagen nicht errichtet werden. Den neutralen Mächten war die Aufsicht über die Durchführung in der Praxis zugedacht. Eine internationale Denkmälerschutzkommission sollte durch ihre neutralen Mitglieder die genaue Einhaltung der Vereinbarungen überwachen. Einen ähnlichen, aber noch weitergehenden Vorschlag machte Professor Ferdinand Vetter (Bern), der unter Mitwirkung von Professor Paul Moriaud bereits früher im Anschluß an das ihm als Schweizer besonders naheliegende Beispiel des Roten Kreuzes ein goldenes Kreuz als Schutzzeichen für die Kunstdenkmäler empfahl. Die so geschützten Denkmäler sollten regelmäßig der Gegenpartei bekannt gemacht werden. Delegierte neutraler Staaten sollten das Recht der Nachprüfung haben, daß diese Denkmäler nicht zu militärischen Zwecken verwendet wurden. Einer der ersten deutschen Juristen, Ernst Zitelmann (Bonn) legte der Versammlung einen völlig durchgearbeiteten Entwurf zu einem völkerrechtlichen Abkommen vor, dessen Grundgedanken mit denen Gurlitts und Vetters übereinstimmten. Zitelmann sah die Gründung eines internationalen Bureaus für den Denkmalschutz im Kriege vor, das in Bern tagen sollte und dem die Liste der unter Vertragsschutz zu stellenden Denkmäler vorgelegt werden sollte. Nach dem Entwurf sollte ein Denkmal nur dann den Vertragsschutz genießen, wenn sämtliche auf dem betreffenden Kriegsschauplatz als Kriegführende beteiligten Mächte es als geschützt anerkannt hätten.[1]

In eingehenden Debatten, in denen alle Gesichtspunkte mit größtem Ernste erörtert wurden, machte sich aber das Schwergewicht der militärischen Interessen so geltend, daß die Versammlung keinem der gemachten Vorschläge glaubte zustimmen zu können. Der Hessische Gesandte, Freiherr

---

1) Die Ausführungen der drei Gelehrten sind gedruckt in dem Stenographischen Bericht der Kriegstagung für Denkmalpflege Brüssel 1915 (Berlin, W. Ernst, 1915), S. 59 ff. Die Thesen von Gurlitt sahen als Punkt 6 und 7 vor: Durch Vermittlung neutraler Mächte sollen von Fall zu Fall dem Feinde die unter Schutz gestellten Denkmäler bekannt gegeben werden. Den neutralen Mächten steht das Recht zu, diesen Schutz zu überwachen. Zu diesem Zwecke wird eine internationale Denkmalschutz-Kommission eingerichtet, deren neutralen Mitgliedern im Kriegsfalle das Recht der Überwachung des Denkmalschutzes ermöglicht werden soll. Die Vetterschen Thesen sehen ebenso unter Punkt 4 vor: Die Tatsache, daß ein Baudenkmal nicht zu einem militärischen Zwecke Verwendung findet, ist durch den Beauftragten eines neutralen Staates oder durch einen Beauftragten des feindlichen Staates festzustellen. Noch weitergehend Punkt 5: Eine internationale Kommission soll in allen Ländern diejenigen Orte und Gebäude bezeichnen, die künftig nicht — oder nicht mehr — als Festungen und befestigte Plätze dienen

von Biegeleben, resümierte das Ergebnis der Debatten dahin, daß eine Verpflichtung, die dauernden Wert habe, von einer kriegführenden Partei nicht übernommen werden könne. Schwierigkeiten machte vor allem die Kenntlichmachung der ausgewählten Kunstwerke durch weithin sichtbare Zeichen. Ernst Zitelmann hatte hierfür das in dem 9. Haager Abkommen gewählte neue Kriegsschutzzeichen, große steile rechteckige Flächen, diagonal in zwei Dreiecke geteilt, schwarz und weiß gefärbt, vorgeschlagen. Aber bei einer Beschießung aus weiterer Ferne fällt die Möglichkeit, auch das größte Zeichen zu erkennen, weg, selbst wenn das Ziel durch den Beschießenden oder seinen Beobachter eingesehen werden kann. Für Luftangriffe versagen alle Zeichen ganz. Aus einer Höhe von 3000 und mehr Metern sind auch die größten Zeichen, vor allem die Flaggen, nicht zu erkennen. Dazu kommt, daß die Kriegführenden den größten Wert darauf legen müssen, dem Gegner eine sichere Orientierung, wie sie weithin sichtbare Zeichen darstellen, unmöglich zu machen, während er sich aus der kenntlich gemachten Lage eines Kunstdenkmales, das er schonen soll, mit Leichtigkeit orientieren kann.

Es bleibt freilich die Möglichkeit übrig, daß man einige ganz wenige, hervorragende Monumente herausheben würde, die durch Vereinbarung unter einen gemeinsamen Schutz gestellt würden. Man könnte etwa daran denken, daß durch Funkspruch oder neutrale Vermittlung die Verpflichtung übernommen würde, solche hervorragenden Kunstwerke in keiner Weise zu militärischen Zwecken zu verwenden, was dann etwa im Sinne der Vorschläge von Gurlitt und Vetter durch neutrale Sachverständige zu überwachen wäre. Aber selbst dies würde in der Praxis zu geringen Erfolgen führen. Die Erfahrungen dieses Krieges haben gezeigt, daß selbst dann, wenn es sich darum handelt, die eigenen Kunstwerke zu schützen, die Geneigtheit zu einer entsprechenden Vereinbarung mit dem Feinde wegen der übermächtigen militärischen Interessen gering ist; haben doch die Franzosen das deutsche Anerbieten, französische Wiederherstellungsarbeiten an der Kathedrale von Reims gegen entsprechende Garantien zu gestatten, abgelehnt.

Es gibt nur e i n e n wirklich durchgreifenden Schutz einer durch historische Denkmäler ausgezeichneten Stadt: daß die Heeresleitung absolut darauf verzichtet, sie zu verteidigen. Da aber schon die Anwesenheit von Truppen an einem Platze seine Beschießung durch den Gegner zur Folge hat, so dürfte eine solche Stadt logischerweise überhaupt nicht besetzt sein. Das ist natürlich bei allen militärisch wichtigen Punkten unmöglich. In jenen Herbstmonaten des Jahres 1917 nach der ersten gelungenen italienischen Offensive sind ja ernsthafte Erwägungen über den Schutz von Venedig gepflogen worden. Der deutschen und der österreichischen Heeresleitung lag ebensoviel daran, die Stadt nicht beschießen zu müssen, wie der italienischen, ihre Schätze vor einer drohenden Beschädigung zu bewahren. Die einzige wirkliche Möglichkeit wäre aber die gewesen, daß die Stadt ohne Besetzung gelassen und gewissermaßen bei einem Rückzug nach vorheriger Mitteilung übersprungen worden wäre. Bei der geographisch exzentrischen Stellung von Venedig wäre das vielmöglich gewesen. Das war in kleinerem Maßstab von unserer Seite tatsächlich bereits an der Westfront geschehen, als im Frühjahr 1917 Noyon beim Rückzug auf die Siegfriedstellung unverteidigt um seiner Schätze und Bauten willen dem Feind übergeben wurde, und zuletzt bei der Räumung der großen Stadt Lille, bei der unsere Truppen ebenso auf eine Verteidigung wie auf eine Beschießung verzichtet haben. Eine Eximierung von den militärischen Operationen hat selbstverständlich auch den völligen Verzicht auf die Benutzung eines Platzes für Truppenansammlungen, militärische Depots sowie als Umschalte- und Umladepunkt zur Voraussetzung. Eine ausdrückliche Vereinbarung der Gegner über die Eximierung und ihre Garantierung durch eine neutrale Macht oder neutrale Sachverständige wäre jedoch notwendig.

---

dürfen. Der Zitelmannsche Entwurf für das völkerrechtliche Abkommen sieht von der Ausübung solcher Kontrolle auf den Kriegsschauplätzen selbst ab und basiert auf dem in Bern zu gründenden Internationalen Bureau für Denkmalschutz im Kriege, dem jeder Vertragsstaat die Liste der unter Vertragsschutz zu stellenden Denkmäler einreicht, die dieser den anderen Vertragsstaaten mitteilt und deren Erklärung entgegennimmt. Alle drei Gelehrten haben das weiter ausgeführt: C. Gurlitt, Der Schutz der Kunstdenkmäler im Kriege, Berlin, Zirkel, 1916. -- F. Vetter, Friede dem Kunstwerk! Zwischenstaatliche Sicherung der Kunstdenkmäler im Kriege als Weg zum künftigen dauerhaften Frieden, Olten, Trosch, 1917. — E. Zitelmann, Der Krieg und die Denkmalpflege: Zeitschrift für Völkerrecht X, 1916, S. 1. — Zu der ganzen Lage ist endlich zu vergleichen Wilhelm R. v. Ambros, Völkerrecht und Denkmalschutz. Mitteilungen der K. K. Zentralkommission für Denkmalpflege. 3. Folge XIV, 1915, S. 73.